조선국 종실
효령대군 삼세손
물거군 휘 철
사적 증보판

監　　修: 李起月
編輯委員: 李康注
李康德
李憲宰
李恩京

전주이씨 효령대군파 물거군 종회

태조고황제(太祖高皇帝) 어진(御眞)

조선 왕조 창건이라는 위업을 이루신 태조고황제께서는 1392년 즉위하시어 안으로는 유교주의를 표방하고, 밖으로는 친명외교를 펼치시어 새 왕조의 기틀을 마련하셨다. 비(妃)는 밀직부사 한경민(韓敬敏)의 따님 신의황후(神懿皇后)이시며, 계비(繼妃)는 판삼사사(判三司事) 강윤성(康允成)의 따님 신덕황후(神德皇后)이시다.

조경단(肇慶壇)

전라북도 전주시 덕진동 건지산(乾止山)에 있는 전주이씨 시조 신라 司空公(휘 翰)과 비위 경주김씨를 모신 단. 전라북도 기념물 제3호.

건지산 묘역을 수호케 하여 역대로 이어졌고, 고종황제는 광무3년(1899) 5월 이곳에 단을 모시고 매년 1회 제사(현재는 4월 10일)를 올렸으며, 영구보존을 위해 단을 중심으로 단역(壇域)을 마련하고 대한조경단비(大韓肇慶壇碑)와 비각을 세웠음.

조경묘(肇慶廟)

전라북도 전주시 풍남동. 전북 유형문화재 제18호. 경기전 경내 전주이씨 시조 사공공과 시조비 경주김씨의 위패를 묘신 묘(廟)

영조 47년(1771)에 창건하였음. 위패는 영조대왕의 친필임. 철종5년(1854)에 개수되었음.

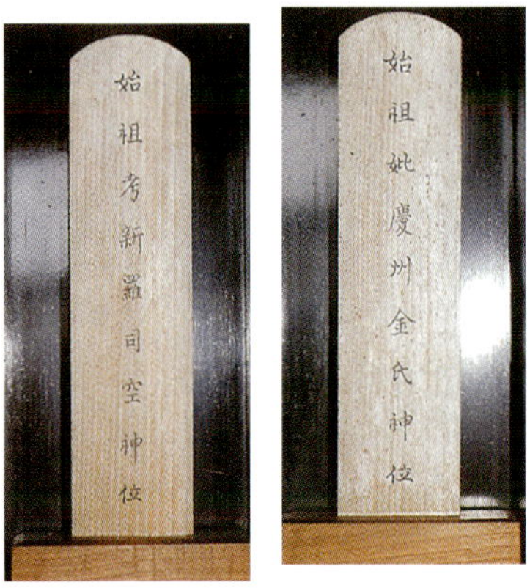

시조(始祖)와 시조편(始祖騙)의 위패

건원릉(健元陵)

경기도 구리시 동구동 태고조황제의 능침. 사적 제193호. 태종8년(1408) 5월에 승하(昇遐)하시어 같은 해 9월 건원릉에 안장함. (유언에 따라 봉분의 금초를 하지 않음)

건원릉 전경

헌릉(獻陵)

서울특별시 서초구 내곡동 태종대왕과 왕비 원경왕후 민씨의 능침. 사적지 제194호.

태종대왕께서는 정종2년(1400)에 즉위 18년간 재위하셨으며 세종4젼(1422)에 56세로 승하하셨고, 원경왕후는 1400년에 정빈에 책봉된 다음 정비(靜妃)에 진봉되셨으며 세종2년(1420) 56세로 승하하셨음.

헌릉 전경

효령대군(孝寧大君) 존영(尊影)

사당 묘소 전경(祠堂 墓-所 全景)

효령대군(孝寧大君)(좌)·예성부부인(蘂城府夫人) 해주정씨(海州鄭氏)(우) 묘소

사당(祠堂)·묘소(墓所) 전경(全景) 국(國) 불천위

서울시 서초구 효령로 135(방배동)

보성군(寶城君)(양위) 묘소
경기도 남양주시 별내면 송산로 619-234번지

묵수재(默守齋) 보성군 재실(寶城君 齋室)
경기도 남양주시 별내면 송산로 619-234번지

덕후재(德厚齋) 물거군 재실(勿巨君 齊室) (1997년 10월 29일 준공)
경기도 양주시 은현면 용암리 865-1번지

덕후재 삼문(德厚齋 三門) (1997년 10월 29일 준공)

물거군(勿巨君) 묘소

1997년 4월 5일. 청명일 천묘(경기도 양주시 은현면 용암리)

고안군(高安君) 묘소

양록정(楊簏正) 묘소

문경공 墓所

종묘서령 墓所

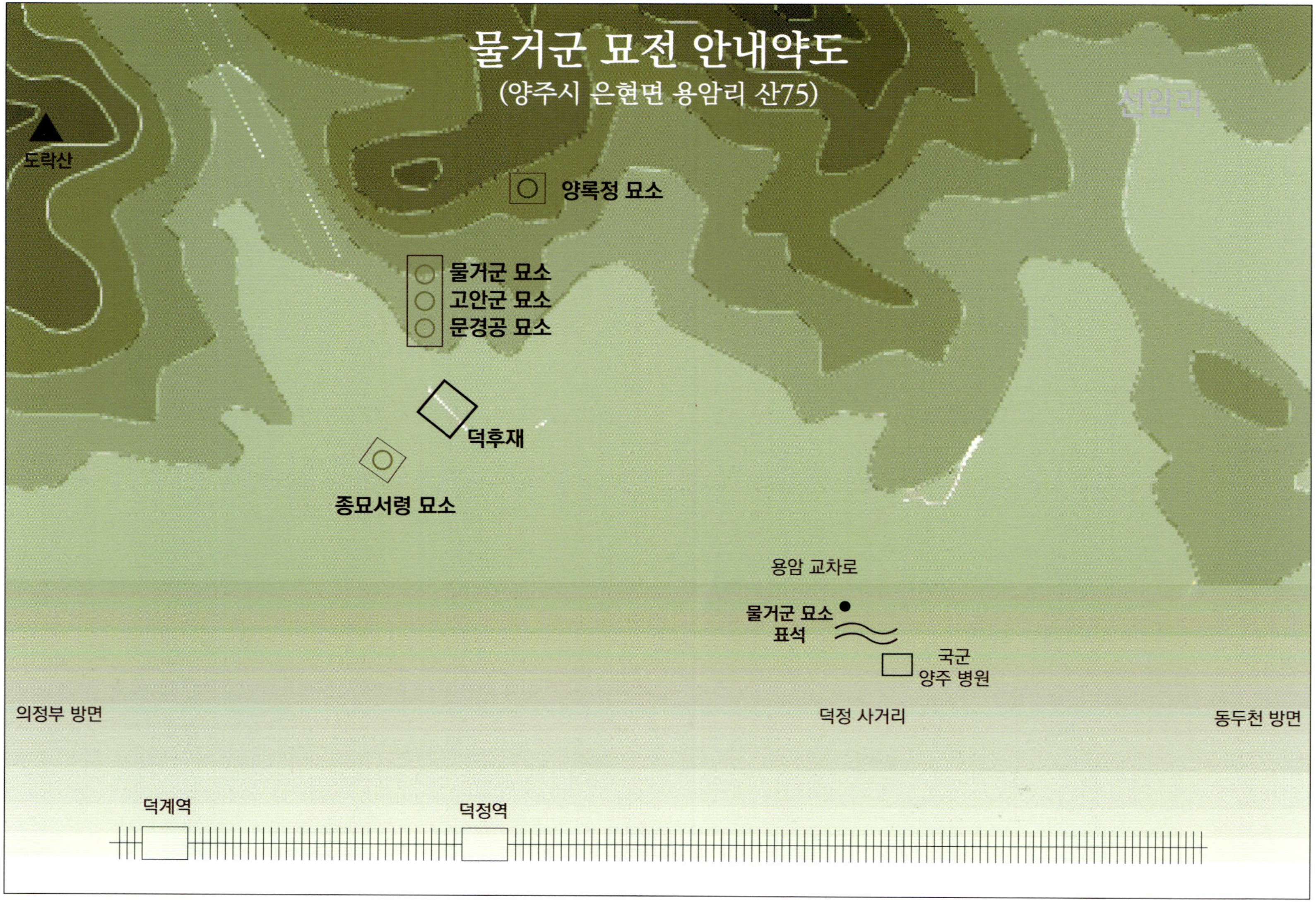
물거군 묘전 안내약도
(양주시 은현면 용암리 산75)
선암리
도락산
양록정 묘소
물거군 묘소
고안군 묘소
문경공 묘소
덕후재
종묘서령 묘소
용암 교차로
물거군 묘소
표석
국군
양주 병원
의정부 방면
덕정 사거리
동두천 방면
덕계역
덕정역

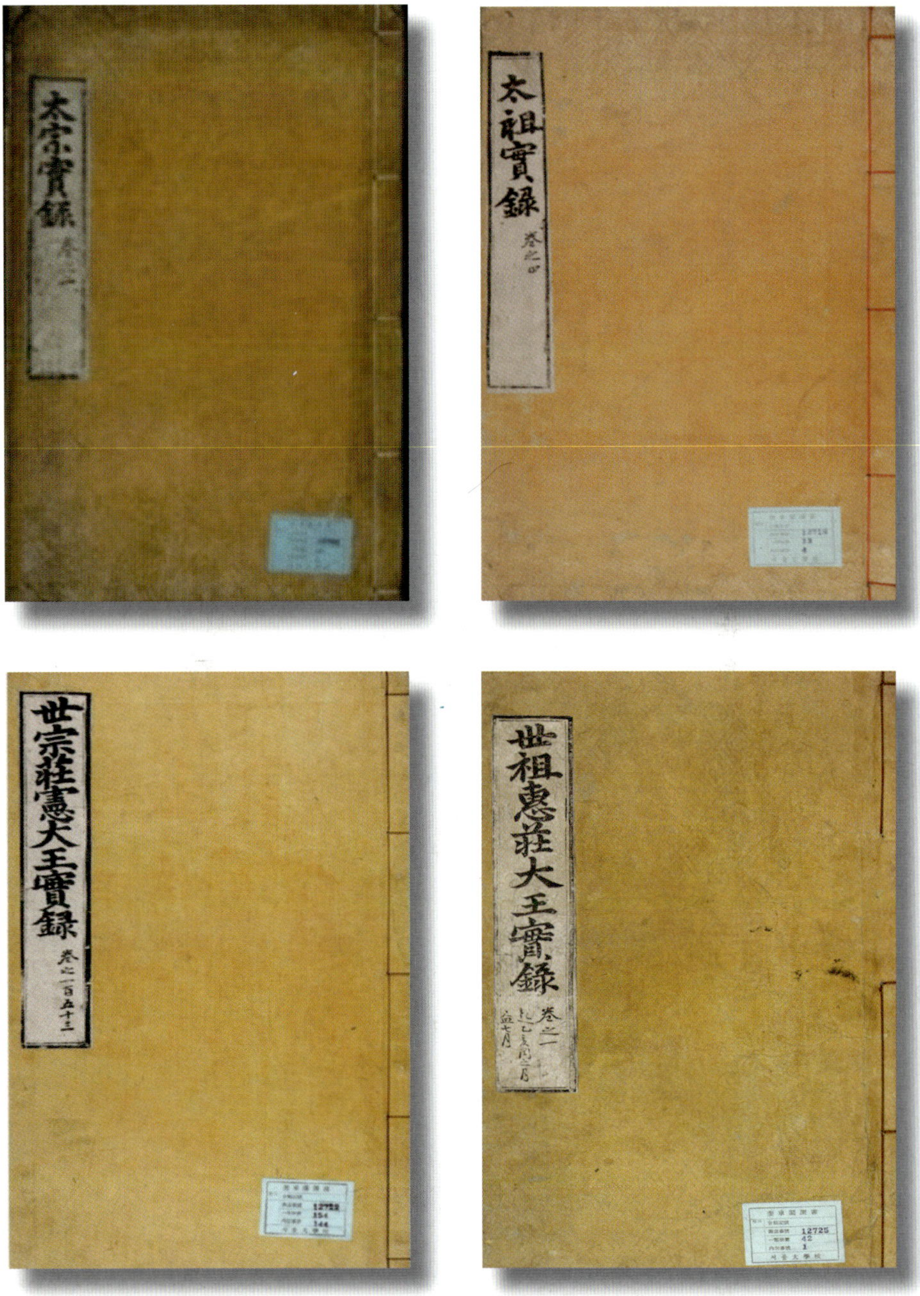

조선왕조실록

증보판 발행에 즈음하여

반 만년 세월 그와 더불어 시대의 변천에 따라 구비마다 이어지면서 숭조와 윤리 도덕관을 선양 고취하여 선대의 유훈을 받들어 족속의 금지를 일깨웠던 우리 민족은 비록 본관은 다르지만 다 같은 배달의 후예가 아니던가 우리는 개천 이래 만고의 억겁(億劫)을 변할 수 없는 혈통의 맥을 통하여 가계를 중심으로 씨족을 이루어 전승하면서 선대의 숭고한 호국의 번영과 부조에 효성 그리고 동족 화해하는 습속에서 오늘도 이를 배우며 또는 후세에 가르치는 전통 속에 생활하고 있다.

이에 우리 모두는 선대 조상의 유훈의 덕을 봉송하여 숭모현양하며 받들어 행동으로 실천하는 길만이 가히 명문의 후예 됨에 부끄러움이 없으리라 자부하는 바요, 오늘날 물질 문명이 고도로 발달하여 안방에서 지구촌의 환경을 한 눈으로 볼 수 있는 우리로서는 선현 선조의 유적 탐구와 미덕을 선양함은 잊어서는 아니된다 할 것이요, 그러나 훌륭한 선조가 위대한 업적을 남겼다 하여도 그 유지를 받들어 실행하고자 하며 여의치 못함은 정녕 근원은 있으나 흐름이 없고 뿌리는 있으나 가지와 잎이 없고 열매가 없는 삭은 나무와 같다 할 것이요, 선대 유훈과 위업 행적을 문헌으로 대변하고자 하니 유묵(遺墨)이 분산되어 없어졌고 분별하기 어렵다 할지라도 가문이 이어지는 보첩이 있을 뿐이라 천하를 제패하고 경륜과 지략이 있다 해도 어찌 부조의 행적이 수록된 문헌에 비하겠는가? 그러나 문장 자체가 한문으로 되어 있으므로 새시대 후학에게 어려운 점이 많아 오히려 멀리하려는 현실에 부응하여 조선왕조실록 국역본에 선조 행적을 발견(종실 삼세손 물거군 사적), 이를 발행하여 자손들에게 배부, 2세 교육에 일조토록 하였다.

차제 2019 기해년 새해를 맞아 증보편에 두려움도 있음을 사적과 역사에 관련된 내용 등을 숙지할 수 있는 종현에게는 도움이 될 수 없다 하겠지만, 2세 교육에 일조가 된다면 다행이라 하겠다. 아울러 이 "사적"에는 부록으로 상식에 도움을 주고자 많은 내용을 수록하였으니 참고하기 바란다.

끝으로 미흡한 것은 더욱 충실한 내용으로 수정 · 보완하고 제현과 더불어 충언을 기대하며 증보편 편찬에 앞서 자문에 응해주신 청권사 사무국, 보성군 수돈 종회장, 물거군종회 이강배, 이호재, 이용재, 이정식 종현, 편집에 심혈을 기울인 이강주 종현과 촉박한 환경 속에도 깊은 관심을 보여준 이강준 종현, 도서출판 조명문화사 모든 직원들에게 감사를 드린다.

2019년 기해년

물거군 19세손 종회장 이강인(康仁) 배

목차(目次)

조선왕조 국왕

대수	왕명 묘호	휘(이름)	즉위시 춘추(나이)	대수	왕명 묘호	휘(이름)	즉위시 춘추(나이)
제1대	태고조 황제	성계(成桂), 단(旦)	57세	제15대	광해군	혼(琿)	34세
제2대	정종	방과(芳科), 경(曔)	42세	제16대	인조	천윤(天胤), 종(倧)	28세
제3대	태종	방원(芳遠)	34세	제17대	효종	호(淏)	31세
제4대	세종	도(祹)	22세	제18대	현종	연(棩)	19세
제5대	문종	향(珦)	37세	제19대	숙종	순(焞)	14세
제6대	단종	홍위(弘蔞)	12세	제20대	경종	윤(昀)	33세
제7대	세조	유(瑈)	39세	제21대	영조	금(昑)	31세
제8대	예종	황(晄)	19세	제22대	정조	산(祘)	25세
제9대	성종	혈(娎)	13세	제23대	순조	공(玜)	11세
제10대	연산군	융(㦕)	19세	제24대	헌종	환(奐)	7세
제11대	중종	역(懌)	18세	제25대	철종	원범(元範), 변(昪)	19세
제12대	인종	호(峼)	30세	제26대	고종	재황(載晃), 형(㷩), 명복(命福)	11세
제13대	명종	환(峘)	12세	제27대	순종	척(坧)	33세
제14대	선조	균(鈞), 연(昖)	16세				

璿源系圖

帝王君 위數字는序列 ──線은血統
帝王아래()數字는 王統代數血統

- 始祖 翰
- 二世 自延
- 三世 天祥
- 四世 光禧
- 五世 立全
- 六世 兢休
- 七世 廉順
- 八世 承朔
- 九世 充慶
- 一〇世 景英
- 一一世 忠敏
- 一二世 華
- 一三世 珍有
- 一四世 宮進
- 一五世 一 勇夫, 二 端信
- 一六世 一 璘, 二 琚
- 一七世 陽茂
- 一八世 一 穆祖(追尊), 二 英弼, 三 英謐, 四 英襲(主簿公)
- 一九世 四 翼祖(追尊), 一 安川大君, 二 安原大君, 三 安豊大君, 五 安昌大君, 六 安興大君
- 二〇世 四 度祖(追尊), 一 咸寧大君, 二 咸昌大君, 三 咸原大君, 五 咸川大君, 六 咸陵大君, 七 咸陽大君, 八 咸城大君
- 二一世 二 桓祖(追尊), 一 完昌大君, 三 完原大君, 四 完川大君, 五 完城大君

二二世

- 一 太祖(一)
- 一 完豊大君
- 二 義安大君

二三世

太祖(一)
- 二 定宗(二)
- 五 太宗(三)
- 一 鎭安大君
- 三 益安大君
- 四 懷安大君
- 六 德安大君
- 七 撫安大君
- 八 宜安大君

二四世

太宗(三)
- 三 世宗(四)
- 一 讓寧大君
- 二 孝寧大君
- 四 誠寧大君
- 一 敬寧君
- 二 諴寧君
- 三 溫寧君
- 四 謹寧君
- 五 惠寧君
- 六 熙寧君
- 七 厚寧君
- 八 益寧君

定宗(二)
- 一 義平君
- 二 順平君
- 三 錦平君
- 四 宣城君
- 五 從義君
- 六 鎭南君
- 七 守道君
- 八 林堰君
- 九 石保君
- 一〇 德泉君
- 一一 任城君
- 一二 桃平君
- 一三 長川君
- 一四 貞石君
- 一五 茂林君

二五世

世宗(四)
- 一 文宗(五)
- 二 世祖(七)
- 三 安平大君
- 四 臨瀛大君
- 五 廣平大君
- 六 錦城大君
- 七 平原大君
- 八 永膺大君
- 一 和義君
- 二 桂陽君
- 三 義昌君
- 四 漢南君
- 五 密城君
- 六 壽春君
- 七 翼峴君
- 八 永豊君
- 九 寧海君
- 一〇 潭陽君

二六世

一端宗(六)
一德宗(追尊)
二睿宗(八)
一德源君
二昌原君

二七世

二成宗(九)
一月山大君
一仁城大君
二齊安大君

二八世

一燕山主(一〇)
一中宗(一一)
二桂城君
三安陽君
四完原君
五檜山君
六鳳安君
七甄城君
八益陽君
九利城君
一〇景明君
一一全城君
一二茂山君
一三寧山君
一四雲川君
一五楊原君

二九世

一仁宗(一二)
二明宗(一三)
一福城君
二海安君
三錦原君
四永陽君
五德陽君
六鳳城君
七德興大院君

三〇世

順懷世子
宣祖(一四)

三一世

二光海主(一五)
五元宗(追尊)
一永昌大君
一臨海君
三義安君
四信城君
六順和君
七仁城君
八義昌君
九慶昌君
一〇興安君
一一慶平君
一二仁興君
一三寧城君

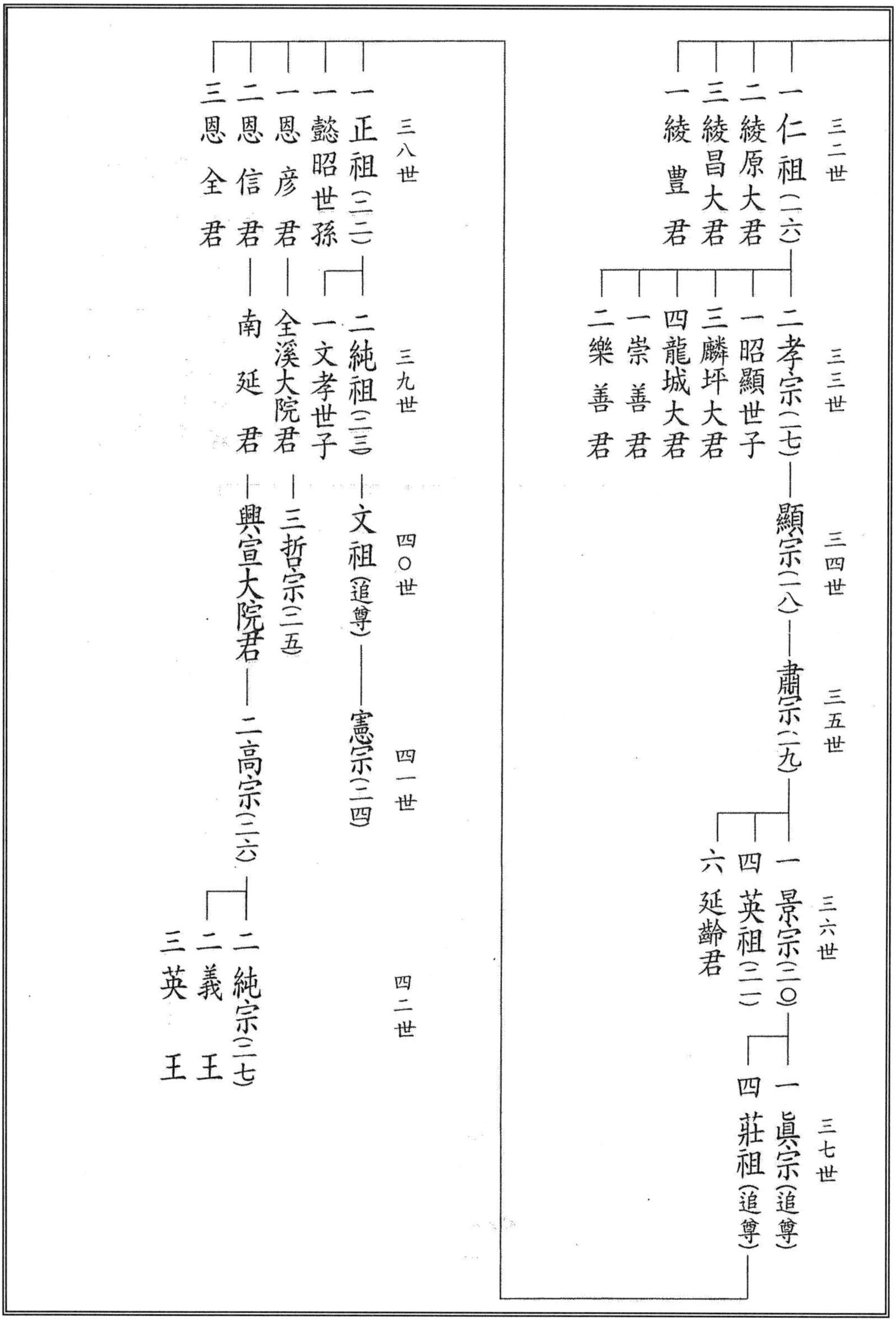
三二世
一 仁祖(一六)
二 綾原大君
三 綾昌大君
一 綾豊君
三三世
二 孝宗(一七)
一 昭顯世子
三 麟坪大君
四 龍城大君
一 崇善君
二 樂善君
三四世
顯宗(一八)
三五世
肅宗(一九)
三六世
一 景宗(二〇)
四 英祖(二一)
六 延齡君
三七世
一 眞宗(追尊)
四 莊祖(追尊)
三八世
一 正祖(二二)
一 懿昭世孫
一 恩彦君
二 恩信君
三 恩全君
三九世
二 純祖(二三)
一 文孝世子
全溪大院君
南延君
四〇世
文祖(追尊)
三 哲宗(二五)
興宣大院君
四一世
憲宗(二四)
二 高宗(二六)
四二世
二 純宗(二七)
二 義王
三 英王

효령대군 이하 계도

시조 한 - 자연 - 천상 - 광희 - 입전 - 긍휴 - 염순 - 승삭 - 충경 - 경영 - 충민 - 화 - 진유 - 궁진 - 용부 - 인 - 양무 - 목조 - 익조 - 도조 - 환조 - 태조 - 태종 - **효령대군**

- 의성군
  - 무 송 군 - 유성군, 재양부정, 해양부정, 장양도정
  - 잠 성 정 - 무산부정, 평고도정, 옥산부정, 송산도정, 융성부수, 관산도정, 의원수, 임도수
  - 운림도정 - 파성군
  - 서림도정 - 은풍도정, 조천부정, 삼계부정
  - 봉 성 군 - 연제군, 흥녕부정, 당성부정
  - 영 신 군 - 명원군, 함원군
  - 총 곡 수 - 봉산부령, 장산부령, 덕산부령
- 서원군
  - 회의도정 - (무후)
  - 덕은도정 - 현하부정, 황려부정
  - 제 천 군 - 등수부정, 금란부정, 기천부정, 금녕부정, 영산부정
  - 예 천 군 - 고양부정, 남양부정, 남곡부수, 수창부수, 서천부수
  - 고 림 군 - 칠산군, 장제부정, 흥안부정, 춘성정
  - 청 거 수 - 경원부수, 희양부정, 영성부수, 덕양정, 밀산부수, 음평부정
- **보성군**
  - 신풍도정 - 안정부정
  - 율 원 군 - 여양군
  - 춘 양 군 - 임강부정, 한산부정, 견성부수
  - 평 성 군 - 주계군, 예성군, 벽계군, 선곡부정, 의신군, 영의수, 사천군
  - **물 거 군**
    - **고안군**
      - 맹호
      - 중호 - 경승(화성), 의승(화성)
      - 계호 - 귀승(광양), 윤승(순천, 여수)
    - **양록정** - 인홍
      - 소(논산)
      - 영(양주)
      - 방(상주)
      - 호(무후(无后))
      - 운(용인)
      - 흠(금산)
      - 장(무후(无后))
  - 원 산 군 - 등림수, 장임수
  - 동 양 정 - 강성도정
- 낙안군
  - 청 원 정 - 견양군, 두원부정, 금양부정
- 영천군
  - 태 강 수 - 승평부령, 응천부령, 유성부령, 문현부령, 운성부령
  - 양 포 수 - 술천부령
- 원천군(출계, 성녕대군)
- 안강도정
  - 영평부정 - 무림수, 이산수, 가야수, 광양령
  - 습 계 군 - 동원수, 희천수, 여흥수, 무안수
  - 회양부정 - 반남수, 서산수, 무송수
  - 개산부수 - 길성령, 경성령, 종성령, 추천령
  - 천 령 군 - (무후)
  - 자 인 정 - 분성령, 상질령, 철성도정
  - 양 양 정 - 관성도정, 대흥령

효령대군 연보

◎ **1396년(태조 5년)**
송경(松京)의 정안군궁(靖安君宮)에서 태종대왕과 원경왕후의 둘째왕자로 태어나심

◎ **1407년(태종 7년) .... (12세)**
효령군(孝寧君)으로 작위를 받으심
좌찬성 정역(鄭易)공의 따님이신 해주정씨와 혼인하심

◎ **1408년(태종 8년) .... (13세)**
연비어약(鳶飛魚躍), 용반호거(龍盤虎踞) 등의 4자 名句(24자)를 쓰심

◎ **1412년(태종 12년) .... (17세)**
효령대군으로 진봉되시고, 부인은 숙의옹주(淑懿翁主) 정씨로 봉작되심

◎ **1414년(태종 14년) .... (19세)**
휘 자 호(祜)를 보(補)로 고치심

◎ **1417년(태종 17년) .... (22세)**
대군의 품계는 대광보국(大匡輔國), 부인은 삼한국대부인(三韓國大夫人)으로 각각 개봉되심

◎ **1418년(태종 18년) .... (23세)**
동생 충녕대군(세종대왕)에게 성덕이 있음을 깨닫고 세자위를 겸손하게 사양하심

◎ **1420년(세종 2년) .... (25 ~ 27세)**
7월 10일 모후 원경왕후(元敬王后) 승하하심
세종 4년(1422년) 5월 10일 부왕 태종대왕(太宗大王) 승하하심

◎ **1424년(세종 6년) .... (29 ~ 30세)**
서강(한강)에 합강정(合江亭)을 세우심
세종 7년 5월 13일 세종대왕이 합강정에 거둥, 오랜 가뭄에 단비가 오자 합강정을 희우정(喜雨亭)으로 정자 이름을 고쳐주심

◎ **1429년(세종 11년) .... (34세)**
관악산 연주암을 삼창(三創)하시고, 약사여래상·미륵존상·3층석탑 등을 조성하심

◎ **1432년(세종 14년) .... (37세)**
부인 해주정씨의 작호가 삼한국대부인에서 예성부부인(蘂城府夫人)으로 개봉되심

◎ **1434년(세종 16년) .... (39세)**
양주 회암사를 중수하시고 원각경을 번역하심
연강(蓮江)이라 작호(作號)하심

◎ **1438년(세종 20년) .... (43세)**
부모은중장수태골경합부를 사경하여 천안 광덕사에 보시하심

◎ **1447년(세종 29년) .... (52세)**
곡성 태안사 바라(불교의식 악기)를 조성하심

◎ **1453년(단종 1년) .... (58세)**
양평 용문산 상원사 범종 주조를 위한 재물을 보시(기부)하심
[1461(세조 7)년 준공, 효령대군 원찰]

◎ **1454년(단종 2년) .... (59세)**
곡성 태안사 바라를 개조하시고 대공덕주가 되심

◎ **1458년(세조 4년) .... (63세)**
4월 8일 태조고황제께서 1398(태조 7)년에 지으신 함흥 선향헌목의 서문을 지으심

◎ **1461년(세조 7년) .... (66세)**
흥천사 대종(덕수궁 소재) 주조를 총감독 하심

◎ **1462년(세조 8년) .... (67세)**
부안 변산 실상사 삼존불 조성을 주관하심
세조대왕과 같이 상원사에 거둥 했을때 하늘에 서기(瑞氣)가 일어나고
관음상(觀音像)이 나타났음

◎ **1463년(세조 9년) .... (68세)**
법화경(法華經)을 우리글로 해석하시고 교정하심

◎ **1464년(세조 10년) .... (69세)**
선종영가집(禪宗永嘉集)과 금강경을 한글로 언해하심
원각사(圓覺寺) 건축공사에 총감독자가 되심

◎ **1465년(세조 11년) .... (70세)**
원각경(圓覺經)을 번역하심
원각사 낙성회에서 매월당(梅月堂) 김시습을 부르심

◎ **1467년(세조 13년) .... (72세)**
원각사 대종(보신각 종)을 주조하는데 총감독을 하심
4월 8일 효령대군께서 감독하여 세운 원각사 10층 석탑이 준공되어 연등회를 열었음

◎ **1469년(예종 1년) .... (74세)**
향헌(鄕憲) 56조를 제정하여 백성들에게 알리고 실행토록 하심
완주 화암사의 십왕경(十王經) 간행에 도움을 주심
금강산 유정사 대종을 주조하는데 총감독을 맡으심

◎ **1470년(성종 1년) .... (75세)**
8월 예성부부인 해주정씨께서 하세하심

◎ **1476년(성종 7년) .... (81세)**
위로연과 폐백을 하사 받으심

◎ **1482년(성종 13년) .... (87세)**
강진 만덕사(萬德寺) 수륙재에 전답 10결(약 31,000평)을 시주하심

◎ **1486년(성종 17년) .... (91세)**
5월 11일 하세하시어 서초구 방배동에 예장되심
시호를 정효(靖孝)로 받으심

世祖惠莊大王實錄

세조혜장대왕실록

강무갑진 勿巨君 李 徹
좌상대장 물거군 이 철

물거군 금중일기 왕조실록

영인본실록 7책 391면 6년(1460.4.24)

모화관에서 제신들과 활쏘기를 조망하시다.
<u>은산부령 이철</u> 참예하시다.

423면 6년(1460.10.4)

황해도, 평안도를 순행하시다.
은산부령 이철 참예하시다.

451면 7년(1461.2.29)

어가가 녹양평에 이르러 사냥하는 것을 조망하시다.
은산부령 이철 참예하시다.

463면 7년(1461.5.16)

여러 신하들과 화위당에 나가 주연을 베푸시다.
은산부령 이철 참예하시다.

555면 8년(1462.10.27)

중궁과 어가 거둥, 양주 달천에서 주연을 베푸시다.
은산부령 이철 참예하시다.

559면 8년(1462.12.8)

사정전에서 정사를 보시고 주연을 베푸시다.
은산령 이철 참예하시다.

573면 9년(1463.5.2)

황수신, 박중손 등이 중월연을 청해 단오일로 윤허하시다.
<u>은산부정 이철</u> 참예하시다.

575면 9년(1463.5.28)

화위당에서 주연을 베푸시다.
은산부정 이철 참예하시다.

580면 9년(1463.7.19)

서현정에서 관사하시고 벌을 주시다.
은산부정 이철 참예하시다.

582면 9년(1463.윤7.7)

사정전에 나가시어 상참을 받으시고 정사를 보시다.
은산부정 이철 참예하시다.

영인본실록 7책 582면 9년(1463.윤7.9)

군사훈련을 조망하시다.
은산부정 이철 참예하시다.

583면 9년(1463.윤7.28)

화위당 나가시어 정사를 보시다.
은산부정 이철 참예하시다.

584면 9년(1463.8.1)

성균 유생 양진손을 발탁하시다.
은산부정 이철 참예하시다.

584면 9년(1463.8.3.)

서교에 거둥하시어 사냥을 조망하시고 이철을 장용대장으로 삼으시다.
은산부정 이철 참예하시다.

585면 9년(1463.8.5)

사정전에서 병요를 강 하게 하시고 장수들의 분발을 구하는 어찰을 내리시다.
은산부정 이철 참예하시다.

583면 9년(1463.8.9)

서교에 거둥하시어 사냥을 조망하시다.
은산부정 이철 참예하시다.

585면 9년(1463.8.15)

현릉과 영릉에 제사 지내시다.
은산부정 이철 참예하시다.

586면 9년(1463.8.28)

노사신, 영순군 이부, 구성군 이준, 은산부정 이철, 하성위 정현조의 현부를 논하시다.
부: 천성이 질박, 정직하나 지완하는 폐단이 있다.
철: 심기가 열리고 명랑하나 후하지 못하여 너무 빨리 하는 폐단이 있다.
준: 심지가 명철, 본성이 영오, 재주는 낫지만 학술이 없다.
정현조: 정직, 왕명 전하기를 잘하나 간혹 혼매한 곳이 있다.
이 네 사람을 사랑하여, 좌우에서 수고시키고 종사하게 하는 까닭은 지나치거나 미치지 못하는 것을 바로 잡아서 맞게 하고 싶다 하시다.
은산부정 이철 참예하시다.

영인본실록 7책586면 9년(1463.8.30)

신숙주, 권남, 김덕에게 관직제수 배경을 설명하시다.
은산부정 이철 참예하시다.

586면 9년(1463.9.5)

최항, 양성지등에게 동국통감의 편찬을 명하시다.
은산부정 이철 참예하시다.

587면 9년(1463.9.8)

사정전에서 양로연을 베푸시다.
은산부정 이철 참예하시다.

587면 9년(1463.9.9)

서현정에서 소형명을 써서 습진하시고 어제시를 지으시다.
은산부정 이철 참예하시다.

587면 9년(1463.9.13)

신숙주와 역대인물, 명도, 이천, 염계, 사마광의 문장, 사업을 논하시다.
은산부정 이철 참예하시다.

587면 9년(1463.9.18)

서산에서 사냥을 조망하시다.
은산부정 이철 참예하시다.

588면 9년(1463.9.19)

군령이 해이해진 것을 책망하시고 장중순, 성중성, 유인례 등을 벌하시다.
은산부정 이철 참예하시다.

593면 9년(1463.11.4)

내금위 권이를 겸사복에 임명하시다.
은산부정 이철 참예하시다.

593면 9년(1463.11.8)

비현합에서 병서의 찬주와 의서유취 등의 일을 논하시다.
은산부정 이철 참예하시다.

593면 9년(1463.11.9)

이부와 최효원이 팔괘도법을 지으니 번역하게 하시다.
은산부정 이철 참예하시다.

영인본실록 7책 593면 9년(1463.11.10)

사정전에서 술자리를 베푸시고 입직군사들에게 술을 먹게 하시다.
은산부정 이철 참예하시다.

594면 9년(1463.11.22)

호조판서 조석문의 직무능력을 칭찬하시다.
은산부정 이철 참예하시다.

595면 9년(1463.11.25)

행상호군 이순지가 지리서를 바치다.
은산부정 이철 참예하시다.

596면 9년(1463.12.4)

선전관 조간이 언론이 정교하여 배운점이 있다 하시다.
은산부정 이철 참예하시다.

597면 9년(1463.12.14)

세자에게 시경과 통감을 가르치게 하시고 정사 다스리는 법을 배우게 하시다.
은산부정 이철 참예하시다.

599면 10년(1464.1.1)

근정전에서 조하를 받으시고 회례연을 베푸시다.
은산부정 이철 참예하시다.

600면 10년(1464.1.4)

후원에 화산붕을 설치하고 백악의 봉두에 직상화를 설치하시다.
은산부정 이철 참예하시다.

604면 10년(1464.5.7)

상정소의 김석제가 부르심에 따르지 않아 관련자를 모두 벌하시다.
은산부정 이철 파직되시다.

630면 10년(1464.6.5)

이철이 병으로 귀가하여 내의원 송첨에게 가서 보게 하시었으나 왕명을 어긴 송첨의 고신을 거두고 벌하시다.
은산부정 이철 병환귀가하시다.

영인본실록 7책 631면 10년(1464.6.13)

아종과 조득림, 한의가 숙위하다.
은산부정 이철 참예하시다.

633면 10년(1464.6.27)

횡간을 상정하는 일이 느리다고 하여 재촉하시다.

은산부정 이철 참예하시다.

637면 10년(1464.7.22)

경회루 아래서 삼갑전법을 행하고 어서를 내리시다.

<u>은산령</u> 이철 참예하시다.

655면 10년(1464.10.2)

중궁과 더불어 풍양의 강무에 거둥하시다.

거제정 이철을 잡류대장으로 삼으시다.

<u>거제정</u> 이철 참예하시다.

655면 10년(1464.10.3)

병조에 군율을 어긴 노철강을 국문하게 하시다.

거제정 이철 참예하시다.

656면 10년(1464.10.7)

거제정을 파직시키시다.

656면 10년(1464.10.10)

거제정 철의 관직을 회복하고 노철강을 용서하시다.

658면 9년(1464.10.26)

종친과 재추가 문안 드리다.

거제정 이철 참예하시다.

661면 10년(1464.12.6)

세자궁에 거둥하시다.

거제정 이철 참예하시다.

영인본실록 7책 661면 10년(1464.12.9)

사정전에서 술자리를 베푸시고 대간의 관직에 대해 이르시다.

거제정 이철 참예하시다.

662면 10년(1464.12.13)

사정전에서 상참을 받으시고 병장설을 강 하게 하시다.

거제정 이철 참예하시다.

665면 10년(1464.12.20)

사정전에서 정사를 보시고 봉희를 조망하시다.

거제정 이철 참예하시다.

666면 11년(1465.1.3)

원일이 세자의 생신이라 잔치하시다.
거제정 이철 참예하시다.

674면 11년(1465.2.27)

원각사 역사중 사망자가 있어 담당관리를 국문하시다.
거제정 이철 참예하시다.

676면 11년(1465.3.9)

효령대군께서 원각경 수교를 마침에 따라 사정전에서 삼공, 육경, 종친, 재추가 모인 자리에서 위로잔치를 베푸시다.
거제정 이철 참예하시다.

677면 11년(1465.3.25)

서현정에서 글과 무재를 강 하게 하시다.
거제정 이철 참예하시다.

681면 11년(1465.4.13)

수타미의 기이함이 있어 백관이 하례하다.
거제정 이철 참예하시다.

684면 11년(1465.5.9)

제사의 관리를 임의로 동원하지 말도록 하시다.
물거윤 이철 참예하시다.

689면 11년(1465.6.3)

방천을 감독하게 하시다.
물거윤 이철 참예하시다.

영인본실록 7책 689면 11년(1465.6.4)

동소문 밖의 다야원 냇가에 거둥하시다.
아종(이부, 이준, 이철, 정현조)과 문무백관이 참여했다.
물거윤 이철 참예하시다.

698면 11년(1465.8.6)

사정전에 나아가 상참을 받으시고 비현합에 나아가시다.
물거윤 이철 참예하시다.

699면 11년(1465.8.17)

중궁과 함께 온양에 거둥하시다.
물거윤 이철 참예하시다.

703면 11년(1465.9.9)

물거윤 이철이 병이들어 행궁에 머물게 하시다.

물거윤 이철 참예하시다.

706면 11년(1465.10.6)

비현합에서 주연을 베푸시다.

물거윤 이철 참예하시다.

708면 11년(1465.10.13)

일을 아뢰는 것을 늦춘 하성위 정현조와 물거윤 이철에게 갓을 쓰도록 하시다.

물거윤 이철 참예하시다.

714면 11년(1465.11.25)

대소 신료들에게 연회를 베푸시고 유생에게 주역구결을 강 하게 하시다.

물거윤 이철 참예하시다.

716면 11년(1465.12.19)

상림원에서 배가 귀하여 진상을 제외하고는 아낄 것을 상언 드리다.

물거윤에게 조사 보고 하도록 하시다.

물거윤 이철 참예하시다.

716면 11년(1465.12.23)

중신들에게 음복연을 베푸시고 주역구결을 논하게 하시다.

물거윤 이철 참예하시다.

717면 11년(1465.12.28)

강녕전에서 종친 · 재추와 잔치를 베푸시다.

물거윤 이철 참예하시다.

영인본실록 8책 2면 세조 12년(1466.1.3)

세자의 생신 잔치를 베푸시다.

물거윤 이철 참예하시다.

11면 12년(1466.3.16)

강원도 고성으로 거둥하시다.

물거윤 이철 참예하시다.

13면 12년(1466.윤3.17)

상원사에 거둥하시다.

물거윤 이철 참예하시다.

25면 12년(1466.6.8)

공신인 양정이 퇴위를 권유하다. 주상의 시험이시다.
물거윤 이철 참예하시다.

51면 12년(1466.11.25)

등준시에 합격한 최적 등이 사례하니 연회를 베푸시다..
물거윤 이철 참예하시다.

56면 세조 13년(1467.1.3)

중궁과 함께 강녕전에서 세자의 생신연을 베푸시니 내종친 · 홍윤성 등이 입시하다.
물거윤 이철 참예하시다.

56면 13년(1467.1.5)

왕비가 풍정을 올리시니 잔치를 베푸시다.
물거윤 이철 참예하시다.

56면 13년(1467.1.10)

임금의 명을 전하는 승전을 삼가서 하지 않은 의빈 정현조,
물거윤 이철을 파직하시다.

59면 13년(1467.2.1)

하성위 정현조와 물거윤 이철을 복직시키시다.

60면 13년(1467.2.11)

물거윤 이철 졸 하시다.
철은 은산령에 제수되어 거제정과 물거윤으로 고쳤다. 철은 술에 취하면 눈동자가 맑지 않는다 하여 임금께서 붙여준 이름이 물거윤이시다. 진법에 밝고, 장기와 바둑에 능하고 금중에서 거처하며 임금의 신임과 사랑을 받으셨다.
32세로 졸하니 임금께서 매우 슬퍼하시고 즉시 염빈을 하지 말게 하셨으니 이는 소생하기를 바람이었다고 실록은 전하고 있다.

물거윤은 효령 대군 삼세손이며 보성군의 다섯째 아드님이시다.

세조 20권, 6년(1460 경진 / 명 천순(天順) 4년) 4월 24일(경오) 1번째기사

모화관에 거둥하여 활 쏘는 것을 구경하시니 제신들이 호종하다

모화관(募華館)에 거둥하여 활 쏘는 것을 구경하시니, 양녕대군(讓寧大君) 이제(李禔), 효령대군(孝寧大君) 이보(李補), 임영대군(臨瀛大君) 이구(李璆), 영응대군(永膺大君) 이염(李琰), 익녕군(益寧君) 이치(李袳), 계양군(桂陽軍) 이증(李璔), 밀성군(密城君) 이침(李琛), 익현군(翼峴君) 이관(李璭), 영해군(寧海君) 이당(李瑭), 의성군(誼城君) 이채(李寀), 순성군(順城君) 이애(李譺), 오산군(烏山君) 이주(李澍), 영순군(永順君) 이부(李溥), 원천경(原川卿) 이의(李宜), 의평군(義平君) 이원생(李元生), 구성윤(龜城尹) 이준(李浚), 신종윤(新宗尹) 이효백(李孝伯), 부윤령(富潤令) 이효숙(李孝叔), 은산부령(銀山副令) 이철(李徹), 운성부원군(雲城府院君) 박종우(朴從愚), 화천군(花川君) 권공(權恭), 하성위(河城尉) 정현조(鄭顯祖), 봉원부원군(蓬原府院君) 정창손(鄭昌孫), 영의정(領議政) 강맹경(姜孟卿), 우의정(右議政) 권남(權擥), 좌찬성(左贊成) 황수신(黃守身), 병조판서(兵曹判書) 한명회(韓明澮), 판중추원부사(判中樞院府事) 김하(金何), 형조판서(刑曹判書) 박원형(朴元亨), 이조판서(吏曹判書) 구치관(具致寬), 중추원사(中樞院使) 박강(朴薑), 호조판서(戶曹判書) 조석문(曹錫文), 행호군(行護軍) 김개(金漑), 김처의(金處義), 유하(柳河), 하우명(河友明), 구문신(具文信), 윤길생(尹吉生), 김처례(金處禮), 중추원부사(中樞院副使) 박형(朴炯), 행첨지중추원사(行僉知中樞院事) 한종손(韓終孫), 행대호군(行大護軍) 김유선(金有銑)과 승지(承旨) 등이 호종(扈從)하였다.

임금께서 모화관(慕華館) 문에 나아가시어 술자리를 베푸시고 무사(武士)들로 하여금 모구(毛毬)[4243]를 쏘고 사후(射侯)하고 기사(騎射)하게 하시었다. 구치관(具致寬)에게 명 하시어 올적합(兀狄哈), 올량합(兀良哈), 왜인(倭人)들을 불러서 올량합(兀良哈) 등에게 물으시기를,

"너희들이 무슨 까닭으로 도둑질하였는가?"
하니, 대답하기를,
"아비거(阿比車)의 말 때문에 도둑질을 하였습니다."
하였다. 또 물으시기를,
"내가 무휼(撫恤)한 지 이미 오래 되고 너희들이 귀순(歸順)한 지도 또한 오래 되는데, 어찌 하루아침에 뜬말을 믿고 갑자기 배반하였는가?"
하시니, 올량합(兀良哈) 등이 떨며 두려워하여 대답하지 못하였다.

임금께서 이르시기를,
"처음으로 도둑질한 것이니, 마땅히 군사를 일으켜 죄를 물어야 하겠으나, 내가 본래 너희들을 무휼(撫恤)하였기 때문에 오히려 그 스스로 혐의스러운 점을 풀도록 하고자 하여 올적합(兀狄哈) 등에게 금(禁)하여 서로 공격하지 말게 하였다. 또 너희들이 옥석(玉石)을 〈구분하지 못하고〉 모두 불태워 버릴까 염려하여 위엄을 거두고 분노를 참고 홍윤성(洪允成)으로 하여금 용서한다는 뜻을 유시(諭示)하도록 하였다. 너희들이 '잘못을 뉘우치고 귀순(歸順)하겠습니다.'라고 말하였기 때문에 지금 또한 용서한다. 비록 '귀순(歸順)한다.'고 하더라도, 또한 너희들을 보호할 수는 없다. 너희들이 뒤에도 만약 도둑질한다면, 마땅히 멀리 도망하여 숨는 계책을 우선으로 하여야 할 것이다. 그렇지 않으면 종족이 살아 남지 못할 것이다."
하시니, 올량합(兀良哈) 등이 머리를 조아리고 감격하여 사례하였다. 강맹경에게 명 하시어 차리(箚里) 등에게 전(傳)하시기를,
"너희들은 성심(誠心)으로 귀순(歸順)하니, 올량합(兀良哈)과 같이 앉을 수가 없다."
하시고, 좌석을 별행(別行)에 내려 주시어 우대(優待)하는 뜻을 보이시었다. 왜인(倭人)과 올적합(兀狄哈)이 술을 올리었다.

【태백산사고본】7책 20권 15장 B면
【영인본】7책 391면
【분류】*왕실-행행(行幸) / *외교-야(野) / *외교-왜(倭)

[註 4243] 모구(毛毬) : 옛날 사구(射毬)에 쓰던 공.

세조 22권, 6년(1460 경진 / 명 천순(天順) 4년) 10월 4일(병오) 2번째기사

중궁과 더불어 황해도·평안도를 순행하시다

임금께서 중궁(中宮)과 더불어 황해도(黃海道) · 평안도(平安道)를 순행(巡幸)하시니, 왕세자(王世子)께서 수가(隨駕)하였고 임영대군(臨瀛大君) 이구(李璆), 영응대군(永膺大君) 이염(李琰), 계양군(桂陽君) 이증(李璔), 익현군(翼峴君) 이관(李璭), 순성군(順城君) 이애(李譪), 보성경(寶城卿) 이갑(李合), 영순군(永順君) 이부(李溥), 구성군(龜城君) 이준(李浚), 신종윤(新宗尹), 이효백(李孝伯), 도평정(桃平正) 이말생(李末生), 무림정(茂林正) 이선생(李善生), 율원령(栗元令) 이종(李徖), 제천령(堤川令) 이온(李蒕), 부윤령(富潤令) 이효숙(李孝叔), 계천령(溪川令) 이성(李誠), 은산부령(銀山副令) 이철(李徹), 고정감(古丁監) 이겸(李謙), 운성부원군(雲城府院君) 박종우(朴從愚), 좌찬성(左贊成) 황수신(黃守身), 화천군(花川君) 권공(權恭), 형조판서(刑曹判書) 박원형(朴元亨), 이조판서(吏曹判書) 구치관(具致寬) 중추원사(中樞院使) 박강(朴薑), 청성위(靑城尉) 심안의(沈安義), 동지중추원사(同知中樞院事) 이윤손(李允孫), 병조참판(兵曹參判) 김질(金礩), 이조참판(吏曹參判) 이극감(李克堪), 행상호군(行上護軍) 김처의(金處義), 김한(金瀚), 한종손(韓終孫), 민발(閔發), 이비(李埤), 이징규(李澄珪), 이거을가개(李巨乙加介), 인순부윤(仁順府尹) 윤사흔(尹士昕), 상호군(上護軍) 정종(鄭種), 이사평(李士平), 봉석주(奉石柱), 유사(柳泗), 병조참의(兵曹參議) 구신충(具信忠) 등이 호종(扈從)하였다.

내금위(內禁衛) 2백으로 사자위(獅子衛)를 삼고, 별시위(別侍衛) 갑사(甲士) 2백을 뽑아 사대(射隊), 장용대(壯勇隊)를 삼고, 파적위(破敵衛) 1백을 병합하여 시위(侍衛)하게 하였다.

권남(權擥), 윤사로(尹師路), 윤사윤(尹士昀), 최항(崔恒) 등을 수상(守相)으로 삼아 도성(都城)에 머물러 서무(庶務)를 총괄하여 다스리게 하시고, 성봉조(成奉祖), 심회(沈澮), 조석문(曹錫文), 이극배(李克培) 등을 수장(守將)으로 삼아 군무(軍務)를 총괄하여 다스리게 하시었다.

【태백산사고본】 8책 22권 1장 A면

【영인본】 7책 423면

【분류】 *왕실-행행(行幸) / *왕실-종친(宗親) / *행정-지방행정(地方行政) / *행정-중앙행정(中央行政) / *군사-군정(軍政)

세조 23권, 7년(1461 신사 / 명 천순(天順) 5년) 2월 29일(경자) 1번째기사

어가가 녹양평에 이르러 사냥하는 것을 구경하시다

어가(御駕)가 거둥하니 양녕대군(讓寧大君) 이제(李禔), 임영대군(臨瀛大君) 이구(李璆), 영응대군(永膺大君) 이염(李琰), 계양군(桂陽君) 이증(李璔), 익현군(翼峴君) 이관(李璭), 순성군(順城君) 이애(李譩), 오산군(烏山君) 이주(李澍), 영순군(永順君) 이부(李溥), **보성경(寶城卿) 이갑(李㝓)**, 구성군(龜城君) 이준(李浚), 옥산군(玉山君) 이제(李躋), 은천군(銀川君) 이찬(李穳), **율원부령(栗元副令) 이종(李倧)**, **은산부령(銀山副令) 이철(李徹)**, 부윤부령(富潤副令) 이효숙(李孝叔), **제천부령(堤川副令) 이온(李薀)**, 계천감(溪川監) 이성(李誠), 가림감(嘉林監) 이추(李秋), 봉산감(逢山監) 이순(李諄), 운성부원군(雲城府院君) 박종우(朴從愚), 하성위(河城尉) 정현조(鄭顯祖), 영의정부사(領議政府事) 강맹경(姜孟卿), 좌의정(左議政) 신숙주(申叔舟), 좌찬성(左贊成) 황수신(黃守身), 행상호군(行上護軍) 유수(柳洙), 유하(柳河), 이조참판(吏曹參判) 이극감(李克堪), 인순부윤(仁順府尹) 윤사흔(尹士昕), 행상호군(行上護軍) 이징규(李澄珪), 홍일동(洪逸童), 이사평(李士平), 도승지(都承旨) 성임(成任), 우승지(右承旨) 한계희(韓繼禧), 동부승지(同副承旨) 홍응(洪應), 병조참의(兵曹參議) 권개(權愷), 첨지중추원사(僉知中樞院事) 이맹손(李孟孫), 홍순손(洪順孫), 조득림(趙得琳), 행상호군(行上護軍) 구문로(具文老), 유흥무(柳興茂)가 어가를 수종하였다.

어가가 미사리(彌沙里) 들에 이르니 경기 관찰사(京畿觀察使) 이극배(李克培)와 양주부사(楊州府使) 경유근(慶由謹)이 와서 맞이하였으며, 이극배가 매[鷹]와 개[狗]를 바치니, 종친(宗親)과 재추(宰樞)에게 나누어 주시었다.

어가가 돌아와 녹양평(綠楊平)에 이르러 사냥하는 것을 구경하시니, 영의정(領議政) 강맹경(姜孟卿)이 아뢰기를,

"봉상시(奉常寺)에서 제사에 쓰는 사슴[獐]과 노루[鹿]를 평안도(平安道)와 황해도(黃海道)로 하여금 사냥해 얻도록 하였는데, 양도(兩道)는 인민(人民)이 본래 적으며 지금은 바야흐로 백성을 이주시키고 있는 터이라 온 도(道)가 소연(騷然)[4913]하며, 또 사신(使臣)의 왕래로 인민이 더욱 피곤하기 때문에, 모든 진공(進供)[4914]까지도 또한 다 정지하였습니다. 사복시(司僕寺)에서 사냥해 얻는 것도 비록 폐단이 있을 듯하지만 이것을 가지고 저것에 비교하면 저절로 경중이 나타날 것이니 마땅히 사복시에서 사냥하게 하도록 환원하고 양도(兩道)에는 정하지 말도록 하소서."

하니, 임금께서 이르시기를,

"사복시(司僕寺)에서 사냥해 얻는 데에 무슨 불가한 것이 있겠는가마는 우선 강무(講武)에서 얻는 것을 보아서 정하겠다."

하시었다.

이날 좌우로 나누어 잡은 것이 무릇 33구(口)였다. 그후로부터는 매일 〈잡은 것의〉 다소를 비교하여 승부(勝負)로 삼았다. 임금께서 군사의 율(律)이 엄하지 않고 부오(部伍)가 정연하지 못함을 보시고 여러 장수들에게 이르시기를,

"강무(講武)는 편안히 놀며 〈사냥하는〉 것이 아니고, 병법(兵法)을 교열(敎閱)하려는 것인데, 이제 여러 도에서 훈련되지 않은 군사를 징집하고, 장수가 병졸을 교련(敎鍊)하는 데 모두 율(律)을 어기니 저들은 필시 병법이란 본시 이와 같은 것이라고 이를 것이다. 만일 변고(變故)라도 있게 되면, 장차 어찌 이를 쓰겠는가? 장수가 모두 훈신(勳臣)이니 내가 힐책은 가하지 않겠으나, 대체(大體)에 어떠하겠는가?"

하시었다.

저녁에 포천(抱川)에서 머무르셨는데, 병조참판(兵曹參判) 김질(金礩)을 불러 이르시기를,

"진중(陣重)이 시끄러우니 무슨 까닭이냐?"

하시니, 아뢰기를,

"군사들이 치중(輜重)이 있는 곳을 잃고 소리쳐 부르며 떠드는 소리입니다."

하였다.

임금께서 이르시기를,

"진(陣)에서는 정숙(整肅)함을 귀히 여기는데 시끄러움이 이와 같은데도 병조(兵曹)에서 금하지 않으니, 달리 이를 말이 없다. 진 밖의 30개의 문(門)에 각기 횃불을 설치하고 또 표기(標旗)를 세워, 치중이 있는 곳을 알게 하면, 저절로 시끄럽지 않게 될 것이다."

하시고, 즉시 김질 및 홍윤성(洪允成)에게 명 하시어 8개의 문에 횃불을 설치하고 표기를 세워 이를 그치게 하시었다.

【태백산사고본】 8책 23권 22장 A면

【영인본】 7책 451면

【분류】 *왕실-행행(行幸) / *재정-진상(進上) / *군사-병법(兵法) / *호구-이동(移動) / *행정-지방행정(地方行政)

[註 4913] 소연(騷然) : 어수선한 모양.

[註 4914] 진공(進供) : 그 지방의 토산물을 상급 관청이나 고관(高官)에게 바치던 일. 공상(供上).

세조 24권, 7년(1461 신사 / 명 천순(天順) 5년) 5월 16일(을묘) 1번째기사

모든 신하를 거느리고 화위당에 나아가시어 주연을 베푸시다

임금께서 화위당(華韡堂)의 동림정(東林亭)에 나아가시어 효령대군(孝寧大君) 이보(李補), 임영대군(臨瀛大君) 이구(李璆), 영응대군(永膺大君) 이염(李琰), 계양군(桂陽君) 이증(李璔), 익현군(翼峴君) 이관(李璭), 의성군(誼城君) 이채(李寀), 오산군(烏山君) 이주(李澍), 보성경(寶城卿) 이갑(李㟁), 원천경(原川卿) 이의(李宜), 구성군(龜城君) 이준(李浚), 진남군(鎭南君) 이종생(李終生), 옥산군(玉山君) 이제(李躋), 은천군(銀川君) 이찬(李穳), 율원부령(栗原副令) 이종(李徖), 은산부령(銀山副令) 이철(李徹), 운성부원군(雲城府院君) 박종우(朴從愚), 하성위(河城尉) 정현조(鄭顯祖), 청성위(青城尉) 심안의(沈安義), 하동부원군(河東府院君) 정인지(鄭麟趾), 영의정(領議政) 정창손(鄭昌孫), 좌의정(左議政) 신숙주(申叔舟), 우의정(右議政) 권남(權擥), 좌찬성(左贊成) 황수신(黃守身), 영중추원사(領中樞院事) 심회(沈澮), 중추원부사(中樞院副使) 심결(沈決), 좌참찬(左參贊) 이승손(李承孫), 예조판서(禮曹判書) 홍윤성(洪允成), 형조판서(刑曹判書) 박원형(朴元亨), 지중추원사(知中樞院事) 최항(崔恒), 윤사분(尹士昐), 중추원부사(中樞院副使) 이순지(李純之), 공조판서(工曹判書) 윤사윤(尹士昀), 호조판서(戶曹判書) 조석문(曹錫文), 행상호군(行上護軍) 이윤손(李允孫), 판한성부사(判漢城府事) 김사우(金師禹), 행상호군(行上護軍) 김개(金漑), 병조참판(兵曹參判) 김질(金礩), 공조참판(工曹參判) 어효첨(魚孝瞻), 한성부윤(漢城府尹) 황효원(黃孝源), 호조참판(戶曹參判) 이극감(李克堪), 중추원부사(中樞院副使) 송처관(宋處寬), 형조참판(刑曹參判) 이석형(李石亨), 이조참판(吏曹參判) 성임(成任), 한성부윤(漢城府尹) 이연손(李延孫), 화산군(花山君) 권반(權攀), 서원군(西原君) 한계미(韓繼美), 대사헌(大司憲) 이교연(李皎然), 행상호군(行上護軍) 양성지(梁誠之), 행대호군(行大護軍) 정종(鄭種) 중추원부사(中樞院副使) 김계손(金繼孫) 및 승지(承旨) 등을 부르시어 술자리를 베푸시었다. 갑자기 비가 오므로, 임금께서 모든 신하를 거느리고 화위당으로 나아가시어 술자리를 베푸시었다.

【태백산사고본】 9책 24권 14장 A면
【영인본】 7책 463면
【분류】 *왕실-의식(儀式)

세조 29권, 8년(1462 임오 / 명 천순(天順) 6년) 10월 27일(무자) 1번째기사

왕비와 함께 어가로 거둥하여 양주 달천에서 주연을 베푸시다

햇무리하였다. 임금과 중궁(中宮)께서 어가(御駕)로 거둥하시었다. 왕세자(王世子)와 임영대군 이구(李璆), 영순군(永順君) 이부(李溥), 구성군(龜城君) 이준(李浚), 하성위(河城尉) 정현조(鄭顯祖), 신종군(新宗君) 이효백(李孝伯), 모산정(牟山正) 이희(李僖), 제천부정(提川副正) 이온(李薀), 부윤부령(富潤副令) 이효숙(李孝叔), 은산부령(銀山副令) 이철(李徹), 곡성부령(鵠城副令) 이금손(李金孫), 운수부령(雲水副令) 이효성(李孝誠), 평성부령(枰城副令) 이위(李偉), 모양감(牟陽監) 이직(李稙), 운성부원군(雲城府院君) 박종우(朴從愚), 영의정 신숙주(申叔舟), 좌찬성 황수신(黃守身), 공조판서 심결(沈決), 양산군 양정(楊汀), 중추원사 윤사흔(尹士昕), 문성군(文城君) 유수(柳洙), 병조판서 윤자운(尹子雲), 행호군 이준생(李俊生), 행상호군 김처례(金處禮), 행호군 이징규(李澄珪), 병조참판 김국광(金國光), 대호군 이몽가(李蒙哥), 도승지 홍응(洪應), 우승지 김겸광(金謙光), 동부승지 이계손(李繼孫), 행상호군 조득림(趙得琳), 구문신(具文信), 설계조(薛繼祖) 등이 수가(隨駕)하였다. 제사(諸司)의 관원은 전 강무(講武) 때의 수(數)에 의하였다. 백관(百官)이 융복(戎服) 차림으로 중량포(中良浦)에서 지송(祗送)[5927]하였고 경기도관찰사(京畿都觀察使) 김종순(金從舜)이 와서 맞이하였다.

어가(御駕)가 중량포(中良浦)에 이르니 3상(廂)의 대장(大將)이 가각 군사를 거느리고 호종(扈從)하였다. 어가가 양주(楊州) 달천(達川)에 이르러서 종친과 재추(宰樞)를 부르시어 술자리를 베푸시었다. 김종순이 매와 개를 올리니, 종친과 재추들에게 나누어 주시었다.

【태백산사고본】 10책 29권 22장 B면

【영인본】 7책 555면

【분류】 *과학-천기(天氣) / *왕실-행행(行幸) / *왕실-의식(儀式) / *군사-병법(兵法) / *재정-진상(進上)

[註 5927] 지송(祗送) : 백관(百官)이 임금의 출가(出駕)를 공경하여 보냄.

세조 29권, 8년(1462 임오 / 명 천순(天順) 6년) 12월 8일(무진) 2번째기사

사정전에서 주연을 베푸시고, 숙배하는 정창손과 더불어 춤을 추시다

사정전에 나아가시어 상참(常參)을 받으시고, 정사를 보시고, 술자리를 베푸시었다. 임영대군(臨瀛大君) 이구(李璆), 영응대군(永膺大君) 이염(李琰), 계양군(桂陽君) 이증(李璔), 익현군(翼峴君) 이관(李璭), 오산군(烏山君) 이주(李澍), 덕성군(德成君) 이민(李敏) · 은산령 이철(李徹), 하성위 정현조(鄭顯祖), 반성위(班城尉) 강자순(姜子順), 우찬성(右贊成) 구치관(具致寬), 좌참찬 이승손(李承孫), 행첨지중추원사 이변(李邊), 계림군(雞林君) 이흥상(李興商), 중추원부사(中樞院副使) 어효첨(魚孝瞻), 이조판서 박원형(朴元亨), 호조판서 조석문(曹錫文), 중추원부사 송처관(宋處寬), 행첨지중추원사 양성지(梁誠之), 대사헌 함우치(咸禹治)와 승지 등이 입시(入侍)하였다. 봉원부원군 정창손(鄭昌孫), 강원도관찰사 김예몽(金禮蒙), 충청도관찰사 최한경(崔漢卿) 등이 와서 숙배(肅拜)하니, 모두 인견(引見)하시고 정창손에게 위로해 유시(諭示)하시기를,

"경이 내가 세자를 자랑하는 말에 대답에 실수를 하였고, 본래 정실(情實)이 없었으니, 곧 소환(召還)하려고 하였으나 조정의 논의가 있을까 염려한 까닭에 감히 못하였다."

하시고, 김예몽, 최한경 등에게 백성을 다스리는 대략을 물으시었다. 이보다 먼저 김한(金澣)이 근수노(根隨奴)[5953]가 주는 것을 받은 까닭으로써 사헌부에서 추핵하였는데, 유사(宥赦)가 지났는데도 오히려 법대로 처치하지 아니하였다. 함우치가 술을 올렸다.

임금께서 김한을 불러 전지하시기를,

"대사헌이 경을 내치고자 하였는데 내가 유사(宥赦) 전이라 하여 특별히 논하지 말게 하였으니, 경은 이를 알라."

하시고, 정창손에게 술을 올리기를 명하시고 정창손의 소매를 잡고 일어나시어 춤을 추시니, 여러 종친과 재상들이 또한 일어나서 춤을 추었다.

【태백산사고본】 10책 29권 30장 A면
【영인본】 7책 559면
【분류】 *왕실-의식(儀式) / *인사-관리(管理) / *사법-행형(行刑)

[註 5953] 근수노(根隨奴) : 높은 벼슬의 관리의 출타시에 수행하여 시중드는 관청의 사내종.

세조 30권, 9년(1463 계미 / 명 천순(天順) 7년) 5월 2일(경인) 1번째기사

황수신·박중손 등이 중월연을 청하자 단오일에 모화관에서 베풀도록 하시다

사정전(思政殿)에 나아가시어 상참(常參)을 받으시고 정사를 보시었다. 왕세자(王世子)와 임영대군(臨瀛大君) 이구(李璆), 영응대군(永膺大君) 이염(李琰), 구성군(龜城君) 이준(李浚), 은산부정(銀山副正) 이철(李徹), 좌의정 권남(權擥), 남양부원군(南陽府院君) 홍달손(洪達孫), 우찬성(右贊成) 구치관(具致寬), 인산군(仁山君) 홍윤성(洪允成), 호조판서 조석문(曹錫文), 행첨지중추원사(行僉知中樞院事) 김개(金漑), 이조판서 어효첨(魚孝瞻), 개성군(開城君) 최유(崔濡)와 승지(承旨) 등이 입시(入侍)하니, 술자리를 베풀었다. 충훈부당상(忠勳府堂上) 좌찬성 황수신(黃守身), 밀산군(密山君) 박중손(朴仲孫)이 와서 중월연(仲月宴[6114])을 청하니, 불러 들여 이르시기를,

"단오일(端午日)에 모화관(慕華館)에서 간략하게 베풀도록 하라."

하시었다. 권남(權擥)이 협주양촌응제시(夾註陽村應製詩)를 바치고, 인하여 조부(祖父)의 훈구세계(勳舊世係)를 두루 서술[歷敍]하였다. 임금께서 이르시기를,

"사직(社稷)의 신(臣)은 어떠한 사람이냐?"

하시니, 권남이 말하기를,

"사직(社稷)의 신(臣)은 신 도 또한 사양할 것이 없습니다."

아뢰니, 임금께서 웃으시며, 이구(李璆)에게 이르시기를,

"권남이 스스로 자랑하는구나! 사직(社稷)의 신(臣)으로 자임(自任)을 하니."

하시었다.

【태백산사고본】 11책 30권 24장 A면
【영인본】 7책 573면
【분류】 *왕실-의식(儀式) / *왕실-사급(賜給) / *출판-서책(書冊)

[註 6114] 중월연(仲月宴) : 음력 2월, 5월, 8월 11월 등 중월(仲月)에 공신(功臣)들이 임금에게 바치던 잔치.

세조 30권, 9년(1463 계미 / 명 천순(天順) 7년) 5월 28일(병진) 1번째기사

화위당에서 주연을 베푸시고 사후하시니 저물어서 파하다

화위당(華韡堂)에 나아가시어 술자리를 베푸시고, 사후(射侯)하시니, 임영대군(臨瀛大君) 이구(李璆), 영응대군(永膺大君) 이염(李琰), 계양군(桂陽君) 이증(李璔), 영순군(永順君) 이부(李溥), 구성군(龜城君) 이준(李浚), 은산부정(銀山副正) 이철(李徹), 하성위(河城尉) 정현조(鄭顯祖), 영천부원군(鈴川府院君) 윤사로(尹師路), 우의정(右議政) 한명회(韓明澮), 인산군(仁山君) 홍윤성(洪允成), 호조판서 조석문(曹錫文), 문성군(文城君) 유수(柳洙)와 승지(承旨) 등이 입시(入侍)하여, 날이 저물어서야 파(罷)하였다.

【태백산사고본】 11책 30권 28장 B면

【영인본】 7책 575면

【분류】 *왕실-행행(行幸) / *왕실-의식(儀式)

세조 30권, 9년(1463 계미 / 명 천순(天順) 7년) 7월 19일(병오) 1번째기사

서현정에서 관사하고 잘 쏘지 못한 병사가 많아서 관을 벗기고 벌 주시다

서현정에 나아가 관사(觀射)하시니, 왕세자(王世子)와 하성위(河城尉) 정현조(鄭顯祖), 영순군(永順君) 이부(李溥), 구성군(龜城君) 이준(李浚), 은산부정(銀山副正) 이철(李徹), 영천위(鈴川尉) 윤사로(尹師路), 영의정 신숙주(申叔舟), 우의정 한명회(韓明澮), 우찬성 구치관(具致寬), 호조판서 조석문(曹錫文), 병조판서 윤자운(尹子雲), 승지(承旨) 등이 입시(入侍)하여 술자리를 베푸시었다.

명 하시어 내금위(內禁衛), 겸사복(兼司僕), 갑사(甲士), 평로위(平虜衛), 파적위(破敵衛), 장용대(壯勇隊) 등에게 1시(矢)[6190]씩 가지고 짝을 지어 사후(射侯)하게 하시니, 맞히는 자가 적었다.

한 평로위(平虜衛)는 더욱 잘 쏘지 못하므로, 임금께서 구치관, 윤자운은 모두 병사(兵士)를 맡고서 훈려(訓勵)가 정(精)하지 못하였다 하여, 명 하시어 함께 뜰에 내려가 관(冠)을 벗기고 술로써 벌(罰)을 주시었다.

【태백산사고본】 11책 30권 39장 A면

【영인본】 7책 580면

【분류】 *왕실-행행(行幸) / *왕실-의식(儀式)

[註 6190] 시(矢) : 화살.

세조 31권, 9년(1463 계미 / 명 천순(天順) 7년) 윤7월 7일(갑자) 1번째기사

향화한 낭장가로에게 아비를 만나게 해주시다

사정전(思政殿)에 나아가시어 상참(常參)을 받으시고 나서 정사(政事)를 보시었다. 임영대군(臨瀛大君) 이구(李璆), 영응대군(永膺大君) 이염(李琰), 하성위(河城尉) 정현조(鄭顯祖), 구성군(龜城君) 이준(李浚), 은산부정(銀山副正) 이철(李徹), 영천부원군(鈴川府院君) 윤사로(尹師路), 봉원부원군(蓬原府院君) 정창손(鄭昌孫), 남양부원군(南陽府院君) 홍달손(洪達孫), 우의정(右議政) 한명회(韓明澮), 판중추원사(判中樞院事) 이변(李邊), 예조판서(禮曹判書) 박원형(朴元亨), 중추원사(中樞院使) 최항(崔恒), 밀산군(密山君) 박중손(朴仲孫), 형조판서(刑曹判書) 이극감(李克堪), 서원군(西原君) 한계미(韓繼美), 동지중추원사(同知中樞院事) 김수온(金守溫)과 승지(承旨) 등이 입시(入侍)하니, 술자리를 베푸시고 왕세자(王世子)가 술을 올렸다. 그때 향화(向化)한 낭장가로(浪將家老)가 본토(本土)로 돌아가서 그 아비를 보겠다고 애걸하니,

임금께서 한명회를 시켜서 전지(傳旨)하기를,

"지금 북방(北方)이 안정되지 못하니, 네가 만약 돌아간다면 해(害)를 당하지 않을까 두렵다. 내가 마땅히 너의 아비를 초치(招致)하여 너를 보도록 하겠다."

하였다. 낭장가로가 아비의 이름과 그가 서로 친근하게 지낸 자 10여 인을 써서 올리니, 전지(傳旨)하기를,

"낭장가로의 아비와 장인[妻父]은 강무(講武)할 때까지 올려 보내도록 하고, 그 나머지는 운(運)[6201]을 나누어 올려 보내라."

하시었다.

【태백산사고본】 11책 31권 1장 B면
【영인본】 7책 582면
【분류】 *왕실-행행(行幸) / *왕실-의식(儀式) / *외교-야(野)
[註 6201] 운(運) : 사람이나 물건의 이동 단위.

세조 31권, 9년(1463 계미 / 명 천순(天順) 7년) 윤7월 9일(병인) 1번째기사

장의동의 신정에서 구치관·홍윤성 등에게 군사를 좌우로 나누고 승부하게 하시다

장의동(壯義洞)의 신정(新亭)에 거둥하시니, 왕세자(王世子)와 영순군(永順君) 이부(李溥), 구성군(龜城君) 이준(李浚), 보성경(寶城卿) 이갑(李㕑), 거평정(居平正) 이복(李復), 진례정(進禮正) 이형(李衡), 은산부정(銀山副正) 이철(李徹), 영의정(領議政) 신숙주(申叔舟), 우의정(右議政) 한명회(韓明澮), 우찬성(右贊成) 구치관(具致寬), 인산군(仁山君) 홍윤성(洪允成), 병조판서(兵曹判書) 윤자운(尹子雲), 참판(參判) 김국광(金國光), 참의(參議) 박중선(朴仲善)과 승지(承旨) 등이 어가(御駕)를 수종(隨從)하였다.

구치관, 홍윤성 등에게 명 하시어 좌우로 나누어 각각 군사를 거느리고 승부(勝負)를 겨루게 하시었다.

【태백산사고본】 11책 31권 2장 A면

【영인본】 7책 582면

【분류】 *왕실-행행(行幸) / *군사-병법(兵法)

세조 31권, 9년(1463 계미 / 명 천순(天順) 7년) 윤7월 28일(을유) 1번째기사

한명회가 하직하다·투화한 이거을첩합이 어미의 근친을 위해 하직하다

화위당(華韡堂)에 나아가시니, 왕세자(王世子)와 영순군(永順君) 이부(李溥), 구성군(龜城君) 이준(李浚), 은산부정(銀山副正) 이철(李徹), 인산군(仁山君) 홍윤성(洪允成), 병조참판(兵曹參判) 김국광(金國光), 승지(承旨) 등이 입시(入侍)하였다.

왕세자(王世子)에게 명 하시어 술을 올리게 하고, 전지(傳旨)하시기를,

"세자(世子)의 나이가 비록 어리지만 능히 활을 잘 쏘는데, 내가 어렸을 때에는 활을 쏘는 데 능하지 못하였으니, 세자는 아비보다 뛰어나구나!"

하시었다.

4도 도체찰사(四道都體察使) 한명회(韓明澮)가 하직하니, 임금께서 어탑(御榻)에서 내려오시어서 세자(世子)로 하여금 술병을 잡게 하여 친히 잔을 잡아서 마시게 하고 꽃[韡]을 내려 주시었다. 투화(投化)한 야인(野人) 이거을첩합(李巨乙帖哈)이 어미에게 근친(覲親)간다고 하직하니, 명 하시어 술을 올리게 하고 궁시(弓矢)와 꽃[韡]을 내려 주시었다.

【태백산사고본】 11책 31권 5장 A면

【영인본】 7책 583면

【분류】 *왕실-종친(宗親) / *왕실-사급(賜給) / *왕실-의식(儀式) / *왕실-국왕(國王) / *외교-야(野)

세조 31권, 9년(1463 계미 / 명 천순(天順) 7년) 8월 1일(정해) 1번째기사

성균유생 양진손을 발탁하시고, 신숙주·윤자운·구치관 등에게 아마 한필씩 주시다

근정전(勤政殿)에 나아가시어 조하(朝賀)를 받으시고, 서현정(序賢亭)에 나아가셔서 임영대군(臨瀛大君) 이구(李璆), 영응대군(永膺大君) 이염(李琰), 영순군(永順君) 이부(李傳), 구성군(龜城君) 이준(李浚), 은산부정(銀山副正) 이철(李徹), 영의정(領議政) 신숙주(申叔舟), 중추원부사(中樞院副使) 최항(崔恒), 병조판서(兵曹判書) 윤자운(尹子雲), 이조참판(吏曹參判) 홍응(洪應), 병조참판(兵曹參判) 김국광(金國光)과 입직(入直)한 여러 장수와 승지(承旨) 등을 부르시어 술자리를 베푸시고, 성균생원(成均生員) 양진손(梁震孫) 등 5인에게 《병장설(兵將說)》을 강(講)하게 하니 양진손이 강해(講解)하여 분석(分析)하였고, 또 《시경(詩經)》, 《춘추(春秋)》를 강(講)하게 하시니 모두 대의(大義)에 통하였고, 그로 하여금 활을 당기게 하니 또한 이에 능하였다. 임금께서 크게 칭찬하여 상을 주시고, 그로 하여금 술을 올리게 하시었으며, 도승지(都承旨) 홍응(洪應)에게 명 하시어 그를 발탁(拔擢)하여 쓰도록 하시었다. 어찰(御札)로 이르시기를,

"가령 포진(布陣)할 때 적(賊)의 소굴(巢窟)보다 낮게 영(營)을 설치했고, 본국(本國)에서의 거리가 이미 멀어서 원병(援兵)도 또한 끊어졌는데, 왼쪽에 큰 숲이 있고, 오른쪽에 험(險)한 산이 있고, 앞에 큰 강(江)이 있고, 뒤에 광야(曠野)가 있어서 사방으로 향하여 진격(進擊)하여 나가려면 어떻게 명령을 내려야 하겠는가? 이미 군사를 움직였다가 이를 세우려면 어떻게 명령을 내려야 하겠는가? 그 사이에 적(敵)에 대응하여 험(險)한 곳을 지키는 따위의 일에는 어떠한 대책(對策)이 마땅하겠는가?"

하시고, 여러 장수에게 명 하시어 이를 강(講)하게 하시었으나, 능히 아는 자가 없었다. 신숙주, 윤자운, 김국광과 우찬성(右贊成) 구치관(具致寬), 형조판서(刑曹判書) 김질(金礩) 등에게 아마(兒馬)를 각각 1필(匹)씩 내려 주시고, 임금께서 신숙주와 더불어 이야기를 하시면서 장시간을 보내셨는데, 혹은 국사(國事)를 논(論)하면 신숙주도 또한 상주(上奏)하여 대답하기를 그치지 않았다.

【태백산사고본】 11책 31권 5장 B면

【영인본】 7책 584면

【분류】 *왕실-행행(行幸) / *왕실-의식(儀式) / *왕실-사급(賜給) / *왕실-경연(經筵) / *인사-선발(選拔) / *군사-병법(兵法)

세조 31권, 9년(1463 계미 / 명 천순(天順) 7년) 8월 3일(기축) 1번째기사

서교에서 사냥하는 것을 구경하시고, 모화관에 이르러 습진하시다

임금께서 서교(西郊)에 거둥하시어 사냥하는 것을 구경하시었다. 청성위(靑城尉) 심안의(沈安義)와 형조판서(刑曹判書) 김질(金礩)을 좌상대장(左廂大將), 우상대장(右廂大將)으로 삼고, 행첨지중추원사(行僉知中樞院事) 민발(閔發)을 사자위장(獅子衛將)으로 삼고, 구문로(具文老)를 사대장(射隊將)으로 삼고, 은천군(銀川君) 이찬(李穳)을 잡류장(雜類將)으로 삼고, 율원부정(栗元副正) 이종(李倧)을 공현위장(控弦衛將)으로 삼고, 평성정(枰城正) 이위(李偉)를 만강대장(彎强隊將)으로 삼고, 내금위(內禁衛) 소기동(蘇起東)을 파적위장(破敵衛將)으로 삼고, 은산부정(銀山副正) 이철(李徹)을 장용대장(壯勇隊將)으로 삼으시었으며, 먼저 백관(百官)들로 하여금 융복(戎服) 차림으로 모화관(慕華館)에서 명령을 기다리게 하시었다. 연희궁(衍禧宮) 앞에 이르러 어가(御駕)를 머무르니, 음악을 연주하고 술을 올리었다. 좌상(左廂), 우상(右廂)으로 하여금 합하여 몰이하게 하니, 군사들이 화곡(禾穀)을 짓밟아 상한 것이 많았다. 진무(鎭撫) 조맹춘(曹孟春)도 또한 밭 사이로 말을 달렸는데, 의금지사(義禁府知事) 원자정(元自貞), 한척(韓陟) 등이 금하여 검찰하지 못하였으므로, 함께 의금부(義禁府)에 내려서 국문(鞫問)하게 하시었고, 주서(注書)를 시켜 가서 화곡(禾穀)을 짓밟은 다소(多少)를 물어 보게 하시고서 그 값을 징수하여 주시었다. 어가(御駕)를 돌이켜 모화관(慕華館)에 이르자, 명 하시어 습진(習陣)하게 하시었다. 진무(鎭撫) 장효량(張孝良)이 진(陣)을 지키는데, 남문(南門)에서 잘못 명령하여 군사들이 나누어 흩어지니, 명 하시어 장효량(張孝良)에게 장을 벌로 내리시었다.

【태백산사고본】 11책 31권 7장 A면
【영인본】 7책 584면
【분류】 *왕실-행행(行幸) / *왕실-의식(儀式) / *인사-임면(任免) / *사법-법제(法制) / *사법-행형(行刑) / *사법-탄핵(彈劾) / *군사-병법(兵法)

세조 31권, 9년(1463 계미 / 명 천순(天順) 7년) 8월 5일(신묘) 1번째기사

병요을 강하게 하시고 장수들의 분발을 구하는 어찰을 내리시다

사정전(思政殿)에 나아가시니, 임영대군(臨瀛大君) 이구(李璆), 하성위(河城尉) 정현조(鄭顯祖), 은산부정(銀山副正) 이철(李徹), 운성부원군(雲城府院君) 박종우(朴從愚), 영천부원군(鈴川府院君) 윤사로(尹師路), 우찬성(右贊成) 구치관(具致寬), 형조판서(刑曹判書) 김질(金礩)과 입직(入直)한 여러 장수와 승지(承旨) 등이 입시(入侍)하였다. 여러 장수들에게 《병요(兵要)》를 강(講)하게 하시니, 선전관(宣傳官) 조간(曹幹)이 그 대의(大義)에 능통하였으므로, 임금께서 좌우(左右)의 근신(近臣)들을 돌아보면서 이르시기를,

"내가 인재(人才)를 구(求)하기에 급급(汲汲)한 것은 이러한 무리를 얻고자 함이었다."

하시고, 어찰(御札)을 내려 이르시기를,

"내가 명령을 내고자 하면 상벌(賞罰)을 시행하는데 어김이 없어야 할 것이다. 그러나 위에 있는 자가 반드시 범(犯)하는데, 인정상 애증(愛憎)으로 문득 폐(廢)하니, 명령이 무슨 방도로 시행되겠는가? 반드시 벌(罰)한다면 그 폐단은 사람들이 조처할 바를 알지 못할 것이고, 반드시 용서한다면 그 폐단은 사람들이 모두 정(情)에 따라 곧이곧대로 행동하여 위급할 때 소용(所用)이 없을 것이니, 어떻게 하면 좋겠는가?

내가 대열(大閱)을 행하여, 여러 장수들로 하여금 군사들에게 익히게 하여, 비록 늙어서도 게으르지 않고, 기습(氣習)을 항상 이루어서 초야(草野)를 집으로 삼고, 용맹(勇猛)을 업(業)으로 삼으며, 공(功)을 이루어 명성을 얻어 남의 아래에 있는 것을 부끄럽게 여기며, 분발(奮發)하여 자기 몸을 돌아보지 아니하고 가사(家事)를

돌보지 아니하여, 항상 높은 지조(志操)를 지키게 하고자 한다. 그러나 나라가 태평(太平)한 것을 믿어 되는 대로 남을 비방(誹謗)하고 조소(嘲笑)함에도 스스로 안심하고, 무인(武人)들은 주색(酒色)만을 좋아할 뿐이며, 사람들이 말하기를 '뜻을 두지 않는다.'고 하지만 아무렇지도 않은 듯이 부끄러워하지 않으며, 음직(蔭職)을 믿고 국법을 범하면서도, 이것을 예사로 여기니, 어떻게 하면 소용(所用)이 있는 데가 있도록 하겠는가?"

하시고, 즉시 교서관(校書館)으로 하여금 1백 본(本)을 인쇄(印刷)하여 여러 장수들에게 나누어 주게 하시었다.

【태백산사고본】 11책 31권 7장 B면

【영인본】 7책 585면

【분류】 *왕실-행행(行幸) / *군사-중앙군(中央軍) / *군사-병법(兵法) / *출판-서책(書冊)

세조 31권, 9년(1463 계미 / 명 천순(天順) 7년) 8월 9일(을미) 2번째기사

서교에 거동하시어 사냥을 구경하시다

서교(西郊)에 거둥하시어 사냥하는 것을 구경하시니, 왕세자(王世子), 임영대군(臨瀛大君) 이구(李璆), 영응대군(永膺大君) 이염(李琰), 영순군(永順君) 이부(李溥), 구성군(龜城君) 이준(李浚), 하성위(河城尉) 정현조(鄭顯祖), 은산부정(銀山副正) 이철(李徹), 영의정(領議政) 신숙주(申叔舟), 우찬성(右贊成) 구치관(具致寬), 병조판서(兵曹判書) 윤자운(尹子雲) 등이 어가(御駕)를 수행(隨行)하였다.

【태백산사고본】 11책 31권 8장 B면

【영인본】 7책 585면

【분류】 *왕실-행행(行幸)

세조 31권, 9년(1463 계미 / 명 천순(天順) 7년) 8월 15일(신축) 1번째기사

헌릉과 영릉에 제사지내시다

임금께서 친히 헌릉(獻陵)과 영릉(英陵)에 제사 지내시었다. 임영대군(臨瀛大君) 이구(李璆), 영응대군(永膺大君) 이염(李琰), 영순군(永順君) 이부(李溥), 구성군(龜城君) 이준(李浚), 은산부정(銀山副正) 이철(李徹), 영의정(領議政) 신숙주(申叔舟), 우찬성(右贊成) 구치관(具致寬), 우참찬(右參贊) 성봉조(成奉祖), 인산군(仁山君) 홍윤성(洪允成), 예조판서(禮曹判書) 박원형(朴元亨), 병조판서(兵曹判書) 윤자운(尹子雲), 강성군(江城君) 봉석주(奉石柱), 지중추원사(知中樞院事) 김처의(金處義), 행첨지중추원사(行僉知中樞院事) 민발(閔發)과 육조(六曹), 대간(臺諫)에서 각각 1인씩이 어가(御駕)를 수종(隨從)하였다.

【태백산사고본】 11책 31권 8장 B면

【영인본】 7책 585면

【분류】 *왕실-행행(行幸) / *왕실-의식(儀式)

세조 31권, 9년(1463 계미 / 명 천순(天順) 7년) 8월 28일(갑인) 1번째기사

노사신·이부·이준·정현조·이철의 현부를 논 하시다

사정전(思政殿)에 나아가시어 상참(常參)을 받으시고 정사(政事)를 보시었다. 영응대군(永膺大君) 이염(李琰), 영순군(永順君) 이부(李溥), 구성군(龜城君) 이준(李浚), 은산부정(銀山副正) 이철(李徹), 하성위(河城尉) 정현조(鄭顯祖), 우찬성(右贊成) 구치관(具致寬)과 승지(承旨), 선전관(宣傳官) 등이 입시(入侍)하였다. 병서(兵書)의 주해(註解)를 논(論)하고, 이어서 구치관과 도승지(都承旨) 노사신(盧思愼)에게 명 하시어 술을 올리게 하시었다. 임금께서 노사신으로 하여금 어탑(御榻)에 오르게 하시고, 우부승지(右副承旨) 최선복(崔善復)에게 이르시기를,

"신하를 아는데 임금만한 이가 없으니, 경(卿) 등의 재주를 내가 이미 알고 있다. 경(卿)도 또한 재주가 있어서 정말 보통 사람이 아니지만, 그러나 노사신을 따라가려면 아직 멀었다. 노사신은 재주가 탁월(卓越)하고 그 지기(志氣)가 남보다 빼어난데, 내가 척속(戚屬)이라는 사정(私情)을 두어서가 아니라, 곧 공론(公論)이 그러한 것이니, 경(卿)도 또한 그리 알라."

하시고, 또 이부(李溥), 이준(李浚), 정현조(鄭顯祖), 이철(李徹)을 부르시어 앞으로 나오게 하시어 그 현부(賢否)를 논(論)한 다음에 구치관에게 이르시기를,

"부(溥)는 천성(天性)이 질박(質朴)하고 정직(正直)하니 일을 맡길 만하지만, 그러나 지완(遲緩)하는 폐단을 면하지 못한다. 정현조는 성질이 본래 정직하고 왕명(王命)을 전하기를 잘 하지만, 그러나 간혹 혼매(昏昧)한 곳이 있다. 철(徹)은 심기(心氣)가 열리고 명랑하지만, 그러나 본질(本質)이 후(厚)하지 못하여 항상 너무 빨리하는 폐단이 있다.

준(浚)은 심지(心志)가 명철(明徹)하고 본성(本性)이 영오(穎悟)하고 또 여력(膂力)이 있어서 재주가 세 사람보다 낫지만, 그러나 학술(學術)이 없으니 이게 한(恨)이 된다. 이 네 사람은 내가 매우 사랑하여 좌우(左右)에서 떠나지 못하게 하는데, 애써 수고시키고 종사(從事)하게 하는 까닭은 그 지나치거나 미치지 못하는 것을 바로잡아서 그 중정(中正)한 데 맞게 하고 싶은 것이다."

하시니, 구치관이 아뢰기를,

"진실로 성상(聖上)의 말씀과 같습니다. 네 사람은 성상의 은혜를 매우 후하게 받고, 애써 수고하는 것도 다른 사람의 갑절입니다."

하였다. 한참 있다가 강녕전(康寧殿)에 들어가시어 구치관, 노사신, 이부(李溥), 이준(李浚), 정현조(鄭顯祖), 이철(李徹)을 부르시어 술자리를 베푸시었다.

【태백산사고본】 11책 31권 10장 A면

【영인본】 7책 586면

【분류】 *왕실-행행(行幸) / *왕실-의식(儀式) / *군사-병법(兵法) / *인물(人物)

세조 31권, 9년(1463 계미 / 명 천순(天順) 7년) 8월 30일(병진) 1번째기사

영의정 신숙주·길창부원군 권남·이조 판서 김담에게 관직제수의 배경을 설명하시다

사정전(思政殿)에 나아가시어 상참(常參)을 받으시고 정사를 보셨는데, 임영대군(臨瀛大君) 이구(李璆), 영응대군(永膺大君) 이염(李琰), 원천경(原川卿) 의(宜), 영순군(永順君) 이부(李溥), 구성군(龜城君) 이준(李浚), 은산부정(銀山副正) 이철(李徹), 하성위(河城尉) 정현조(鄭顯祖), 영천부원군(鈴川府院君) 윤사로(尹師路), 영의정(領議政) 신숙주(申叔舟), 길창부원군(吉昌府院君) 권남(權擥), 우의정(右議政) 구치관(具致寬), 좌참찬(左參贊) 성봉조(成奉祖), 우참찬(右參贊) 최항(崔恒), 판한성부사(判漢城府事) 이석형(李石亨), 중추원사(中樞院使) 어효첨(魚孝瞻), 이조판서(吏曹判書) 김담(金淡), 호조판서(戶曹判書) 조석문(曹錫文), 병조판서(兵曹判書) 윤자운(尹子雲)과 승지(承旨) 등이 입시(入侍)하니, 술자리를 베푸시었다. 임금께서 신숙주에게 이르시기를,

"권남(權擥)이 병이 있으므로 평안하게 부귀(富貴)를 누리게 하려고 하였기 때문에 구치관으로 대신시켰다. 구치관이 군국(軍國)의 중대한 일을 알지 못함이 없기 때문에, 삼공(三公)[6232]에 승진시켜 그로 하여금 권세가 중한 자리를 맡게 하였으니, 경은 그리 알라."

하시니, 신숙주가 대답하기를,

"권남이 병이 있는데, 출사(出仕)하지 못하고 그 자리에 있다면 어찌 능히 스스로 평안하겠습니까?"

하였다.

또 권남에게 이르시기를,

"경(卿)으로 하여금 집에 누워서 국사(國事)를 다스리게 하고자 하였기 때문에 부원군(府院君)으로 천직(遷職)시켰으니, 경(卿)도 또한 내 뜻을 알라."
하시니, 권남이 절하면서 사례(謝禮)하였다.

또 김담(金淡)에게 이르시기를,

"경은 병든 어미가 있어서 서울[京師]에 오랫동안 유임시킬 수가 없었다. 또 경이 지난번에 경주부윤(慶州府尹)이 되어서 죄도 아닌데 붙잡혀 왔기 때문에 지금 경에게 이조판서를 제수(除授)하여 애오라지 서로 위로할 뿐이다. 오랫동안 경을 보지 못하였으니, 경이 술을 올리는 것이 가(可)하다."
하시고, 또 신숙주로 하여금 술을 올리게 하시었다.

【태백산사고본】 11책 31권 10장 B면

【영인본】 7책 586면

【분류】 *왕실-행행(行幸) / *왕실-의식(儀式) / *왕실-국왕(國王) / *인사-임면(任免)

[註 6232] 삼공(三公) : 정승(政丞).

세조 31권, 9년(1463 계미 / 명 천순(天順) 7년) 9월 5일(신유) 2번째기사

최항·양성지 등에게 동국통감의 편찬을 명 하시고 명황계감을 수교하게 하시다

임금께서 서현정(序賢亭)에 나아가시어 소형명(小形名)을 써서 습진(習陣)하시니, 왕세자(王世子)와 임영대군(臨瀛大君) 이구(李璆), 영응대군(永膺大君) 이염(李琰), 영순군(永順君) 이부(李溥), 구성군(龜城君) 이준(李浚), 은산부정(銀山副正) 이철(李徹), 하성위(河城尉) 정현조(鄭顯祖), 우참찬(右參贊) 최항(崔恒), 동지중추원사(同知中樞院事) 양성지(梁誠之), 행상호군(行上護軍) 송처관(宋處寬), 이파(李坡)와 입직(入直)한 여러 장수, 승지 등이 입시(入侍)하였다. 명하시어 이준(李浚)과 이부(李溥)를 장수(將帥)로 삼아 좌상(左廂), 우상(右廂)으로 나누어 습진(習陣)하게 하시었다. 또 최항(崔恒), 양성지(梁誠之), 송처관(宋處寬), 이파(李坡)와 동부승지(同副承旨) 김수령(金壽寧)에게 명하기를,

"우리 나라의 역사가 착란(錯亂)하여 통일이 없으니, 내가《동국사략(東國史略)》, 《삼국사(三國史)》,《고려사(高麗史)》등의 책을 참작(參酌)하여 거기에서 빼거나 보태어서 억지로라도 한 책을 만들어 이름하여《동국통감(東國通鑑)》이라 하고, 장래에 밝게 보여 주어 고열(考閱)에 편리하게 하고자 하니, 경들이 그것에 힘쓰도록 하라."
하시고, 이어서 최항, 양성지에게 명 하시어 술을 올리게 하시고, 또 은천군(銀川君) 이찬(李穳)에게 명 하시어 최항 등이 편찬한《명황계감(明皇誡鑑)》을 수교(讎校)하게 하시었다.

【태백산사고본】 11책 31권 11장 A면

【영인본】 7책 586면

【분류】 *왕실-행행(行幸) / *왕실-의식(儀式) / *군사-군정(軍政) / *군사-병법(兵法) / *군사-중앙군(中央軍) / *역사-편사(編史)

세조 31권, 9년(1463 계미 / 명 천순(天順) 7년) 9월 8일(갑자) 1번째기사

사정전에서 양로연을 베푸시다

사정전(思政殿)에 나아가시어 양로연(養老宴)을 베푸시었다. 왕세자(王世子)와 효령대군(孝寧大君) 이보(李補), 임영대군(臨瀛大君) 이구(李璆), 영응대군(永膺大君) 이염(李琰), 영순군(永順君) 이부(李溥), 구성군(龜城君) 이준(李浚), 은산부정(銀山副正) 이철(李徹), 하성위(河城尉) 정현조(鄭顯祖), 청성위(靑城尉) 심안의(沈安義), 하동부원군(河東府院君) 정인지(鄭麟趾), 영의정(領議政) 신숙주(申叔舟), 우의정(右議政) 구치관(具致寬), 좌찬성(左贊成) 황수신(黃守身), 예조판서(禮曹判書) 박원형(朴元亨), 우참찬(右參贊) 최항(崔恒), 호조판서(戶曹判書) 조석문(曹錫文), 이조판서(吏曹判書) 김담(金淡), 병조판서(兵曹判書) 윤자운(尹子雲), 판한성(判漢城) 이석형(李石亨), 공조판서(工曹判書) 김수온(金守溫), 행상호군(行上護軍) 송처관(宋處寬), 공조참판(工曹參判) 성임(成任), 이조참판(吏曹參判) 홍응(洪應), 대사헌(大司憲) 서거정(徐居正), 호조참판(戶曹參判) 임원준(任元濬)과 입직(入直)한 여러 장수, 승지(承旨)와 노인당상(老人堂上), 전 판중추원사(判中樞院事) 안지(安止) 등이 입시(入侍)하였다. 서인(庶人)인 여러 노인은 동쪽, 서쪽 뜰에 나누어 줄지어 섰다. 기녀(妓女)와 악공(樂工)이 음악을 연주하니, 태조(太祖)의 시(詩) 1수(首)를 여러 재추(宰樞)에게 보이시었다. 그 시(詩)에 이르시기를,

"손을 이끌어 등(藤)을 더위잡고 푸른 봉우리에 오르니,
하나의 암자(庵子)가 높이 두우(斗牛) 가운데 걸렸네.
만약 장차 보이는 안계(眼界)로써 우리의 땅으로 삼는다면
초(楚)나라 월(越)나라 강남(江南)인들 어찌 수용하지 못하리오?"

하시었다.

임금께서 또 어제시(御製詩)를 보이시었는데, 이르시기를,

“하필 등(藤)을 더위잡고 푸른 봉우리에 오르리?

하나의 암자(庵子)가 두우(斗牛) 가운데 있지도 않는 것을

조상께 묻노니 무슨 방도로 우리 땅으로 삼으실는지요?

유업(遺業)이 너무 커서 용납할 수 없을는지 어찌 알리오?”

하시니, 정인지 등 문신(文臣) 당상관(堂上官) 10여 인이 즉시 화답(和答)하는 시(詩)를 바쳤다.

【태백산사고본】 11책 31권 11장 B면

【영인본】 7책 587면

【분류】 *왕실-행행(行幸) / *왕실-의식(儀式) / *왕실-국왕(國王) / *윤리-강상(綱常) / *어문학-문학(文學)

종친부 : 왕실의 행사, 제례 등을 주관하며 왕실과 종실에 예속된 토지 관리와 종친들의 벼슬관계를 정리하는 관청

의빈부 : 공주나 옹주에게 혼인한 부마들을 위한 관청

돈녕부 : 임금의 친족, 외척을 위한 관청
임금, 왕비, 세자빈 등의 친척들이 관리로 임명

종부시 : 왕실 자손들의 족보편찬과 종실의 위법 행위의 조사와 규탄하는 관청

세조 31권, 9년(1463 계미 / 명 천순(天順) 7년) 9월 9일(을축) 2번째기사

서현정에서 소형명을 써서 습진하시고 어제시를 지으시다

서현정(序賢亭)에 나아가시니, 효령대군(孝寧大君) 이보(李補), 영응대군(永膺大君) 이염(李琰), 영순군(永順君) 이부(李溥), 은산부정(銀山副正) 이철(李徹), 하성위(河城尉) 정현조(鄭顯祖), 운성부원군(雲城府院君) 박종우(朴從愚), 하동부원군(河東府院君) 정인지(鄭麟趾), 영의정(領議政) 신숙주(申叔舟), 우의정(右議政) 구치관(具致寬), 좌찬성(左贊成) 황수신(黃守身), 좌참찬(左參贊) 성봉조(成奉祖), 우참찬(右參贊) 최항(崔恒), 이조판서(吏曹判書) 김담(金淡), 호조판서(戶曹判書) 조석문(曹錫文), 예조판서(禮曹判書) 박원형(朴元亨), 병조판서(兵曹判書) 윤자운(尹子雲), 형조판서(刑曹判書) 김질(金礩), 공조판서(工曹判書) 김수온(金守溫)과 입직(入直)한 여러 장수와 승지(承旨) 등이 입시(入侍)하였다. 술자리를 베푸시고, 청성위(靑城尉) 심안의(沈安義)와 영가군(永嘉君) 권경(權擎)을 좌상(左廂), 우상(右廂)으로 나누어 소형명(小形名)을 써서 습진(習陣)하였다. 또 판한성(判漢城) 이석형(李石亨), 대사헌(大司憲) 서거정(徐居正), 공조참판(工曹參判) 성임(成任), 중추원부사(中樞院副使) 강희안(姜希顔), 예문제학(藝文提學) 이승소(李承召), 동지중추원사(同知中樞院事) 양성지(梁誠之), 이조참판(吏曹參判) 홍응(洪應), 행상호군(行上護軍) 송처관(宋處寬), 김처례(金處禮), 이파(李坡), 호조참판(戶曹參判) 임원준(任元濬), 형조참의(刑曹參議) 이예(李芮), 첨지중추원사(僉知中樞院事) 최사로(崔士老)와 문신(文臣)들도 부르시고 또한 입시(入侍)하게 하시고, 명하시어 태조(太祖) 시(詩)에 화답(和答)하게 하시었다.

또 어제시(御製詩)를 보였는데, 이르시기를,

"푸른 봉우리가 저절로 오산(吳山)[6235] 봉우리와 다른데,
시부(侍符)를 움켜잡고 대도(大度)[6236] 가운데 우유(優游)하네.
세상에 드문 신무(神武)가 온 천하에 들리니
우주(宇宙)를 빠짐없이 차지하더라도 수용하지 못할 리 없었네."
하시었다.

한참 있다가 또 어제시(御製詩)를 지어 보이셨는데, 이르시기를,

"세계(世界)는 안개에 싸여 천봉(千峯)이 어두컴컴한데,
맑은 바람이 불어서 대허(大虛)의 중심을 깨뜨리네.
메마르고 축축한 풍진(風塵)의 흙을 몇 번이나 겪었던고?
온갖 종류의 물건이 빛을 탄다면 그 누가 숨겨줄 수 있으리오?"
하시었다.

【태백산사고본】 11책 31권 12장 A면
【영인본】 7책 587면
【분류】 *왕실-행행(行幸) / *왕실-의식(儀式) / *군사-군정(軍政) / *군사-병법(兵法) / *어문학-문학(文學)

[註 6235] 오산(吳山) : 중국 오(吳)나라의 산(山).
[註 6236] 대도(大度) : 큰 도량.

세조 31권, 9년(1463 계미 / 명 천순(天順) 7년) 9월 13일(기사) 1번째기사

신숙주와 역대의 인물과 명도·이천·염계·사마 광의 문장과 사업을 논하시다

사정전(思政殿)에 나아가시어 상참(常參)을 받으시고 정사(政事)를 보시니, 구성군(龜城君) 이준(李浚), 봉성정(鳳城正) 이이(李徺), 은산부정(銀山副正) 이철(李徹), 영의정(領議政) 신숙주(申叔舟), 우의정(右議政) 구치관(具致寬), 계림군(鷄林君) 이흥상(李興商), 이조판서(吏曹判書) 김담(金淡), 판한성부사(判漢城府事) 이석형(李石亨), 동지중추원사(同知中樞院事) 양성지(梁誠之), 호조참판(戶曹參判) 임원준(任元濬), 예조참의(禮曹參議) 조변안(曹變安), 공조참의(工曹參議) 심선(沈璿), 지병조사(知兵曹事) 윤자(尹慈), 지형조사(知刑曹事) 김진지(金震知)와 입직(入直)한 여러 장수와 승지(承旨) 등이 입시(入侍)하고, 대간(臺諫), 육조낭관(六曹郎官)이 각각 1원(員)씩 계단 위에 앉았다. 술자리를 베푸니, 황국화(黃菊花), 백국(白菊花) 각각 1떨기씩을 담은 화분[瓦盆]을 전(殿) 가운데에 놓았다. 전지(傳旨)하기를,

"오늘 경들과 더불어 국화를 감상하고자 하니, 마땅히 각각 취하도록 마시라."

하시고, 어서(御書)를 내려 이르시기를,

"천지(天地)에 꽃이 있어서 사철을 구분하는데, 지금 9월을 당하여 어찌 9일에 구애할 것인가? 나는 천시(天時)를 당하여 명일(名日)에 구애하지 않으니, 시속(時俗)을 다스리고 도(道)를 따를 뿐이다."

하고, 또 시제(詩題)를 내시기를,

"술과 국화와 임금과 신하가 모두 조화되다."

라고 하시었다.

신숙주(申叔舟)에게 명 하시어 어탑(御榻)에 오르게 하시어서 손을 잡으시고 술을 올리게 하시고, 인하여 역대의 인물과 명도(明道)[6237], 이천(伊川)[6238], 염계(濂溪)[6239], 사마광(司馬光)의 문장(文章)과 사업(事業)을 논하시었다. 신숙주, 구치관, 이흥상(李興商), 김담, 이석형, 곽연성(郭連城), 임원준(任元濬), 노사신, 심선 등에게 매[鷹子] 각각 1련(連)씩을 내려 주시었다.

【태백산사고본】 11책 31권 13장 A면

【영인본】 7책 587면

【분류】 *왕실-행행(行幸) / *왕실-의식(儀式) / *왕실-국왕(國王) / *왕실-사급(賜給) / *과학-생물(生物) / *역사-고사(故事)

[註 6237] 명도(明道) : 정호(程顥).

[註 6238] 이천(伊川) : 정이(程頤).

[註 6239] 염계(濂溪) : 주돈이(周敦頤).

세조 31권, 9년(1463 계미 / 명 천순(天順) 7년) 9월 18일(갑술) 1번째기사

서산에서 사냥을 구경하던 중 군율을 어긴 자들을 하옥하시다

서산(西山)에 거둥하여 사냥하는 것을 구경하시니, 임영대군(臨瀛大君) 이구(李璆), 구성군(龜城君) 이준(李浚), 은산부정(銀山副正) 이철(李徹), 진종(陣宗), 사종(射宗), 하성위(河城尉) 정현조(鄭顯祖), 영천부원군(鈴川府院君) 윤사로(尹師路), 영의정(領議政) 신숙주(申叔舟), 우의정(右議政) 구치관(具致寬), 좌찬성(左贊成) 황수신(黃守身), 영중추원사(領中樞院事) 심회(沈澮), 이조판서(吏曹判書) 김담(金淡), 행대호군(行大護軍) 김한(金瀚), 홍익생(洪益生), 박대생(朴大生), 행상호군(行上護軍) 김처례(金處禮), 청성군(靑城君) 한종손(韓終孫), 병조참판(兵曹參判) 김국광(金國光), 승지(承旨) 등이 어가(御駕)를 수종(隨從)하였다.

갑현(甲峴)에 이르자, 임금께서 마봉(馬峯) 꼭대기에 머무르시었다. 미시(未時)에 상군(廂軍)이 포위망을 좁히니, 짐승들이 많이 빠져나가 도망하였다. 임금께서 명하여 포위망을 파(罷)하고 또 다시 산의 뒷쪽을 몰이하게 하였다. 임금께서 이미 하산(下山)하였는데, 잡류(雜類) 등이 몰이하다가 조금 늦게 내려왔고, 또 대열이 가지런하지 못하였다. 임금께서 여러 재추(宰樞)에게 명하시어 잡류장(雜類將)인 은천군(銀川君)의 갓[笠]을 벗기게 하고 그 정비되지 못한 이유를 물으시니, 대답하기를,

"신이 비록 마음을 다하여 분주(奔走)하게 하였으나, 그 재상(宰相), 승지(承旨) 같은 자들이 따르지 않으니 어떻게 합니까? 또 승지(承旨) 등이 모여 앉아서 술을 마시고 즉시 몰이하여 내려오지 않았기 때문에 정비되지 못하였습니다."
하였다.

임금께서 이르시기를,

“만약 그렇다면 네가 그 따르지 않았던 자들의 갓을 벗겨라”
하시니, 그 때 김담(金淡), 김한(金瀚), 홍익생(洪益生), 박대생(朴大生), 김처례(金處禮)와 승지(承旨) 등이 자리에 앉아 있었는데, 이찬(李穳)[6240]이 김담 이하를 모두 벗기었다.

임금께서 이르시기를,
“김담은 오랫동안 외방(外方)에 있어서 군령(軍令)을 알지 못하니, 그 갓을 도로 주라.”
하시었다.

그 차례가 승지(承旨) 등에게 이르자 이를 중지하도록 명하시고, 부르시어 이르시기를,

“내가 아직도 수라를 들지 못하였고, 또 친히 스스로 몰이하면서 내려왔는데, 경들은 어찌하여 물러가 음식을 먹으면서, 몰이하여 내려 오지 않았는가? 옛날에 양저(穰苴)[6241]는 장가(莊賈)를 목베고, 손무(孫武)[6242]는 궁빈(宮嬪)을 목베었다. 너희들은 모두 나의 근신(近臣)인데, 법을 시행하지 않고 위에서부터 폐지하였다. 또 음식을 먹자는 말을 누가 먼저 꺼냈는가?”
하시니, 승지(承旨)가 모두 창졸간(倉卒間)에 대답하지 못하므로 친히 두세 번 물었으나 오히려 대답하지 못하였다. 윤흠(尹欽), 윤잠(尹岑), 이계손(李繼孫)에게 물으시니,
모두 아뢰기를,
“그런 일이 없습니다.”
하였고, 최선복(崔善復)에게 이르자, 아뢰기를,
“김수령(金壽寧)이 먼저 말을 꺼냈고, 신 등과 같이 의논하여 모여서 먹었습니다.”
하였다.

임금께서 노하시어 이르시기를,

“너희들이 어찌하여 바로 아뢰지 아니하는가?”

하시고, 명하시어 모두 갓[笠]을 벗기고 의금부(義禁府)에 하옥(下獄)시키시었다.

김한(金澣), 홍익생(洪益生), 박대생(朴大生), 김처례(金處禮) 등에게는 모두 갓을 돌려주시었다. 위장(衛將) 구문로(具文老), 최적(崔適) 등이 통솔(統率)한 군사들이 흩어져 혼란하여서 교룡기(蛟龍旗)로 지시하여도 응(應)하지 않았고, 초요기(招搖旗)를 세워도 오지 않았으며, 부장(部將) 성중성(成重性), 이동주(李銅柱), 한서정(韓瑞呈), 이함(李諴) 등이 관할하는 군사들도 또한 대오(隊伍)를 잃고 차례를 이탈하니, 명 하시어 모두 의금부(義禁府)에 하옥시키시고, 김국광(金國光)으로 하여금 승지(承旨)의 일을 임시로 대행(代行)하게 하시었다. 행차가 미륵원(彌勒院) 마을에 이르자, 명 하시어 한 민가(民家)에서 도둑 4인을 체포하여 의금부(義禁府)에 넘겼다. 드디어 환궁(還宮)하여 전지(傳旨)하시기를,

“김한(金澣), 홍익생(洪益生), 박대생(朴大生), 김처례(金處禮) 등의 고신(告身)을 거두어라.”

하시었다.

【태백산사고본】 11책 31권 13장 B면

【영인본】 7책 587면

【분류】 *왕실-행행(行幸) / *인사-관리(管理) / *사법-치안(治安) / *사법-탄핵(彈劾) / *군사-군정(軍政) / *역사-고사(故事)

[註 6240] 이찬(李穳) : 은천군(銀川君).

[註 6241] 양저(穰苴) : 춘추(春秋) 시대 제(齊)나라 대사마(大司馬).

[註 6242] 손무(孫武) : 춘추 시대 제(齊)나라 병법가.

세조 31권, 9년(1463 계미 / 명 천순(天順) 7년) 9월 19일(을해) 1번째기사

군령이 해이해진 것을 책망하시고, 장중순·성중성·유인례 등을 벌하시다

서현정(序賢亭)에 나아가서 활 쏘는 것을 구경하시었다. 어제 어가(御駕)를 수종(隨從)한 재추(宰樞) 등과 효령대군(孝寧大君) 이보(李補), 임영대군(臨瀛大君) 이구(李璆), 영응대군(永膺大君) 이염(李琰), 영순군(永順君) 이부(李溥), 구성군(龜城君) 이준(李浚), 은산부정(銀山副正) 이철(李徹), 하성위(河城尉) 정현조(鄭懸祖), 영의정(領議政) 신숙주(申叔舟), 우의정(右議政) 구치관(具致官), 좌찬성(左贊成) 황수신(黃守身), 인산군(仁山君) 홍윤성(洪允成), 청성위(青城尉) 심안의(沈安義), 청평군(清平君) 곽연성(郭連城), 형조판서(刑曹判書) 김질(金礩), 이조판서(吏曹判書) 김담(金淡), 문성군(文城君) 유수(柳洙), 강성군(江城君) 봉석주(奉石柱), 이조참판(吏曹參判) 홍응(洪應), 병조참판(兵曹參判) 김국광(金國光), 중추원부사(中樞院副事) 한계희(韓繼禧), 도승지(都承旨) 노사신(盧思愼)과 입직(入直)한 여러 장수 등이 입시(入侍)하였다. 임금께서 이르시기를,

"어제 재추(宰樞) 가운데 군율(軍律)을 어긴 자가 자못 많았다. 홍익생(洪益生), 박대생(朴大生) 등은 늙어서 족히 따질 것도 못되나, 김한(金澣), 김처례(金處禮) 등과 같은 이는 매양 군령(軍令)을 범하니, 일을 맡기고 부릴 수가 없다. 승지(承旨)는 좌우의 근신(近臣)이니, 반드시 현량(賢良)한 이를 골라서 임명해야 한다. 비록 조그마한 허물이 있다 하더라도 으레 모두 이를 용서하여 주니, 저들도 또한 이를 스스로 믿고서 번번이 해이(解弛)하게 구는데, 어제의 일을 이루 다 말할 수가 없다. 내가 이러한 폐단을 없애려고 한 지가 오래이다."

하시고, 이조(吏曹)와 병조(兵曹)에 명하시어 즉시 어전(御前)에서 제수(除授)하게 하시었다.

또 재추(宰樞)에게 이르시기를,

"어제 잡은 돼지를 먹고자 하기 때문에 경들을 부른 것이다."

하시고 술자리를 베푸시니, 왕세자(王世子)도 또한 입시(入侍)하시었다. 내금위(內禁衛) 이철주(李鐵柱)가 9발(發)을 쏘아서 모두 맞히니, 각궁(角弓) 1장(張)을 내려 주시었다. 또 어제 어떤 사람이 사슴을 쏘다가 잘못하여 김담(金淡)의 갓[笠]을 맞히어 그 망건(網巾)의 관자(貫子)가 끊어져 떨어졌는데, 이때에 이르러 임금께서 그 소문을 듣고서 김담에게 옥관자(玉貫子)가 달린 망건(網巾)을 내려 주고서 위장(衛將) · 부장(部將) 등을 의금부(義禁府)에 부르시어 이를 국문(鞫問)하게 하시었다. 부장(部將) 장중순(張仲淳)이 억지로 변명하다가 임금의 뜻을 거스르니, 임금께서 노하시어 제장(諸將)에게 이르기시를,

"근일에 군령(軍令)이 어린아이 장난과 같았다. 반드시 이 사람을 죽이려 하였으니, 그 나머지 사람들을 징계하라!"

하시고, 겸사복(兼司僕)에게 명 하시어 〈장중순〉을 끌고 나가서 도로 의금부(義禁府)에 하옥(下獄)하게 하시었다. 부장(部將) 성중성(成重性), 통장(統將) 유안례(劉安禮) 등 20여 인에게 장을 때리고, 구문로(具文老) · 최적(崔適) 등은 용서하시었다. 임금께서 또 제장(諸將)에게 이르시기를,

"너희가 지금 평안히 앉아 술을 마시면서, 저들이 죄를 받는 꼴을 보겠는가? 술을 마시고 죄를 받는 데 어찌 미워함이 있겠는가? 이것은 모두 천운(天運)이다."

하시었다.

【태백산사고본】 11책 31권 14장 B면

【영인본】 7책 588면

【분류】 *왕실-행행(行幸) / *왕실-의식(儀式) / *왕실-사급(賜給) / *인사-임면(任免) / *사법-탄핵(彈劾)

세조 31권, 9년(1463 계미 / 명 천순(天順) 7년) 11월 4일(무오) 1번째기사

내금위의 권이가 호랑이를 잡는 궁술에 능하므로 겸사복에 임명하시다

구성군(龜城君) 이준(李浚), 은산부정(銀山副正) 이철(李徹), 하성위(河城尉) 정현조(鄭顯祖), 청성위(靑城尉) 심안의(沈安義), 병조참판(兵曹參判) 김국광(金國光)과 승지(承旨) 등을 불러서 술자리를 베푸시었다. 또 입직(入直)한 내금위(內禁衛), 선전관(宣傳官), 겸사복(兼司僕) 등을 불르시어 진법(陣法)을 강(講)하게 하시고, 이르시기를,

"지금 너희들을 불러서 병서(兵書)를 강하게 하는 것은 그 중에 두드러지게 뛰어난 자를 얻고자 함이다."

하시었으나, 내금위(內禁衛) 등이 모두 능히 통(通)하지 못하였다. 또 이철(李徹), 정현조(鄭顯祖), 심안의(沈安義)와 승지(承旨) 등에게도 물으시었으나 그 뜻을 맞히지 못하는 자가 많으니, 임금께서 친히 주석(註釋)을 달으시었다. 당시에 겸사복(兼司僕)이 궐원(闕員)이 생기지 않으므로, 임금께서 병서(兵書)에 통달한 자를 고르시어 이 자리에 임명하려고 하시었으나, 모두 뜻을 잘 아는 자가 없었다. 곧 호랑이를 쏘아서 잡는 궁술(弓術)을 논하게 하니, 내금위(內禁衛)의 권이(權耳)가 이에 능하였으므로, 명 하시어 겸사복(兼司僕)에 임명하시었다.

【태백산사고본】 11책 31권 23장 B면

【영인본】 7책 593면

【분류】 *왕실-의식(儀式) / *왕실-국왕(國王) / *군사-병법(兵法) / *인사-임면(任免)

세조 31권, 9년(1463 계미 / 명 천순(天順) 7년) 11월 8일(임술) 1번째기사

비현합에서 병서의 주찬과 의서유취 등의 일을 의논하시다

비현합(丕顯閤)【사정전(思政殿) 동쪽 모퉁이의 내상고(內廂庫) 2간 삼았는데, 이름을 '비현합(丕顯閤)'이라 내렸으니, 《서경(書經)》에서 매상 비현(昧爽丕顯)의 뜻을 취한 것이다.】에 나아가시니,

영순군(永順君) 이부(李溥), 구성군(龜城君) 이준(李浚), 은산부정(銀山副正) 이철(李徹), 하성위(河城尉) 정현조(鄭顯祖), 진남군 이종생(李終生), 은천군(銀川君) 이찬(李穳), 덕성군(德城君) 이민(李敏), 영천경(永川卿) 정(定), 낙안경(樂安卿) 영(寧), 우참찬(右參贊) 최항(崔恒), 행상호군(行上護軍) 송처관(宋處寬), 이조참판(吏曹參判) 홍응(洪應), 병조참판(兵曹參判) 김국광(金國光) 등이 입시(入侍)하였다.

술자리를 베푸시고 《병서(兵書)》의 찬주(纂註)와 의서 유취(醫書類聚) 등의 일을 의논하시었다.

【태백산사고본】 11책 31권 25장 A면

【영인본】 7책 593면

【분류】 *왕실-행행(行幸) / *왕실-의식(儀式) / *출판-서책(書冊)

세조 31권, 9년(1463 계미 / 명 천순(天順) 7년) 11월 9일(계해) 1번째기사

이부와 최효원이 팔괘도법을 지으니 그대로 번역하게 하시다

비현합(丕顯閤)에 나아가시니, 영순군(永順君) 이부(李溥), 구성군(龜城君) 이준(李浚), 은산부정(銀山副正) 이철(李徹), 하성위(河城尉) 정현조(鄭顯祖), 병조참판(兵曹參判) 김국광(金國光)과 입직(入直)한 여러 장수와 승지(承旨) 등이 입시(入侍)하였다.

진무부장(鎭撫部將), 선전관(宣傳官) 등이 좌우(左右)로 나누어 병서(兵書)를 강(講)하였다.

이부(李溥)와 최호원(崔灝元)이 《팔괘도법(八卦圖法)》을 지으니, 그대로 번역(飜譯)하게 하시었다.

【태백산사고본】 11책 31권 25장 A면

【영인본】 7책 593면

【분류】 *왕실-행행(行幸) / *군사-병법(兵法) / *출판-서책(書冊)

세조 31권, 9년(1463 계미 / 명 천순(天順) 7년) 11월 10일(갑자) 1번째기사

사정전에서 술자리를 베푸시고, 입직한 군사들에게도 술을 먹게 하시다

사정전(思政殿)에 나아가시어 영순군(永順君) 이부(李溥), 구성군(龜城君) 이준(李浚), 은산부정(銀山副正) 이철(李徹), 하성위(河城尉) 정현조(鄭顯祖), 영의정(領議政) 신숙주(申叔舟), 우의정(右議政) 구치관(具致寬), 예조판서(禮曹判書) 박원형(朴元亨), 호조판서(戶曹判書) 조석문(曹錫文), 중추원부사(中樞院副使) 한계희(韓繼禧)와 입직(入直)한 여러 장수, 승지 등을 부르시어 술자리를 베푸시었다.

대고(大鼓)를 여러 번 쳐서 입직(入直)한 군사들을 사정전(思政殿) 문(門) 밖 동서의 뜰에 모으시고, 도진무(都鎭撫) 윤사로(尹師路), 김질(金礩) 등으로 하여금 술을 먹이게 하시었다.

【태백산사고본】 11책 31권 25장 A면

【영인본】 7책 593면

【분류】 *왕실-행행(行幸) / *왕실-사급(賜給) / *왕실-의식(儀式) / *군사-중앙군(中央軍)

세조 31권, 9년(1463 계미 / 명 천순(天順) 7년) 11월 22일(병자) 1번째기사

호조 판서 조석문의 직무 능력을 칭찬하시고, 노사신에게 직필을 강조하시다

사정전(思政殿)에 나아가시어 상참(常參)을 받으시고 정사(政事)를 보시었다. 임영대군(臨瀛大君) 이구(李璆), 영응대군(永膺大君) 이염(李琰), 영순군(永順君) 이부(李溥), 구성군(龜城君) 이준(李浚), 은산부정(銀山副正) 이철(李徹), 하성위(河城尉) 정현조(鄭顯祖), 청성위(青城尉) 심안의(沈安義), 우의정(右議政) 구치관(具致寬), 영중추원사(領中樞院事) 심회(沈澮), 호조판서(戶曹判書) 조석문(曹錫文), 행상호군(行上護軍) 이윤손(李允孫)과 승지(承旨) 등이 입시(入侍)하니, 술자리를 베푸시었다. 임금이 조석문에게 이르시기를,

"경(卿)의 재정(財政)을 다스리는 것이 소하(蕭何)와는 어떠한가?"

하시니, 조석문이 아뢰기를,

"사기(史記)에 기록된 바를 어찌 비록 다 취(取)할 수가 있겠습니까? 만약 신과 같은 시대에 살았다면 누가 나을지는 알지 못하겠습니다."

하였다. 임금께서 웃으시면서 이르시기를,

"마땅히 유안(劉晏)과 같은데, 하필 소하에 비하겠는가?"

하시니, 조석문이 사례(謝禮)하였다.

임금께서 재정(財政)을 다스리는 방도를 논 하시기를,

"살아 있는 자는 많고 먹을 것은 적은데, 이 때문에 괴롭게 여기는 것이다. 이를 쓰는 것을 아낀다면 재정은 항상 풍족한 것이다. 《대학(大學)》의 '평천하(平天下)'는 이 몇 마디 말에 지나지 않는다."

하시었다.

도승지(都承旨) 노사신(盧思愼)에게 이르시기를,

"내가 사필(史筆)을 잡고 있는데, 어떻게 쓰고 있는가? 나의 일이 옳든 그르든 간에 한결같이 직필(直筆)에 따르는 것이 가(可)하다. 후인(後人) 가운데 보고서 아는 자도 있겠고, 모르는 자도 있겠지만, 알고 모르는 것은 저에게 달려 있으니, 마음에 걸릴 것이 무엇이 있겠는가? 비유하건대, 맑은 거울[淸鏡]이 여기에 걸려 있는데, 어여쁜 나방이가 스스로 날아드는 것과 같은 것이다."

하시었다.

【태백산사고본】 11책 31권 27장 B면

【영인본】 7책 594면

【분류】 *왕실-행행(行幸) / *왕실-의식(儀式) / *왕실-국왕(國王) / *인물(人物) / *역사-사학(史學)

세조 31권, 9년(1463 계미 / 명 천순(天順) 7년) 11월 25일(기묘) 1번째기사

이순지가 지리서를 바치다
곽연성에게 활·칼·마장을 내려 주시다

사정전(思政殿)에 나아가시었다. 영응대군(永膺大君) 이염(李琰), 영순군(永順君) 이부(李溥), 구성군(龜城君) 이준(李浚), 은산부정(銀山副正) 이철(李徹), 하성위(河城尉) 정현조(鄭顯祖), 우참찬(右參贊) 최항(崔恒)과 승지(承旨) 등이 입시(入侍)하니, 술자리를 베푸시었다. 약학제조(藥學提調) 양성지(梁誠之), 성임(成任) 등도 또한 시측(侍側)하고 악장(樂章)을 의논하여 정하였다. 행상호군(行上護軍) 이순지(李純之)가 지리서(地理書)를 가져 와서 바치고, 어전(御前)에서 논하여 대답하니,

임금께서 이르시기를,

"이와 같은 일은 이순지같이 정교(精巧)하게 할 사람이 없다. 옛사람들이 이르기를, '농사짓는 일은 종에게 물어보는 것이 마땅하고, 길쌈하는 일은 계집종에게 물어보는 것이 마땅하다.' 하였는데, 음양(陰陽) · 지리(地理) 따위의 일은 나는 반드시 이 사람과 의논하겠다."

하시었다.

청평군(淸平君) 곽연성(郭連城)이 하직하고 평안도(平安道)로 가니, 임금께서 인견(引見)하여 활 · 칼 · 마장(馬粧)을 내려 주시고, 임금께서 입고 있던 산달피(山獺皮) 갖옷을 벗어서 내려 주시면서 이르시기를,

"이 옷이 비록 나쁘지만, 그러나 모피(毛皮)의 성질은 매우 따뜻하니, 추위를 막는 데는 알맞을 것이다. 지금 이 때문에 경에게 내려 주는 것이다."

하시고,

최항에게 이르시기를,

"내가 곽연성에게 옷을 벗어서 입히었다."

하시었다.

곽연성은 성질이 위험하고 가혹(苛酷)하여 아랫사람들을 대하는데 조금도 은혜가 없었고 가인(家人)에게는 더욱 심하였다. 항상 커다란 곤장과 몽둥이를 쓰며 자기 자리의 오른쪽에 두고서, 조금이라도 마음에 맞지 않으면 비록 처첩(妻妾)이라도 매를 때리지 않은 적이 없었다. 가인(家人)이 모두 원망하여, 그가 죽자 처첩(妻妾) 이하 한 사람도 우는 자가 없었다.

【태백산사고본】 11책 31권 28장 A면

【영인본】 7책 595면

【분류】 *왕실-행행(行幸) / *왕실-사급(賜給) / *왕실-의식(儀式) / *예술-음악(音樂) / *인사-관리(管理) / *인물(人物)

세조 31권, 9년(1463 계미 / 명 천순(天順) 7년) 12월 4일(무자) 1번째기사

선전관 조간이 다른 장수에 비해 언론이 정교하여 배운 점이 있다고 하시다

비현합(丕顯閤)에 나아가셨다. 임영대군(臨瀛大君) 이구(李璆), 영순군(永順君) 이부(李溥), 구성군(龜城君) 이준(李浚), 은산부정(銀山副正) 이철(李徹), 하성위(河城尉) 정현조(鄭顯祖), 우의정(右議政) 구치관(具致寬)과 입직(入直)한 제장(諸將), 승지(承旨) 등이 입시(入侍)하니, 술자리를 베푸시었다. 선전관(宣傳官), 진무(鎭撫), 부장(部將)에게 '《28변도(變圖)》'를 강(講)하게 하고, 또 '《어제무경서(御製武經序)》'를 이내(李徠)가 상당히 잘 해석하자, 전지(傳旨)하시기를,

"춘양 부정은 쓸만한 사람이다."

하시었다. 또 호랑이를 잡는 기술을 다투어 논하게 하시고, 임금께서 이르시기를,

"내가 장난삼아서 이런 짓을 하는 것이 아니다. 그 언론(言論)을 들으면서 그 인품(人品)을 알 수가 있는 것이다. 비유하건대, 밝은 거울이 있는데 어여쁜 나방이가 스스로 날아드는 것과 같다."

하시었다.

선전관(宣傳官) 조간(曹幹)의 언론(言論)이 정교(精巧)하여 여러 장수들이 따라가지 못하니, 임금께서 이르시기를,

"이 사람이 정통(精通)하기가 막심한데, 내가 오늘 너에게 배운 점이 있다."

하시었다.

【태백산사고본】 11책 31권 30장 A면

【영인본】 7책 596면

【분류】 *왕실-행행(行幸) / *왕실-의식(儀式) / *군사-병법(兵法) / *인물(人物)

세조 31권, 9년(1463 계미 / 명 천순(天順) 7년) 12월 14일(무술) 1번째기사

세자에게 《시경》과 《통감》을 가르치게 하시고, 정사를 다스리는 법을 배우게 하시다

사정전(思政殿)에 나아가시어 상참(常參)을 받으시고 정사를 보시었다. 왕세자(王世子)와 임영대군(臨瀛大君) 이구(李璆), 영응대군(永膺大君) 이염(李琰), 영순군(永順君) 이부(李溥), 구성군(龜城君) 이준(李浚), 은천군(銀川君) 이찬(李穳), 은산부정(銀山副正) 이철(李徹), 영천부원군(鈴川府院君) 윤사로(尹師路), 우참찬(右參贊) 최항(崔恒), 행첨지중추원사(行僉知中樞院事) 이변(李邊), 중추원사(中樞院使) 어효첨(魚孝瞻), 계림군(雞林君) 이흥상(李興商), 행상호군(行上護軍) 송처관(宋處寬), 이조참판(吏曹參判) 홍응(洪應), 병조참판(兵曹參判) 김국광(金國光), 예조참의(禮曹參議) 조변안(曹變安), 호조참의(戶曹參議) 안철손(安哲孫), 공조참의(工曹參議) 심선(沈璿), 승지(承旨) 등이 입시(入侍)하였다.

임금께서 최항(崔恒)에게 이르시기를,

"세자(世子)가 지금 《상서(尙書)》를 읽는데, 끝마치면 다음에 《시경(詩經)》을 가르쳐 주고, 《시경(詩經)》을 읽기를 끝마치면 《통감(通鑑)》을 가르쳐 주려고 하는데 어떠한가?"

하시니, 최항이 아뢰기를,

"진실로 마땅합니다. 《통감(通鑑)》은 사학(史學)의 으뜸되는 책이니, 마땅히 먼저 알아야 할 것입니다."

하였다. 동부승지(同副承旨) 윤필상(尹弼商)이 사형수[死囚]를 아뢰니, 임금께서 되풀이 하여 의심나는 것을 변별(辨別)하고, 이어서 세자(世子)에게 이르시기를,

"형옥(刑獄)은 지극히 중대하니, 사람의 목숨이 관계되기 때문이다. 인주(人主)가 마땅히 진념(軫念)해야 할 것은 만약 관리가 그 실정(實情)을 살피지 아니하고

날조(捏造)하여 옥사(獄事)를 만들고서 말하기를, '이 사람은 죽이는 것이 가(可)합니다.' 할 때 인주(人主)가 이를 살피지 아니하고, 또한 '죽이는 것이 가하다.'고 하여 곧바로 죽인다면, 그들도 또한 나의 적자(赤子)인데, 군부(君父)의 도리에 있어서 어떠하겠느냐? 인주(人主)가 매양 옥사(獄事)를 대하거든 마땅히 그 살릴 수 있는 방법을 강구해야 할 것이다. 세종(世宗)께서 일찍이 문종(文宗)에게 이르시기를, '형옥(刑獄)은 비록 태장(笞杖)의 죄라고 하더라도 용이하게 처결(處決)할 수가 없다.'고 하셨는데, 나는 일찍이 이 말씀을 감히 잊어버리지 못하고 있다. 너도 마땅히 나의 이러한 뜻을 본 받아라."

하시었다. 이어서 여러 재추(宰樞)에게 이르시기를,

"세자(世子)가 공사(公事)를 알지 아니할 수가 없으므로, 내가 세자(世子)로 하여금 여기에 있으면서 그 정사를 다스리는 방법을 배우게 하고자 한다. 경 등도 또한 각각 품은 생각을 말하고, 국사의 잘못과 민간(民間)의 병폐(病弊)를 말하지 아니함이 없도록 하라."

하시니, 이변(李邊)은 아뢰기를,

"여러 능(陵)의 헌관(獻官)의 근수(根隨)를 공급(共給)하지 아니할 수가 없습니다. 도승(渡丞)의 지공(支供)도 진부(津夫)로 하여금 스스로 준비하게 할 수는 없습니다."

하였고, 어효첨은 아뢰기를,

"여러 고을의 노비(奴婢)는 숫자를 적게 상정(詳定)할 수가 없습니다."

하였고, 안철손의 아뢰기를,

"온양(溫陽)에 행행(行幸)하실 때, 청컨대 굴포(堀浦)의 공물(貢物)을 대납(代納)한 자를 살피소서. 아직 바치지 못한 공물은 그 나머지 이익과 아울러 관(官)에서 몰수(沒收)하도록 이미 명령하였으니, 청컨대 그 가산(家産)을 징수(徵收)하지 마소서."

하였고, 홍응(洪應)은 아뢰기를,

"청컨대 따로 외척(外戚)의 관제(官制)를 두소서."

하였고, 조변안(曹變安)은 아뢰기를,

“여러 도(道)의 목장(牧場)에 있는 아마(兒馬)를, 청컨대, 여러 고을에 나누어 기르게 하소서.”

하였고, 이흥상(李興商)은 아뢰기를,

“각 방(坊)의 군포(軍鋪)를 수즙(修葺)하게 하고, 또 율도(栗島)의 감초(甘草)를 옮겨 심으소서.”

하였고, 심선(沈璿)은 아뢰기를,

“여러 고을의 수령(守令)은, 청컨대 호랑이를 잡는 다소(多少)에 따라서 상벌(賞罰)을 내리소서.”

하니, 명 하시어 해당 관사에 회부하시었다.

【태백산사고본】 11책 31권 33장 A면

【영인본】 7책 597면

【분류】 *왕실-행행(行幸) / *왕실-의식(儀式) / *왕실-종친(宗親) / *왕실-국왕(國王) / *왕실-종사(宗社) / *왕실-비빈(妃嬪) / *행정-중앙행정(中央行政) / *사법-치안(治安) / *재정-공물(貢物) / *재정-국용(國用) / *교통-마정(馬政) / *신분-천인(賤人) / *의약(醫藥)

세조 32권, 10년(1464 갑신 / 명 천순(天順) 8년) 1월 1일(갑인) 1번째기사

근정전에서 조하를 받고 회례연을 베푸시다

근정전(勤政殿)에 나아가시어 조하(朝賀)를 받고 회례연(會禮宴)을 베푸시었다.

왕세자(王世子)가 술을 올리고, 효령대군(孝寧大君) 이보(李補), 임영대군(臨瀛大君) 이구(李璆), 영응대군(永膺大君) 이염(李琰), 영순군(永順君) 이부(李溥), 구성군(龜城君) 이준(李浚), 은산부정(銀山副正) 이철(李徹), 하성위(河城尉) 정현조(鄭顯祖), 영의정(領議政) 신숙주(申叔舟), 우의정(右議政) 구치관(具致寬), 하동부원군(河東府院君) 정인지(鄭麟趾) 등 문무백관(文武百官)과 왜인(倭人), 야인(野人)들이 모두 반열(班列)에 나아가고, 이보(李補), 신숙주 등이 차례로 술을 올려서 술이 일곱 순배 돌자 시위 군사(侍衛軍士)에게 술을 하사(下賜)하시고, 기녀(妓女)와 공인(工人)에게 명(命)하시어 전(殿)에 올라와서 음악을 연주하게 하시고, 또 왜인과 야인으로 하여금 모두 다 전(殿)에 올라와서 가무(歌舞)를 하게 하시었다.

사정전(思政殿)에 나아가시어 나례(儺禮)[6288]를 구경하시고, 세자는 세 대군(大君)과 아종(兒宗)【영순군(永順君) 부(溥), 구성군(龜城君) 준(浚), 은산부정(銀山副正) 철(徹), 하성위(河城尉) 정현조(鄭顯祖) 등이 매양 두 사람씩 서로 교대하여 입직(入直)하였는데, 임금이 이들을 아종이라 일컬었다.】과 신숙주, 구치관, 입직한 여러 장수, 승지(承旨) 등과 더불어 입시(入侍)하여 술자리를 베푸시었다.

【태백산사고본】 11책 32권 1장 A면

【영인본】 7책 599면

【분류】 *왕실-행행(行幸) / *왕실-사급(賜給) / *왕실-의식(儀式) / *군사-휼병(恤兵) / *외교-야(野) / *외교-왜(倭) / *예술(藝術) / *풍속-풍속(風俗)

세조 32권, 10년(1464 갑신 / 명 천순(天順) 8년) 1월 4일(정사) 1번째기사

후원에 화산붕을 설치하고, 백악의 봉두에 직상화를 설치하여 조망하시다

사정전(思政殿)에 나아가시어 봉희(棒戱)[6292]를 구경하시었는데, 보성경(寶城卿) 이갑(李衉), 영천경(永川卿) 이정(李定), 의성군(誼城君) 이채(李寀), 은천군(銀川君) 이찬(李穳), 은산부정(銀山副正) 이철(李徹), 하성위(河城尉) 정현조(鄭顯祖), 청성위(青城尉) 심안의(沈安義), 지중추원사(知中樞院事) 윤사흔(尹士昕), 도승지(都承旨) 노사신(盧思愼) 등이 입시(入侍)하였다.

또 충순당(忠順堂)에 나아가시어 화포(火砲) 쏘는 것을 구경하시었다.

먼저 화산붕(火山棚)을 후원(後苑)에 설치하고, 또 백악(白岳)의 봉두(峯頭)에 직상화(直上火)를 설치하여,

이날 저녁 일시(一時)에 함께 쏘니, 화염(火焰)이 하늘에 닿았으며, 또 후원에서 계속 화전(火箭)을 쏘니 모양이 유성(流星)과 같고 소리는 천둥하고 벼락치는 것과 같았다.

【태백산사고본】 11책 32권 2장 A면
【영인본】 7책 600면
【분류】 *왕실-행행(行幸) / *군사-군기(軍器)

[註 6292] 봉희(棒戱) : 옛날 궁중에서 공[球]을 쳐서 구멍에 넣던 놀이의 하나. 격구(擊毬)와 다른 점은 말을 타지 않고 그냥 평지에서 공을 치는 것이었음.

세조 33권, 10년(1464 갑신 / 명 천순(天順) 8년) 5월 7일(기미) 1번째기사

상정소의 관리 김석제를 불르시었으나 오지 않자 관련자를 모두 벌하시다

상정소(詳定所)의 관리 김석제(金石梯)를 부르시었으나 날이 저물도록 오지 않으니, 임금께서 노 하시어 그 과정(課程)을 고찰(考察)하도록 명 하시었는데, 소홀하고 잘못된 점(點)이 많았다.

임금께서 전지(傳旨)하시기를,

"이러한 무리가 내 목전(目前)에 있으면서도 오히려 이러한데, 외방(外方)에 출사(出使)한다면 그 얼마나 태만하고 이완(弛緩)할는지를 가히 알 수가 있겠다. 조정(朝廷)에 있는 신하가 많지 못하다고 걱정할 것이 없으니, 어찌 이런 무리를 쓰겠는가? 그 제조관(提調官) 은천군(銀川君) 이찬(李穳), 은산부정(銀山副正) 이철(李徹), 진례정(進禮正) 이형(李衡) 등을 파직(罷職)시키고, 김석제, 정영통(鄭永通), 정흔(鄭忻), 윤혜(尹惠), 윤신덕(尹愼德)을 의금부(義禁府)에 하옥(下獄)시키라."

또 여러 관사(官司)의 담당 관리들이 무릇 조감(照勘)[6565]할 일이 있을 때 즉시 이첩(移牒) 보고(報告)하지 않고 이와 같이 지체시키거든 또한 모두 유죄로 보고 내섬시(內贍寺), 제용감(濟用監), 이조(吏曹), 사복시(司僕寺), 종친부(宗親府), 사축소(司畜所), 동활인원(東活人院), 전선색(典船色)의 해당 아전[吏]도 아울러 가두록 하라."

하시었다.

【태백산사고본】 12책 33권 13장 B면
【영인본】 7책 624면

【분류】 *인사-임면(任免) / *사법-탄핵(彈劾) / *사법-법제(法制)

[註 6565] 조감(照勘) : 조회(照會)하고 마감(磨勘)하는 일.

세조 33권, 10년(1464 갑신 / 명 천순(天順) 8년) 6월 5일(정해) 1번째기사

왕명을 듣지 않은 내의원 송첨의 고신을 거두시고 벌하시다

내의원(內醫院) 송첨(宋瞻)의 고신(告身)을 거두시고 사헌부(司憲府)의 청지기[廳直] 종으로 충당하시었다. 그때 은산부정(銀山副正) 이철(李徹)이 병(病)을 앓아 집으로 돌아갔는데,

임금께서 송첨에게 명 하시어 가서 보게 하였으나 송첨(宋瞻)이 왕명(王命)을 받들고 가지 않았기 때문이었다.

【태백산사고본】 12책 33권 25장 B면
【영인본】 7책 630면
【분류】 *인사-관리(管理) / *신분-신분변동(身分變動)

세조 33권, 10년(1464 갑신 / 명 천순(天順) 8년) 6월 13일(을미) 2번째기사

화위당에 나아가시니 아종과 조득림·한의가 숙위하다

임금께서 아직 편찮았으나, 화위당(華韡堂)에 나아가시니, 아종(兒宗)[6630]과 조득림(趙得琳), 한의(韓嶷)가 숙위(宿衛)하였다.

【태백산사고본】 12책 33권 27장 A면

【영인본】 7책 631면

【분류】 *왕실-행행(行幸) / *왕실-국왕(國王) / *군사-중앙군(中央軍)

[註 6630] 아종(兒宗) : 세조 10년(1464)에 임금이 영순군(永順君) 이부(李溥)·구성군(龜城君) 이준(李浚)·은산부정(銀山副正) 이철(李徹)·하성위(河城尉) 정현조(鄭顯祖) 등에게 매일 2인씩 서로 바꿔가며 입직(入直)하도록 한 것을 이름.

세조 33권, 10년(1464 갑신 / 명 천순(天順) 8년) 6월 27일(기유) 2번째기사

횡간을 상정하는 일이 느리다고 하여 재촉하시다

임금께서 횡간(橫看)을 상정(詳定)하시었으나 너무 느리고 더디어 끝마치지 못하니, 영순군(永順君) 이부(李溥), 구성군(龜城君) 이준(李浚), 은산부정(銀山副正) 이철(李徹)에게 명 하시어 모두 종학(宗學)[6646]에 부지런히 나아가게 하고, 호조판서(戶曹判書) 김국광(金國光), 형조참판(刑曹參判) 임원준(任元濬), 도승지(都承旨) 노사신(盧思愼) 등에게 명 하시어 임금 앞에서 마감(磨勘)하게 하시었다. 또 여러 관사(官司)의 관리들에게 명 하시어 산법(算法)을 아는 자 1인을 거느리고 전정(殿庭)으로 들어오도록 재촉하여 일을 나누어 주시었으나 날이 저물도록 끝마치지 못하니, 밤을 새우면서 일을 하도록 명 하시었다.

그러나 군색하고 속히 서둘러 정(精)하지 못하여 착오(錯誤)가 많이 나니, 뒤에 다시 상정소(詳定所)에 회부하시었다.

【태백산사고본】 12책 33권 30장 B면
【영인본】 7책 633면
【분류】 *왕실-종친(宗親) / *행정-중앙행정(中央行政) / *재정(財政) / *교육-인문교육(人文敎育)

[註 6646] 종학(宗學): 조선조 때 왕족의 교육을 맡아 보던 관청. 관직은 성균관 사성(司成) 이하 전적(典籍) 이상의 관리가 겸임하였음.

세조 33권, 10년(1464 갑신 / 명 천순(天順) 8년) 7월 22일(계유) 1번째기사

경회루 아래서 삼갑전법을 행 하시고 이에 대한 어서를 내리시다

임금께서 중궁(中宮)과 나아가시어 더불어 경회루(慶會樓) 아래에 수렴(垂簾)하시었다. 영응대군(永膺大君) 이염(李琰), 영중추원사(領中樞院事) 심회(沈澮), 승지(承旨) 등이 입시 하였다. 종친(宗親)과 제장(諸將), 내금위(內禁衛), 장용대(壯勇隊)의 용력(勇力)이 있는 자를 불러 삼갑전(三甲戰)을 만들어 3대(三隊)로 나누고 구성군(龜城君) 이준(李浚), 영순군(永順君) 이부(李溥), 은산령(銀山令) 이철(李徹)이 이를 거느리니, 1대(隊)는 각각 9인이었다. 북소리를 듣고는 나아가서 서로 주창(朱槍)으로 밀게 하여, 이긴 자에게 사도(仕到)를 주시었다. 이어서 어서(御書)를 내려 이르시기를,

"무릇 싸움을 하는 방도는 장수(將帥)에게 명령을 받고 각각 그 군인(軍人)을 거느리고 스스로 싸우는데 전진(前進)이 있고 후퇴(後退)가 없는 것은 무슨 까닭인가 하면 그 장수를 위함이요, 그 장수의 하는 일이 무엇인가 하면 나라를 위하는 마음이 백일(白日)이 조림(照臨)하듯 하는 것이니, 이것이 합전(合戰)하는 대강(大綱)이다. 칼날을 맞대고 어지러이 싸우고 그 소리가 원야(原野)를 뒤흔들 때 피를 건너고 시체를 밟아서 인마(人馬)가 모두 피곤하나, 이 때에 임기(臨機)하여 제승(制勝)하고 속히 먼저 그 이(利)를 취하여 미리 사졸(士卒)들에게 나누어 주지 않으면 기(氣)가 합하고 마음[心]이 합하고 도(道)가 합하는 경우를 얻지는 못할 것이다. 지금 이러한 형세를 취하여 삼갑전법(三甲戰法)을 만들어 갑(甲)이 을(乙)을 쫓고, 을(乙)이 병(丙)을 쫓고 병이 갑(甲)을 쫓은 다음 오로지 그 등[背]의 주점(朱點)을 취할 뿐이다."

하시었다.

즉시, 교서관(校書館)에 내리시며 이를 인쇄하게 하시어 여러 장수에게 나누어 주시었다.

삼갑전법(三甲戰法)은

27인을 3대(隊)로 나누어 갑(甲), 을(乙), 병(丙)으로 하고 1대(隊)에는 각각 3통(統)이 있고, 1통에는 각각 장수(將帥) 1인, 졸병(卒兵) 2인이 있고, 3대(隊)는 각각 한 모서리에 주둔하면서 소순(小楯)[6682]과 소창(小槍)을 가지는데, 창의 끝을 주칠(朱漆)에 적시어 싸울 때에 서로 따라가 창(槍)으로 그 등을 찌르고, 싸움이 파(罷)하면 그 등의 붉은 점을 상고하여 그 싸움에 이기지 못한 것을 결정하는 것이라 한다.

【태백산사고본】 12책 33권 39장 B면

【영인본】 7책 637면

【분류】 *왕실-행행(行幸) / *군사-병법(兵法)

[註 6682]소순(小楯) : 작은 방패.

세조 34권, 10년(1464 갑신 / 명 천순(天順) 8년) 10월 2일(임오) 1번째기사

중궁과 더불어 풍양의 강무에 거둥하시고 송골매를 진헌하게 하시다

임금께서 중궁(中宮)과 더불어 풍양(豐壤)의 강무(講武)에 거둥하시니, 왕세자(王世子)가 임영대군(臨瀛大君) 이구(李璆), 영응대군(永膺大君) 이염(李琰), 아종(兒宗), 진종(陣宗), 사종(射宗), 원종(願宗)【원종(願宗)은 자원하여 어가(御駕)를 수종(隨從)하는 자이다.】, 영의정(領議政) 신숙주(申叔舟), 좌의정(左議政) 구치관(具致寬), 인산군(仁山君) 홍윤성(洪允成), 형조판서(刑曹判書) 김질(金礩), 병조판서(兵曹判書) 윤자운(尹子雲), 중추원사(中樞院使) 윤사흔(尹士昕), 연산군(延山君) 김처의(金處義), 행상호군(行上護軍) 김한(金瀚), 호조판서(戶曹判書) 김국광(金國光), 신천군(信川君) 강곤(康袞), 행상호군(行上護軍) 구문신(具文信), 한성부윤(漢城府尹) 선형(宣炯), 행호군(行護軍) 김처례(金處禮), 복성군(福城君) 권언(權躽), 동지중추원사(同知中樞院事) 설정신(薛丁新), 행호군(行護軍) 조방림(趙邦霖), 병조참판(兵曹參判) 송문림(宋文琳), 예조참판(禮曹參判) 임원제(任元濟), 영가군(永嘉君) 권경(權擎), 파산군(巴山君) 조득림(趙得琳), 당성군(唐城君) 홍순로(洪純老), 행호군(行護軍) 이갑충(李甲忠), 이백상(李伯常), 전동생(田桐生), 유균(柳均), 최사로(崔士老), 예조참의(禮曹參議) 김수령(金壽寧), 호조참의(戶曹參議) 김필(金㻶), 첨지중추원사(僉知中樞院事) 신후갑(愼後甲), 김진지(金震智)와 승지(承旨) 등이 어가(御駕)를 따르니, 청성위(靑城尉) 심안의(沈安義)를 좌상대장(左廂大將)으로 삼고, 병조참의(兵曹參議) 박중선(朴仲善)을 우상대장(右廂大將)으로 삼고, 진례정(進禮正) 이형(李衡), 금산정(金山正) 이연(李衍), 춘양정(春陽正) 이내(李徠), 행호군(行護軍) 정승중(鄭承重), 어유소(魚有沼), 이의견(李義堅), 이중영(李仲英), 사복주부(司僕主簿) 조간(曹幹), 승문부교리(承文副校理) 양진손

(梁震孫), 사직(司直) 박자곤(朴自崐) 등을 위장(衛將)으로 삼아 2상(廂)에 나누어 붙이고, 평성정(枰城正) 위(偉)를 사자 위장(獅子衛將)으로 삼고, 이조판서(吏曹判書) 양성지(梁誠之)를 사대장(射隊將)으로 삼고, 거평정(居平正) 복(復)은 공현위장(控弦衛將)으로 삼고, 수성정(壽城正) 창(昌)을 만강대장(彎强隊將)으로 삼고, 선전관(宣傳官) 이평(李枰)을 장용대장(壯勇隊將)으로 삼고, 사복소윤(司僕少尹) 이덕량(李德良)을 파적위장(破敵衛將)으로 삼고, 거제정(巨濟正) 이철(李徹)을 잡류장(雜類將) 겸(兼) 대장(大將)으로 삼고, 겸사복(兼司僕) 최적(崔適)을 착호위장(捉虎衛將)으로 삼고, 겸사복(兼司僕) 이철정(李鐵丁)을 재백정장(才白丁將)으로 삼고, 행첨지중추원사(行僉知中樞院事) 민발(閔發)을 사복장(司僕將)으로 삼았다.

어가(御駕)가 청량동(淸涼洞) 냇가에 이르니, 함길도 관찰사(咸吉道觀察使) 강효문(康孝文)이 치서(馳書)하여 아뢰기를,

"송골매[松鶻]를 잡았습니다."

하니, 임금께서 즉시 내시부사(內侍府事) 정존(鄭存)을 보내어 송골매를 가지고 바로 평안도(平安道)로 가서 정조사(正朝使)에게 부쳐서 진헌(進獻)하게 하시었다. 어가(御駕)가 풍양궁(豐壤宮)에 이르러, 좌상(左廂) · 우상(右廂)이 성산(城山)과 백수현(白水峴)을 몰이하였다. 궁전 북쪽의 사장(射場)에 이르러, 임금께서 궁전 북쪽의 높은 언덕에 나아가시니, 위내(圍內)에 호랑이가 있어서 사람 2명을 상(傷)하였으므로, 내의(內醫)를 보내어 약(藥)을 쓰게 하고 관(官)에서 쌀과 술을 주게 하시었다. 일모(日暮)에 진(陣)을 파(罷)하시고 재추(宰樞)에게 주육(酒肉)을 내려 주시었다.

【태백산사고본】 12책 34권 30장 A면

【영인본】 7책 655면

【분류】 *왕실-행행(行幸) / *왕실-사급(賜給) / *인사-임면(任免) / *사법-치안(治安) / *군사-중앙군(中央軍) / *군사-병법(兵法) / *재정-진상(進上)

세조 34권, 10년(1464 갑신 / 명 천순(天順) 8년) 10월 3일(계미) 1번째기사

병조에 군율을 어긴 노철강을 국문하게 하시다

밤 3고(鼓)에 좌상(左廂), 우상(右廂)이 먼저 입곶이[入串]에 이르러 타위(打圍)하였다. 진시(辰時)에 임금께서 중궁(中宮), 왕세자(王世子)와 더불어 사장(射場)에 이르시니, 잡류장(雜類將) 거제정(巨濟正) 이철(李徹)이 술에 취하여 커다란 몽둥이로 사람들을 어지러이 마구 때린 것이 헤아릴 수가 없었는데, 감찰(監察) 노철강(盧鐵剛)이 자리를 이탈(離脫)하니, 이철(李徹)이 장(杖)으로 그 등을 때리고 즉시 항쇄(項鎖)를 채운 다음 갑자기 들어가서 임금께 아뢰니, 임금이 이철(李徹)의 술 취한 것을 알고 이를 꾸짖으시기를,

"네가 이미 왕명(王命)을 받고 장수(將帥)가 되었으니, 졸오(卒伍)가 죄를 범하면, 네가 마땅히 전제(專制)해야 할 것인데, 어찌 와서 호소하느냐? 너는 한 사람이 법(法)을 범(犯)하였다고 하여 문득 군대를 버리고 오는 것이 가(可)한가?"

하시고, 즉시 명 하시어 물러가도록 하고, 노철강(盧鐵剛)을 군율(軍律)을 어긴 죄로 병조(兵曹)에 회부하여 국문(鞫問)하게 하시었다. 임금께서 초요기(招搖旗)[6770]를 세우고 제장(諸將)을 부르니, 여러 장수들이 모두 이르렀으나, 이철(李徹)은 부르는데 나오지 아니하고, 오히려 말을 달려 상군(廂軍)을 이리저리 마구 때리니, 그 아비 보성경(寶城卿) 이갑(李岬)이 선전관(宣傳官)으로 임금의 앞에 있다가 이 광경을 보고 친히 가서 제지하다가, 망연(茫然)하여 제지할 방도를 알지 못하였다. 또 말에서 떨어지니, 의원(醫員)에게 명하여 구료(救療)하게 하시고, 김한(金澣)으로 장수를 대신하게 하시었다.

잡은 노루와 사슴을 종묘(宗廟)에 천신(薦新)하였다.

공조판서(工曹判書) 김수온(金守溫)이 서울에서 와서 문안(問安)하였다.

【태백산사고본】 12책 34권 30장 B면

【영인본】 7책 655면

【분류】 *왕실-행행(行幸) / *왕실-의식(儀式) / *왕실-종사(宗社) / *인사-임면(任免) / *사법-탄핵(彈劾) / *군사-군정(軍政) / *인물(人物)

[註 6770] 초요기(招搖旗) : 군사가 싸울 때나 행진할 때 대장(大將)이 장수를 부르거나 지휘하고 호령하던 기(旗).

세조 34권, 10년(1464 갑신 / 명 천순(天順) 8년) 10월 7일(정해) 1번째기사

거제정 철 을 파직시키시다

거제정(巨濟正) 이철(李徹)을 파직(罷職)시키시다.

【태백산사고본】 12책 34권 31장 B면

【영인본】 7책 655면

【분류】 *인사-임면(任免)

세조 34권, 10년(1464 갑신 / 명 천순(天順) 8년) 10월 10일(경인) 2번째기사

거제정 철의 관직을 회복하고 노철강을 용서하시다

거제정(巨濟正) 이철(李徹)의 관직(官職)을 회복시키시고 노철강(盧鐵剛)을 용서하시었다.

【태백산사고본】 12책 34권 32장 A면

【영인본】 7책 656면

【분류】 *인사-임면(任免) / *사법-행형(行刑)

세조 34권, 10년(1464 갑신 / 명 천순(天順) 8년) 10월 26일(병오) 1번째기사

종친·재추가 문안드리다

종친(宗親), 재추(宰樞)가 문안드리니 임금께서 효령대군(孝寧大君) 이보(李補), 임영대군(臨瀛大君) 이구(李璆), 영응대군(永膺大君) 이염(李琰), 영순군(永順君) 이부(李溥), 구성군(龜城君) 이준(李浚), 하성위(河城尉) 정현조(鄭顯祖), 거제정(巨濟正) 이철(李徹), 하동부원군(河東府院君) 정인지(鄭麟趾), 봉원부원군(蓬原府院君) 정창손(鄭昌孫), 영의정 신숙주(申叔舟), 상당부원군(上黨府院君) 한명회(韓明澮), 좌의정 구치관(具致寬), 우의정 황수신(黃守身), 좌찬성 윤사분(尹士昐), 영중추원사 심회(沈澮), 판중추원사 심결(沈決), 성봉조(成奉祖), 좌참찬 최항(崔恒), 중추원사 윤사흔(尹士昕), 형조판서 김질(金礩), 병조판서 윤자운(尹子雲), 이조판서 양성지(梁誠之), 예조판서 원효연(元孝然), 호조판서 김국광(金國光), 대사헌 김종순(金從舜), 경상도관찰사 윤흠(尹欽)과 승지(承旨) 등을 특별히 부르시어 술을 궤향(饋餉)하시었다.

그때 윤흠이 어미의 병 때문에 서울에 왔었다.

【태백산사고본】 12책 34권 36장 A면
【영인본】 7책 658면
【분류】 *왕실-의식(儀式)

세조 34권, 10년(1464 갑신 / 명 천순(天順) 8년) 12월 6일(을유) 1번째기사

양전이 세자궁에 거둥하시고 인왕산·백악산에서 호랑이를 사냥하시다

양전(兩殿)이 세자궁(世子宮)에 거둥하시었다. 임금께서 중문(中門)에 나아가시니 왕세자(王世子)가 모시었고, 임영대군(臨瀛大君) 이구(李璆), 영응대군(永膺大君) 이염(李琰), 영순군(永順君) 이부(李溥), 거제정(巨濟正) 이철(李徹), 하성위(河城尉) 정현조(鄭顯祖), 인산군(仁山君) 홍윤성(洪允成), 판중추원사(判中樞院事) 심회(沈澮), 판한성부사(判漢城府事) 이석형(李石亨), 문산군(文山君) 유하(柳河), 전라도관찰사(全羅道觀察使) 김길통(金吉通), 청원군(淸原君) 한서귀(韓瑞龜), 결성군(結城君) 최윤(崔閏)이 입시(入侍)하니, 술자리를 베푸시었다. 임금께서 우승지(右承旨) 이파(李坡)에게 명 하시어 군사들에게 술을 먹이게 하시었다. 또 도승지(都承旨) 노사신(盧思愼)에게 명 하시어 술을 권(勸)하게 하니, 군사들이 모두 취(醉)하였다. 한참 있다가 상군(廂軍)에게 명 하시어 인왕산(仁王山), 백악산(白岳山) 두 산에서 몰이하게 하여 호랑이를 잡았다. 임금께서 김길통에게 이르시기를,

"네가 전라도(全羅道)에 가서 포도(捕盜)와 군적(軍籍) 등의 일을 어떻게 처리하겠는가?"

하시니, 김길통이 대답을 잘 못하였으므로, 임금께서 관(冠)을 벗게 하여 술을 올리도록 하시고, 명 하시기를,

"포도(捕盜) 등의 일에 힘쓰고 힘쓰라."

하시었다.

【태백산사고본】 12책 34권 42장 B면

【영인본】 7책 661면

【분류】 *왕실-행행(行幸) / *왕실-의식(儀式) / *군사-휼병(恤兵) / *사법-치안(治安)

세조 34권, 10년(1464 갑신 / 명 천순(天順) 8년) 12월 9일(무자) 1번째기사

사정전에서 술자리를 베푸시고 대간의 관직에 대해 이르시다

사정전(思政殿)에 나아가시어 조계(朝啓)를 받으시니, 영응대군(永膺大君) 이염(李琰), 영순군(永順君) 이부(李溥), 하성위(河城尉) 정현조(鄭顯祖), 거제정(巨濟正) 이철(李徹), 봉원군(蓬原君) 정창손(鄭昌孫), 영의정(領議政) 신숙주(申叔舟), 판한성부사(判漢城府事) 이석형(李石亨), 형조판서(刑曹判書) 김질(金礩), 공조판서(工曹判書) 김수온(金守溫), 동지중추원사(同知中樞院事) 송처관(宋處寬), 개성군(開城君) 최유(崔儒), 예조참의(禮曹參議) 김수령(金壽寧), 지평(持平) 조민(趙岷), 정언(正言) 김지(金漬) 등이 입시(入侍)하니, 술자리를 베푸시었다. 종친(宗親), 재추(宰樞) 등이 번갈아 일어나서 술을 올리니,

임금께서 대간(臺諫)에게 이르시기를,

"대간(臺諫)은 옛날에 그러한 관직(官職)이 없었는데, 한(漢)나라 때에 비로소 두었다. 그 직임이 가볍지 않으니, 직질(職秩)이 높고 낮은 것을 다른 관(官)에 비(比)할 수가 없다. 인주(人主)는 반드시 대간(臺諫)에 의지하여 총명(聰明)을 넓히니, 대간(臺諫)에서도 반드시 인주(人主)로 인하여 그 언행(言行)을 책임진다. 그러나 이러한 관직에 있는 자는 골경지신(骨鯁之臣)이나 충렬지사(忠烈之士)가 아니면 그 책임을 다할 수가 없다. 너희들이 혹시 그것을 알지 못할까봐 걱정한다."

하시고, 이어서 대간(臺諫)으로 하여금 술을 올리게 하시었다.

【태백산사고본】 12책 34권 43장 A면

【영인본】 7책 661면

【분류】 *왕실-행행(行幸) / *왕실-의식(儀式) / *정론(政論)

세조 34권, 10년(1464 갑신 / 명 천순(天順) 8년) 12월 13일(임진) 1번째기사

사정전에서 상참을 받으시고 진무·부장들에게 《병장설》을 강하게 하시다

사정전(思政殿)에 나아가시어 상참(常參)을 받으시었다. 효령대군(孝寧大君) 이보(李補), 임영대군(臨瀛大君) 이구(李璆), 영응대군(永膺大君) 이염(李琰), 영순군(永順君) 이부(李溥), 구성군(龜城君) 이준(李浚), 하성위(下城尉) 정현조(鄭顯祖), 은천군(銀川君) 이찬(李穳), 거제정(巨濟正) 이철(李徹), 영의정(領議政) 신숙주(申叔舟), 좌의정(左議政) 구치관(具致寬), 우찬성(右贊成) 박원형(朴元亨), 영중추원사(領中樞院事) 심회(沈澮), 형조판서(刑曹判書) 김질(金礩), 판한성부사(判漢城府事) 이석형(李石亨), 호조판서(戶曹判書) 김국광(金國光) 등을 불러서 술자리를 베푸시니, 세자(世子)께서 술을 올리시었다.

승지(承旨) 윤찬(尹贊)과 병조참판(兵曹參判) 송문림(宋文琳) 등에게 명 하시어 진무(鎭撫), 부장(部將) 등에게 《병장설(兵將說)》을 강(講)하게 하시고, 명 하시어 첩고(疊鼓)를 치게 하시고 군사를 모아서 술을 먹이게 하시었다.

【태백산사고본】 12책 34권 43장 B면

【영인본】 7책 662면

【분류】 *왕실-행행(行幸) / *왕실-의식(儀式) / *군사-군정(軍政) / *군사-휼병(恤兵)

세조 34권, 10년(1464 갑신 / 명 천순(天順) 8년) 12월 20일(기해) 1번째기사

사정전에서 정사를 보시고, 봉희를 구경하시다

사정전(思政殿)에 나아가시어 상참(常參)을 받으시고 정사(政事)를 보시었다. 영의정(領議政) 신숙주(申叔舟), 도승지(都承旨) 노사신(盧思愼)을 불러서 이르시기를,

"내가 봉희(棒戲)를 구경하고자 한다."

하시고, 영응대군(永膺大君) 이염(李琰), 의성군(誼城君) 이채(李寀), 낙안경(樂安卿) 이영(李寧), 영천경(永川卿) 이정(李定), 진남군(鎭南君) 이종생(李終生), 구성군(龜城君) 이준(李浚), 거제정(巨濟正) 이철(李徹) 등에게 명 하시어 격봉(擊棒)하게 하시었다. 한참 있다가 입내(入內)하시어 종친(宗親)과 더불어 술자리를 마련하시었다.

【태백산사고본】 12책 34권 50장 B면

【영인본】 7책 665면

【분류】 *왕실-행행(行幸) / *왕실-의식(儀式) / *군사-군정(軍政)

세조 35권, 11년(1465 을유 / 명 성화(成化) 1년) 1월 3일(신해) 1번째기사

원일이 세자의 생신이었으므로 이 날에 잔치하다

임금께서 중궁(中宮)과 더불어 강녕전(康寧殿)에 나아가시니, 왕세자(王世子)가 헌수(獻壽)하였다. 원일(元日)이 세자의 생신(生辰)이었으므로 이 날에 잔치하니, 효령대군(孝寧大君) 이보(李補), 임영대군(臨瀛大君) 이구(李璆), 영응대군(永膺大君) 이염(李琰), 덕원군(德源君) 이서(李曙), 영순군(永順君) 이부(李溥), 구성군(龜城君) 이준(李浚), 하성위(河城尉) 정현조(鄭顯祖), 거제정(巨濟正) 이철(李徹), 하동부원군(河東府院君) 정인지(鄭麟趾), 봉원부원군(蓬原府院君) 정창손(鄭昌孫), 영의정(領議政) 신숙주(申叔舟), 상당부원군(上黨府院君) 한명회(韓明澮), 좌찬성(左贊成) 윤사분(尹士昐), 판중추원사(判中樞院事) 성봉조(成奉祖), 좌참찬(左參贊) 최항(崔恒), 행상호군(行上護軍) 홍원용(洪元用), 호조판서(戶曹判書) 김국광(金國光), 승지(承旨) 등이 입시(入侍)하여 차례로 술을 올리었다. 임금께서 주연이 한창 벌어졌을 무렵에, 정인지, 신숙주 등에게 명 하시어 일어나 춤을 추게 하시고, 또 한명회에게 명 하시어 위사(衛士)에게 떡과 술을 내려 주시게 하시었다.

임금께서 매우 기뻐서 친히 시(詩)를 지으시니, 재추(宰樞) 등도 화답하여 바치었다.

【태백산사고본】 13책 35권 1장 A면

【영인본】 7책 666면

【분류】 *왕실-행행(行幸) / *왕실-국왕(國王) / *왕실-의식(儀式) / *군사-휼병(恤兵) / *어문학-문학(文學)

세조 35권, 11년(1465 을유 / 명 성화(成化) 1년) 2월 27일(갑진) 1번째기사

원각사 역사 중 사망자가 있어 담당 관료들을 국문하게 하시다

원각사(圓覺寺)의 역사(役使)하던 사람이 떨어져 죽으니 의금부에 전교하시기를,

"원각사 제조(圓覺寺提調) 심안의(沈安義), 김개(金漑), 황효원(黃孝源)과 낭관(郎官) 조준(趙嶟), 권양(權良), 정자원(鄭自源) 등은 기계를 설치한 것이 견고하지 못하여 사람을 죽게 하였으니, 그들을 속히 국문하라."

하시었다. 화위당(華韡堂)에 나아가시니, 왕세자(王世子)와 효령대군(孝寧大君) 이보(李補), 영순군(永順君) 이부(李溥), 구성군(龜城君) 이준(李浚), 거제정(巨濟正) 이철(李徹), 하성위(河城尉) 정현조(鄭顯祖), 상당부원군(上黨府院君) 한명회(韓明澮), 도승지(都承旨) 노사신(盧思愼), 좌승지(左承旨) 이파(李坡), 동부승지(同副承旨) 허종(許琮)이 입시(入侍)하였는데, 의금부에서 아뢰기를,

"원각사 제조(圓覺寺提調) 옥산군(玉山君) 이제(李躋), 은천군(銀川君) 이찬(李穳), 예조판서(禮曹判書) 원효연(元孝然)도 청컨대 모조리 국문하게 하소서."

하니, 임금께서 이르시기를,

"제조(提調)는 보방(保放)[6939]하라."

하시었다.

【태백산사고본】 13책 35권 17장 A면

【영인본】 7책 674면

【분류】 *사법-탄핵(彈劾) / *사법-행형(行刑) / *왕실-행행(行幸) / *사상-불교(佛敎) / *건설-건축(建築)

[註 6939] 보방(保放) : 죄인을 석방할 때 연고자의 보증(保證)을 받고 풀어 주던 것. 보석(保釋).

세조 35권, 11년(1465 을유 / 명 성화(成化) 1년) 3월 9일(병진) 2번째기사

효령대군 이보가 원각경 수교를 마쳐 잔치를 베푸시다

효령대군(孝寧大君) 이보(李補)가 일찍이 《원각경(圓覺經)》을 수교(讎校)하였는데, 이에 이르러 일을 마치었다. 임금께서 사정전(思政殿)에 나아가시어 잔치를 베푸시어 위로하시니, 왕세자(王世子)와 이보(李補), 임영대군(臨瀛大君) 이구(李璆), 영응대군(永膺大君) 이염(李琰), 영순군(永順君) 이부(李溥), 구성군(龜城君) 이준(李浚), 원천경(原川卿) 이의(李宜), 하성위(河城尉) 정현조(鄭顯祖), 거제정(巨濟正) 이철(李徹), 하동부원군(河東府院君) 정인지(鄭麟趾), 봉원부원군(蓬原府院君) 정창손(鄭昌孫), 영의정(領議政) 신숙주(申叔舟), 상당부원군W(上黨府院君) 한명회(韓明澮), 좌의정(左議政) 구치관(具致寬), 우의정(右議政) 황수신(黃守身), 남양부원군(南陽府院君) 홍달손(洪達孫), 영중추원사(領中樞院事) 심회(沈澮), 판중추원사(判中樞院事) 심결(沈決), 좌찬성(左贊成) 윤사분(尹士昐),우찬성(右贊成) 박원형(朴元亨), 우참찬(右參贊) 최항(崔恒), 공조판서 김수온(金守溫), 이조판서 양성지(梁誠之), 예조판서 원효연(元孝然), 이조참판 홍응(洪應), 예조참판 임원준(任元濬), 병조참판 송문림(宋文琳) 등이 입시(入侍)하였고, 대마주(對馬州)의 종언칠랑(宗彦七郎), 쇄문다난(灑文多難) 등도 또한 입시하였다.

임금께서 종언칠랑(宗彦七郎)에게 대홍라(大紅羅) · 남라(藍羅) 각각 1필, 백저포(白苧布) 10필, 흑마포(黑麻布) 10필, 호피(虎皮) 1장(張), 표피(豹皮) 1장(張), 유지석(油紙席) 1장(張)을 내려 주시고, 그 나머지 사람에게는 물건을 차등 있게 내려 주시니, 종언칠랑 등이 뜰 아래에서 배사(拜謝)하였다. 또 주육(酒肉)을 내려 주시어 그 관(館)에까지 보내시었다.

입시(入侍)한 재추와 종친에게 명 하시어 차례로 술을 올리게 하시고, 이어서 신숙주, 박원형에게 명 하시어,

병조판서(兵曹判書) 윤자운(尹子雲), 형조판서(刑曹判書) 김질(金礩) 등의 자제(子弟) 중에, 한 자급을 더하여 주게 하고, 한계희(韓繼禧)를 이조판서(吏曹判書)로, 양성지(梁誠之)를 지중추원사(知中樞院事)로, 강희맹(姜希孟)을 인순부윤(仁順府尹)으로, 한치인(韓致仁)을 첨지중추원사(僉知中樞院事)로, 오응(吳凝)을 사헌집의(司憲執義)로 삼았으니, 한계희, 강희맹은 《원각경(圓覺經)》을 번역한 공(功) 때문이었다.

【태백산사고본】 13책 35권 20장 A면

【영인본】 7책 676면

【분류】 *왕실-종친(宗親) / *왕실-행행(行幸) / *왕실-의식(儀式) / *왕실-사급(賜給) / *인사-임면(任免) / *인사-관리(管理) / *외교-왜(倭) / *사상-불교(佛敎) / *출판-서책(書冊)

세조 35권, 11년(1465 을유 / 명 성화(成化) 1년) 3월 25일(임신) 1번째기사

서현정에서 대소 신료들이 입시한 가운데 글과 무재를 강하게 하시다

임금께서 중궁(中宮)과 더불어 서현정(序賢亭)에 나아가시니, 왕세자(王世子)와 임영대군(臨瀛大君) 이구(李璆), 영응대군(永膺大君) 이염(李琰), 영순군(永順君) 이부(李溥), 구성군(龜城君) 이준(李浚), 거제정(巨濟正) 이철(李徹), 하성위(河城尉) 정현조(鄭顯祖), 영의정 신숙주(申叔舟), 좌의정 구치관(具致寬), 우의정 황수신(黃守身), 봉원부원군 정창손(鄭昌孫), 상당부원군(上黨府院君) 한명회(韓明澮), 판한성부사(判漢城府事) 이석형(李石亨), 지중추원사(知中樞院事) 양성지(梁誠之), 이조판서 한계희(韓繼禧), 병조판서 윤자운(尹子雲), 호조판서 김국광(金國光), 공조판서 김수온(金守溫), 인순부윤(仁順府尹) 강희맹(姜希孟), 행호군(行護軍) 이하성(李夏成)과 승지(承旨) 등이 입시(入侍)하였다.

임금께서 칠학과 겸예문(兼藝文) 문신(文臣), 성균유생(成均儒生), 무사(武士) 등을 부르시어 글[書]과 무재(武才)를 강(講)하게 하시니, 녹문(錄問)[6963]한 봉석주(奉石柱)도 또한 들어왔다. 임금께서 봉석주를 불러 앞에 나오게 하고 이르시기를,

"너의 작위(爵位)는 모두 내가 내려 준 것인데, 너는 어찌하여 내 말을 듣지 않고 탐오(貪汚)한 것이 오히려 그러한가? 한 번 심하다고 말하였는데도 두 번 다시 하는 것이 옳겠느냐? 낯에 쇠가죽을 싼 것이 대저 몇 겹이냐?"

하시었으니, 대개 희롱으로 경계한 것이었으나 봉석주는 달리 부끄러운 기색이 없었다.

【태백산사고본】 13책 35권 23장 A면

【영인본】 7책 677면

【분류】 *왕실-행행(行幸) / *왕실-경연(經筵) / *군사-병법(兵法) / *교육-인문교육(人文敎育) / *인물(人物)

[註 6963] 녹문(錄問) : 죄상을 문서에 써서 묻는 것.

세조 35권, 11년(1465 을유 / 명 성화(成化) 1년) 4월 13일(기축) 2번째기사

수타미의 기이함이 있어 백관이 하례하다

수타미(須陀味)의 기이함이 있다 하여, 【솔잎 위에 빛이 흰 것을 얻으면 맛이 달기가 사탕(沙糖)과 같은 것이 곳곳에 있다. 수타불경(須陀佛經)에 꽃[華]을 희다고 말하였다.】 백관(百官)이 진하(陳賀)하였다.

임금께서 사정전(思政殿)에 나아가시니, 임영대군(臨瀛大君) 이구(李璆), 영순군(永順君) 이부(李溥), 구성군(龜城君) 이준(李浚), 거제정(巨濟正) 이철(李徹), 하성위(河城尉) 정현조(鄭顯祖), 영의정 신숙주(申叔舟), 좌의정 구치관(具致寬), 상당부원군(上黨府院君) 한명회(韓明澮), 영중추원사(領中樞院事) 심회(沈澮), 좌찬성(左贊成) 박원형(朴元亨), 병조판서 윤자운(尹子雲), 판한성부사(判漢城府事) 이석형(李石亨), 호조판서 노사신(盧思愼), 이조참판 홍응(洪應) 등이 입시(入侍)하였다. 술자리를 베푸시고, 종친과 재추가 차례로 술을 올리니, 날이 저물어야 파(罷)하였다.

【태백산사고본】 13책 35권 31장 A면

【영인본】 7책 681면

【분류】 *왕실-행행(行幸) / *왕실-의식(儀式) / *과학-생물(生物)

세조 36권, 11년(1465 을유 / 명 성화(成化) 1년) 5월 9일(을묘) 1번째기사

제사(諸司)의 관리를 임의로 동원하지 말도록 하시다

예조(禮曹)에 전교하시기를,

"영순군(永順君) 이부(李溥), 하성위(河城尉) 정현조(鄭顯祖), 물거윤(勿巨尹) 이철(李徹), 승전환관(承傳宦官)[7023] 이효지(李孝智) 등은 제사(諸司)의 관리(官吏)를 함부로 불러다 공사(公事)를 문의하였으니, 이제부터 제사(諸司)의 관리는 승정원(承政院)에서 패(牌)를 주어 부르는 외에는 〈대궐에〉 나아오게 하지 말라. 만일 패(牌)로써 부르는 것이 아닌데도 온 자는 즉시 전옥(典獄)에 잡아 보내고, 승정원에 고(告)하여라."

하시고, 드디어 승정원에 전교하시기를,

"부(溥), 정현조(鄭顯祖), 철(徹), 이효지(李孝智)와 김효강(金孝江) 등은 승전(承傳)이 없었는데도 함부로 사알(司謁), 사약(司鑰), 별감(別監)을 불러다 임의로 사환(使喚)하였으니, 이제부터는 청종(聽從)하고 공사(供使)한 자와 진퇴(進退)하며 알현(謁見)한 자와 항상 함께 말을 한 자는 아울러 위제율(違制律)[7024]로 논(論)하라."

하시었다.

【태백산사고본】 13책 36권 2장 A면

【영인본】 7책 684면

【분류】 *사법(司法) / *군사-지방군(地方軍)

[註 7023] 승전 환관(承傳宦官) : 임금의 명령을 받들어 출랍하던 환관.

[註 7024] 위제율(違制律) : 임금이나 왕세자(王世子)의 명령을 위반하는 자를 다스리는 율(律). 제서 유위율(制書有違律).

세조 36권, 11년(1465 을유 / 명 성화(成化) 1년) 6월 3일(기묘) 1번째기사

승지에게 내종친과 함께 내일 있을 방천(防川)을 감독하게 하시다

비현합(丕顯閤)에 나아가시어 승지(承旨) 등에게 이르시기를,

"내가 내일 방천(防川)을 동교(東郊)에서 시험하려고 하니, 너희들은 내종친(內宗親)[7089]과 좌우(左右)로 나누어 감독(監督)하라."

하시고, 명 하시어 구성군(龜城君) 이준(李浚), 하성위(河城尉) 정현조(鄭顯祖), 도승지(都承旨) 신면(申㴐), 좌승지(左承旨) 윤필상(尹弼商), 동부승지(同副承旨) 오응(吳凝)과 파산군(巴山君) 조득림(趙得琳)을 좌감독으로 삼고, 영순군(永順君) 이부(李溥), 물거윤(勿巨尹) 이철(李徹), 우승지(右承旨) 박건(朴楗), 좌부승지(左副承旨) 이영은(李永垠), 우부승지(右副承旨) 이문환(李文煥)과 겸사복(兼司僕) 이덕량(李德良)을 우감독으로 삼았다.

【태백산사고본】 13책 36권 11장 B면

【영인본】 7책 689면

【분류】 *왕실(王室) / *농업-수리(水利)

[註 7089] 내종친(內宗親) : 동성(同姓)의 종친(宗親)을 말함.

세조 36권, 11년(1465 을유 / 명 성화(成化) 1년) 6월 4일(경진) 2번째기사

동소문 밖의 다야원 냇가에 거둥하시다

동소문(東小門) 밖의 다야원(多也院) 냇가에 거둥하시니, 영의정(領議政) 신숙주(申叔舟), 상당부원군(上黨府院君) 한명회(韓明澮), 좌의정(左議政) 구치관(具致寬), 우찬성(右贊成) 박원형(朴元亨), 동지중추원사(同知中樞院事) 윤사흔(尹士昕), 김국광(金國光), 병조판서(兵曹判書) 김질(金礩), 우참찬(右參贊) 윤자운(尹子雲), 호조판서(戶曹判書) 노사신(盧思愼), 예조참판(禮曹參判) 임원준(任元濬)과 승지(承旨), 아종(兒宗)[7090] 등이 수가(隨駕)하였다.

한명회에게 명 하시어 한지(閒地)[7091]를 보아 가운데를 나누어 구역의 경계를 삼고, 좌우로 하여금 수전(水田) 수십 무(畝)를 만들게 하고, 아종(兒宗)과 김질에게 명하시어 그 위에다 내를 막아 좌우로 하여금 개천을 열어 그 전지(田地)에 물을 대어서 보니, 뒤에 물이 장마져서 해친 바가 되고 전지가 모두 모래에 덮이었다.

【태백산사고본】 13책 36권 11장 B면

【영인본】 7책 689면

【분류】 *왕실-행행(行幸) / *농업-수리(水利)

[註 7090] 아종(兒宗) : 《세조실록(世祖實錄)》 제32권에 보면, "영순군(永順君) 이부(李溥), 구성군(龜城君) 이준(李浚), 은산부정(銀山副正) 이철(李徹), 하성위(河城尉) 정현조(鄭顯祖) 등이 매양 2인씩 교대하여 입직(入直) 하였는데, 임금이 이들을 아종(兒宗)이라 일컬었다." 하였음.

[註 7091] 한지(閒地) : 공한지(空閑地).

세조 36권, 11년(1465 을유 / 명 성화(成化) 1년) 8월 6일(신사) 1번째기사

사정전에 나아가시어 상참을 받으고 비현합에서 정사를 보시다

사정전(思政殿)에 나아가시어 상참(常參)을 받으시고 정사를 보시었다. 이어서 비현합(丕顯閤)에 나아가시니, 효령대군(孝寧大君) 이보(李補), 임영대군(臨瀛大君) 이구(李璆), 영응대군(永膺大君) 이염(李琰), 영순군(永順君) 이부(李溥), 물거윤(勿巨尹) 이철(李徹), 하성위(河城尉) 정현조(鄭顯祖), 밀산군(密山君) 박중손(朴仲孫), 예조판서(禮曹判書) 원효연(元孝然)과 승지(承旨) 등이 입시(入侍)하였다. 경상도군적사(慶尙道軍籍使) 권반(權攀), 전라도군적사(全羅道軍籍使) 강로(姜老)를 불러, 군적(君籍)의 착오(錯誤)된 것을 친히 물으시니 권반, 강노가 시비(是非)를 발명(發明)하므로,

임금께서 이르시기를,

"너희들이 비록 교묘하게 만단(萬端)으로 꾸몄다 하더라도 해 놓은 군적(軍籍)은 사목(事目)과 상반(相反)되니, 많은 말이 무슨 도움이 되겠느냐? 위임(委任)한 일은 모두 도외시(度外視)하여 두고, 전적으로 놀이[遊戲]에만 일삼아서 이에 이르렀으니, 너희들이 용심(用心)한 바를 알지 못하겠다."

하시니, 권반 등이 부복(俯伏)하여 땀이 나와 등을 적시었다. 명 하시어 영의정(領議政) 신숙주(申叔舟)를 불러 다시 군적사의(軍籍事宜)를 의논하게 하시었다.

【태백산사고본】 13책 36권 29장 A면

【영인본】 7책 698면

【분류】 *군사-군역(軍役)

세조 36권, 11년(1465 을유 / 명 성화(成化) 1년) 8월 17일(임진) 1번째기사

중궁과 함께 온양에 거둥하시다

임금께서 중궁(中宮)과 더불어 온양(溫陽)에 거둥하시니, 왕세자(王世子)와 영응대군(永膺大君) 이염(李琰), 영순군(永順君) 이부(李溥), 구성군(龜城君) 이준(李浚), 사산군(蛇山君) 이호(李灝), 신종윤(新宗尹) 이효백(李孝伯), 물거윤(勿巨尹) 이철(李徹), 제천부정(堤川副正) 이온(李薀), 부윤부령(富潤副令) 이효숙(李孝叔), 곡성부령(鵠城副令) 이금손(李金孫), 운수부령(雲水副令) 이효성(李孝誠), 하성위(河城尉) 정현조(鄭顯祖), 청성위(青城尉) 심안의(沈安義), 영의정(領議政) 신숙주(申叔舟), 상당부원군(上黨府院君) 한명회(韓明澮), 우의정(右議政) 황수신(黃守身), 남양부원군(南陽府院君) 홍달손(洪達孫), 좌참찬(左參贊) 최항(崔恒), 중추원사(中樞院使) 강순(康純), 지중추원사(知中樞院事) 김국광(金國光), 정식(鄭軾), 호조판서(戶曹判書) 노사신(盧思愼), 신천군(信川君) 강곤(康袞), 행상호군(行上護軍) 구문신(具文信), 이조참판(吏曹參判) 강희맹(姜希孟)·병조참판(兵曹參判) 임원준(任元濬), 행상호군(行上護軍) 조득림(趙得琳)이 수가(隨駕)하였다.

백관(百官)이 흥인문(興仁門) 밖에서 지송(祗送)[7207]하고 경기관찰사(京畿觀察使) 최환경(崔漢卿)이 조복(朝服)을 갖추고 경계(境界) 위에서 맞이하였다. 청계산(淸溪山)에서 몰이하고 저녁에 낙생역(樂生驛) 앞 들에 머무르셨다.

【태백산사고본】 13책 36권 32장 A면

【영인본】 7책 699면

【분류】 *왕실-행행(行幸)

[註 7207] 지송(祗送) : 임금의 출가(出駕)를 배송(配送)함.

세조 37권, 11년(1465 을유 / 명 성화(成化) 1년) 9월 9일(계축) 1번째기사

물거윤 이철이 병이 들어 행궁에 머물게 하시다

물거윤(勿巨尹) 이철(李徹)이 병으로 대가를 따르지 못하니, 행궁(行宮)에 머물러 조리하라고 명 하시고 물건을 심히 후하게 주시었다.

【태백산사고본】 13책 37권 5장 B면

【영인본】 7책 703면

【분류】 *왕실-행행(行幸) / *왕실-사급(賜給)

세조 37권, 11년(1465 을유 / 명 성화(成化) 1년) 10월 6일(경진) 1번째기사

비현합에서 술자리를 베푸시고 복승리를 구료하게 하시다

비현합(丕顯閤)에 나아가시니, 효령대군 이보(李補), 임영대군 이구(李璆), 영응대군 이염(李琰), 구성군 이준(李浚), 하성위(河城尉) 정현조(鄭顯祖), 물거윤(勿巨尹) 이철(李徹), 병조판서 김질(金礩), 동지중추원사 김국광(金國光), 이조판서 한계희(韓繼禧) 등이 입시하여 술자리를 베풀었다. 이조참판 강희맹(姜希孟), 병조참판 임원준(任元濬), 경기관찰사 윤자(尹慈) 등을 불러 술을 먹이시었다. 김질이 취하니, 전교하시기를,

"김질이 갑자기 마시어 크게 취하였다. 만일 《주역》의 이치를 물으면 반드시 망령되게 대답할 것이다."

하시고, 손수 어탁(御卓)의 진과(珍菓)를 내려 주시었다. 좌승지(左承旨) 윤필상(尹弼商)이 의금부(義禁府)에 가서 죄수를 국문하는 일로 면전에서 하직하니, 김질이 조용히 아뢰기를,

"복승리(卜承利)의 일은 애매하니, 우선 너그럽게 용서하시고 천천히 물어서 정상을 얻으시면 다행하겠습니다. 만일 다만 남의 고소로 인하여 정상을 굽히어 갑자기 죄주면 저 사람이 신원(伸冤)할 길이 없을 것입니다."

하였다.

임금께서 이르시기를,

"경은 다 말하지 말라. 내가 이미 실상을 알았다. 처음에 한두 대신이 나에게 의심할 것이 없다고 고함으로 인하여 여기에 이른 것뿐이다."

하고, 곧 의금부(義禁府)에 명하시어 복승리(卜承利)를 구료(救療)하게 하시었다.

【태백산사고본】 13책 37권 11장 B면

【영인본】 7책 706면

【분류】 *왕실-경연(經筵) / *사법-재판(裁判)

세조 37권, 11년(1465 을유 / 명 성화(成化) 1년) 10월 13일(정해) 1번째기사

하성위 정현조와 물거윤 철에게 갓을 쓰도록 하시다

하성위(河城尉) 정현조(鄭顯祖)와 물거윤(勿巨尹) 이철(李徹)에게 모두 갓을 쓰라고 명 하시었으니, 일을 아뢰는 것을 늦춘 때문이었다.

【태백산사고본】 13책 37권 15장 B면

【영인본】 7책 708면

【분류】 *행정-중앙행정(中央行政)

세조 37권, 11년(1465 을유 / 명 성화(成化) 1년) 11월 25일(기사) 1번째기사

대소 신료들에게 연회를 베푸시고 유생에게 《주역구결》을 강 하게 하시다

비현합(丕顯閤)에 나아가시니, 의정부(議政府), 육조(六曹)에서 풍정(豐呈)을 올리고 왕세자(王世子) 이하가 뜰에 들어와 사배(四拜)하였다.

왕세자는 뜰 위 동쪽에 앉고, 효령대군 이보(李補)는 뜰 위 서쪽에 앉고, 임영대군 이구(李璆), 영응대군 이염(李琰), 의성군(誼城君) 이채(李寀), 밀성군(密城君) 이침(李琛), 오산군(烏山君) 이주(李澍), 영순군(永順君) 이부(李溥), 함양경(咸陽卿) 이포(李誧), 구성군(龜城君) 이준, 보성경(寶城卿) 이갑(李峇), 낙안군(樂安君) 이영(李寧), 영천경(永川卿) 이정(李定), 은천군(銀川君) 이찬(李穳), 옥산군(玉山君) 이제(李躋), 사산군(蛇山君) 이호(李灝), 진남군(鎭南君) 이종생(李終生), 물거윤(勿巨尹) 이철(李徹), 거평정(居平正) 이복(李復), 진례정(進禮正) 이형(李衡), 금산정(金山正) 이연(李衍), 평성정(枰城正) 이위(李偉) 등은 뜰 서쪽에 앉고, 봉원부원군 정창손(鄭昌孫), 영의정 신숙주(申叔舟), 상당부원군 한명회(韓明澮), 좌의정 구치관(具致寬), 우의정 황수신(黃守身), 남양부원군 홍달손(洪達孫), 영중추원사 심회(沈澮), 판중추원사 심결(沈決), 좌찬성 윤사분(尹士昐), 밀산군(密山君) 박중손(朴仲孫), 우찬성 박원형(朴元亨), 좌참찬 최항(崔恒), 공조판서 윤사흔(尹士昕), 중추원사 강순(康純), 병조판서 김질(金礩), 우참찬 윤자운(尹子雲), 동지중추원사 김수온(金守昷), 이조판서 한계희(韓繼禧), 지중추원사 김개(金漑), 중추원사 어효첨(魚孝瞻), 대사헌 양성지(梁誠之), 문산군(文山君) 유하(柳河), 행상호군 송처관(宋處寬), 호조판서 노사신(盧思愼), 형조판서 홍응(洪應), 신천군(信川君) 강곤(康袞), 인순부윤(仁順府尹) 성임(成任), 행상호군 김예몽(金禮蒙), 첨지중추원사 어득해(魚得海), 한성부윤 이서(李墅), 병조참판 임원준(任元濬), 화산군(花山君)

권반(權攀), 청성군(淸城君) 한종손(韓終孫), 예문제학 서거정(徐居正), 행호군 설정신(薛丁新), 복성군(福城君) 권언(權躽), 행상호군 임자번(林自蕃), 영가군(永嘉君) 권경(權擎), 공산군(公山君) 안경손(安慶孫), 이조참판 강희맹(姜希孟), 행첨지중추원사 안철손(安哲孫), 당성군(唐城君) 홍순로(洪純老), 여산군(礪山君) 송익손(宋益孫), 옥천군(玉川君) 설계조(薛繼祖), 한성부윤 이파(李坡), 공조참판 구종직(丘從直) 등은 뜰 동쪽에 앉고, 기생 · 공인 및 내녀(內女) 3인은 동랑(東廊)에서 풍악을 연주하였다. 종친과 재추가 차례로 술을 돌리어 술이 반쯤 취하자 겸예문 유신 등을 부르시어 《주역구결(周易口訣)》을 강 하게 하시고 특히 보덕(輔德) 정자영(鄭自英)에게 갖옷 1령(領)을 주시었다.

또 육조판서 이상과 공신 등에게 초피(貂皮) 각 50령(領)을 주시고, 또 명 하시어 입직(入直)한 군사에게 술을 먹이셨다.

【태백산사고본】 13책 37권 28장 A면

【영인본】 7책 714면

【분류】 *왕실-의식(儀式) / *왕실-경연(經筵) / *왕실-사급(賜給)

세조 37권, 11년(1465 을유 / 명 성화(成化) 1년) 12월 19일(임진) 2번째기사

상림원에서 배가 귀하므로 진상을 제외하고는 아낄 것을 상언 드리다

이보다 먼저 상림원(上林園)에서 아뢰기를,

"금년에는 배[生梨]가 지극히 귀하니, 청컨대 진상하는 외에는 여러 곳에 보내지 마소서."

하였었다. 보내는 곳을 적어 보내도록 명하니, 횡간(橫看)에 기록되지 않은 것이 많았다. 어서(御書)로 의금부(義禁府)에 전지하시기를,

"상림원의 관리가 공상(供上)하는 과물(菓物)은 대개 잘고 나쁜 것을 쓰고 대신들이나 여러 곳에는 품질이 좋은 것을 선택하여 보내고 또 상지(上旨)도 없이 사사로이 스스로 증유(贈遺)하여 대신에게 아부하고 심지어는 사가(私家)의 연회에도 드러내놓고 증송(贈送)하니 전혀 임금을 위하는 뜻이 없다. 추핵하여 아뢰라."

하시고, 인하여 물거윤(勿巨尹) 이철(李徹), 환관 임동(林童) 등에게 명 하시어 상림원의 문서를 수색하여 취하니, 간혹 승정원(承政院)의 체자(帖字)가 있었다.

승지(承旨) 등이 아뢰기를,

"고사(故事)를 인습하여 여기에 이르렀으니, 황공하여 대죄합니다."

하였다. 전지하시기를,

"내가 정원(政院)에서 쓴 것이 불가하다는 것이 아니다. 다만 상림원이 근자에 심히 방종하고 해이해졌기 때문에 이로써 그 관리를 책하는 것이다."

하시었다.

【태백산사고본】 13책 37권 32장 A면

【영인본】 7책 716면

【분류】 *재정-진상(進上) / *행정-중앙행정(中央行政) / *사법-탄핵(彈劾)

세조 37권, 11년(1465 을유 / 명 성화(成化) 1년) 12월 23일(병신) 1번째기사

중신들에게 음복연을 베푸시고, 《주역》 구결을 논 하게 하시다

사정전(思政殿)에 나아가시어 음복연(飮福宴)을 베푸시니,

왕세자(王世子)와 효령대군 이보(李補), 임영대군 이구(李璆), 영응대군 이염(李琰), 밀성군 이침(李琛), 영순군 이부(李溥), 구성군 이준(李浚), 하성위 정현조(鄭顯祖), 물거윤 이철(李徹), 사산군 이호(李灝), 하동부원군 정인지(鄭麟趾), 봉원부원군 정창손(鄭昌孫), 좌의정 구치관(具致寬), 우의정 황수신(黃守身), 남양부원군 홍달손(洪達孫), 좌찬성 윤사분(尹士昐), 우찬성 박원형(朴元亨), 좌참찬 최항(崔恒), 우참찬 윤자운(尹子雲), 공조판서 윤사흔(尹士昕), 병조판서 김질(金礩), 이조판서 한계희(韓繼禧), 예조판서 원효연(元孝然), 호조판서 노사신(盧思愼), 형조판서 홍응(洪應) 등이 입시하여 왕세자가 술을 올렸다. 또 겸예문 유신 등을 불러 《주역》 구결을 논하게 하시었다.

이르시기를,

"이 사람들이 정묘하여 이미 난숙하여졌으니, 내가 사랑하고 중하게 여긴다." 하시고, 세자로 하여금 술을 먹이게 하시었다.

【태백산사고본】 13책 37권 32장 B면

【영인본】 7책 716면

【분류】 *왕실-의식(儀式) / *왕실-경연(經筵)

세조 37권, 11년(1465 을유 / 명 성화(成化) 1년) 12월 28일(신축) 1번째기사

강녕전에서 종친·재추와 술자리를 베푸시다

강녕전(康寧殿)에 나아가시어 잔치를 베푸시니,

효령대군 이보(李補), 영응대군 이염(李琰), 오산군(烏山君) 이주(李澍), 영순군 이부(李溥), 구성군 이준(李浚), 사산군(蛇山君) 이호(李灝), 물거윤 이철(李徹), 하성위 정현조(鄭顯祖), 영중추원사 심회(沈澮), 판중추원사 심결(沈決), 좌찬성 윤사분(尹士昐), 공조판서 윤사흔(尹士昕) 등이 입시하였다.

【태백산사고본】 13책 37권 33장 A면

【영인본】 7책 717면

【분류】 *왕실-의식(儀式)

세조 38권, 12년(1466년 병술 / 명 성화(成化) 2년) 1월 3일(병오) 1번째기사

세자의 생신 잔치를 베푸시다

임금께서 중궁(中宮)과 더불어 강녕전(康寧殿)에 나아가시어 세자의 생신 잔치를 베푸시었다. 효령대군(孝寧大君) 이보(李補), 임영대군(臨瀛大君) 이구(李璆), 영응대군(永膺大君) 이염(李琰), 밀성군(密城君) 이침(李琛), 영천경(永川卿) 이정(李定), 영순군(永順君) 이부(李溥), 구성군(龜城君) 이준(李浚), 하성위(河城尉) 정현조(鄭顯祖), 사산군(蛇山君) 이호(李灝), 물거윤(勿巨尹) 이철(李澈), 영의정(領議政) 신숙주(申叔舟), 좌의정(左議政) 구치관(具致寬), 우의정(右議政) 황수신(黃守身), 영중추원사(領中樞院事) 심회(沈澮), 판중추부사(判中樞府事) 심결(沈決), 좌찬성(左贊成) 윤사분(尹士昐), 우찬성(右贊成) 박원형(朴元亨), 판중추원사(判中樞院事) 성봉조(成奉祖), 공조판서(工曹判書) 윤사흔(尹士昕), 좌참찬(左參贊) 최항(崔恒), 이조판서(吏曹判書) 한계희(韓繼禧), 지중추원사(知中樞院事) 김국광(金國光), 호조판서(戶曹判書) 노사신(盧思愼), 대사헌(大司憲) 양성지(梁誠之), 서원군(瑞原君) 한계미(韓繼美), 지중추원사 정식(鄭軾), 복천군(福川君) 권개(權愷), 파산군(巴山君) 조득림(趙得琳)과 승지(承旨) 등이 입시(入侍)하고, 숭의전부사(崇義殿副使) 왕순례(王循禮)도 부름을 받아 잔치에 입시하였다. 왕순례에게 어탁(御卓)을 내려 주시고, 신숙주에게 명 하여 전교하시기를,

"내가 사사로이 네게 은혜를 베푸는 것이 아니다. 네가 선대(先代)의 후손이라 하여 세종(世宗)께서 왕씨(王氏)의 뒤를 세우고자 하였으나 이루지 못하였고, 문종(文宗)께서 비로소 숭의전(崇義殿)을 세워 그 제사를 잇게 하였으니, 지금 내가 선왕(先王)의 뜻을 이어받든 것이다."

하시었다.

【태백산사고본】 14책 38권 2장 B면【국편영인본】 8책 1면

【분류】 왕실-행행(行幸) / 왕실-의식(儀式)

세조 38권, 12년(1466 병술 / 명 성화(成化) 2년) 3월 16일(정사) 2번째기사

강원도 고성 탕정에 거둥하시다

임금께서 중궁(中宮)과 더불어 강원도의 고성탕정(高城湯井)에 거둥하시었다. 이윤손(李允孫)을 내금위장(內禁衛將)으로 삼고, 정식(鄭軾)을 사자위장(獅子衛將)으로, 허형손(許亨孫)을 공현위장(控弦衛將)으로, 민신달(閔信達)을 장용대장(壯勇隊長)으로, 오자경(吳子慶)을 착호장(捉虎將)으로, 물거윤(勿巨尹) 이철(李徹)을 치중장(輜重將)으로, 의빈(儀賓) 정현조(鄭顯祖)를 잡류장(雜類將)으로 삼았다. 왕세자(王世子)가 영응대군(永膺大君) 이염(李琰), 밀성군 이침(李琛), 영순군(永順君) 이부(李溥), 사산군(蛇山君) 이호(李灝), 영의정 신숙주(申叔舟), 좌의정 구치관(具致寬), 남양군(南陽君) 홍달손(洪達孫), 좌참찬(左參贊) 최항(崔恒), 중추부지사(中樞府知事) 강순(康純), 동지사(同知事) 김수온(金守溫), 김국광(金國光), 윤흠(尹欽), 이조판서 한계희(韓繼禧), 호조판서 노사신(盧思愼), 중추부동지사(中樞府同知事) 임원준(任元濬), 양양군(襄陽君) 임자번(林自蕃), 영가군(永嘉君) 권경(權擎), 행대호군(行大護軍) 임득정(林得禎), 파산군(巴山君) 조득림(趙得琳), 당성군(唐城君) 홍순로(洪純老), 병조참판 박중선(朴仲善), 참지(參知) 한치례(韓致禮) 등과 더불어 수가(隨駕)하고, 백관(百官)이 시복(時服) 차림으로 도문(都門) 밖 길 왼쪽에서 지송(祗送)하였다. 대가(大駕)가 양주(楊州)의 회곡천(灰谷川)에 이르니, 경기관찰사(京畿觀察使) 윤자(尹慈), 절도사(節度使) 김겸광(金謙光), 도사(都事) 허적(許迪)이 조복(朝服) 차림으로 대가를 맞이하여 포천(抱川)의 매장(每場)에 이르렀다.

【태백산사고본】 14책 38권 21장 A면

【영인본】 8책 11면

【분류】 *왕실-행행(行幸) / *과학-지학(地學)

세조 38권, 12년(1466 병술 / 명 성화(成化) 2년) 윤3월 17일(무자) 2번째기사

상원사에 거둥하시다

상원사(上院寺)에 거둥하시니,

왕세자(王世子)가 효령대군(孝寧大君) 이보(李補), 영응대군(永膺大君) 이염(李琰), 물거윤(勿巨尹) 이철(李徹), 사산군(蛇山君) 이호(李灝), 영의정 신숙주(申叔舟), 상당군(上黨君) 한명회(韓明澮), 좌의정 구치관(具致寬), 인산군(仁山君) 홍윤성(洪允成), 중추부동지사(中樞府同知事) 김수온(金守溫), 김국광(金國光), 이조판서 한계희(韓繼禧), 호조판서 노사신(盧思愼) 등과 더불어 수가(隨駕)하였다.

임금께서 행궁(行宮)으로 돌아오시어 신숙주, 한계희, 노사신에게 명 하시어 문과시장(文科試場)에 나아가서 참시(參試)하게 하시었다.

【태백산사고본】 14책 38권 26장 A면

【영인본】 8책 13면

【분류】 *왕실-행행(行幸) / *인사-선발(選拔)

세조 39권, 12년(1466 병술 / 명 성화(成化) 2년) 6월 8일(정미) 1번째기사

양정이 퇴위를 권유드리다

양산군(楊山君) 양정(楊汀)이 평안도(平安道)로부터 와서 임금을 알현하니, 임금께서 사정전(思政殿)에 나아가시어 양정을 인견하시고 세자(世子)와 고령군(高靈君) 신숙주(申叔舟), 상당군(上黨君) 한명회(韓明澮), 병조판서 김국광(金國光), 이조판서 한계희(韓繼禧), 도총관(都摠管) 심회(沈澮), 위장(衛將) 오자경(吳子慶), 허형손(許亨孫), 신주(辛鑄), 중추부동지사(中樞府同知事) 서거정(徐居正)을 불러서 입시(入侍)하게 하였다. 임금께서 양정이 오랫동안 변경(邊境)에 있었다고 하여 술자리를 베푸시어 그를 위로하시었다. 이어 도승지(都承旨) 신면(申㴐)을 불러서 전교(傳敎)하시기를,

"양정(楊汀)이 오랫동안 외방에서 노고(勞苦)했는데도, 지금 안색(顔色)을 보니 매우 살이 찌었으므로 내가 매우 이를 기뻐한다. 초10일에 훈구(勳舊)[7583] 등과 더불어 한 잔의 술을 베풀어 양정을 위로하려고 하니, 그것을 미리 준비하라."

하시었다. 술이 반쯤 취하니, 종부시첨정(宗簿寺僉正) 최호원(崔灝元)과 관상감첨정(觀象監僉正) 안효례(安孝禮)를 부르시어 혼원가령(昏元假令)을 논란하게 하니, 최호원 등이 서로 버티면서 말하지 않으므로, 임금께서 승(勝)한가 안한가를 물으시었으나 또 즉시 대답하지 않았다. 임금께서 노하시어 윤필상(尹弼商)으로 하여금 취초(取招)하게 하여 장차 죄에 처하려고 전교(傳敎)하시기를,

"고금 천하에 어찌 임금이 말하는데 신하가 대답하지 않는 이가 있겠는가?"

하시고, 되풀이하면서 힐책(詰責)하고 마침내 하옥(下獄)하도록 명하시었다. 이에 양정(楊汀)이 앞에 나아와 꿇어앉아서 아뢰기를,

"성상께서 어찌 과도하게 근로(勤勞)하기를 이와 같이 하십니까?"

하니,

임금께서 이르시기를,

"군주(君主)는 만기(萬機)를 모두 다스리고 있으니, 어찌 근심하고 부지런하지 않을 수가 있겠는가?"

하시었다. 양정이 대답하기를,

"전하(殿下)께서 임어(臨御)하신 지가 이미 오래되었으니, 오로지 한가하게 안일(安逸)하심이 마땅할 것입니다."

하므로, 임금이 이르시기를,

"경(卿)이 말하는 바는 곧 사시(四時)의 순서(順序)에 성공(成功)한 자는 물러간다는 것인가?"

하니, 양정이 대답하기를,

"그렇습니다."

하였다. 임금이 이르시기를,

"내가 평소부터 왕위(王位)에서 물러나 스스로 편안하려고 했으나 감히 하지 못하였다."

하니, 양정이 말하기를,

"이것이 신(臣)의 마음입니다."

하였다. 임금이 이르시기를,

"경(卿)이 서방(西方)에 오랫동안 있었는데, 서방의 인심(人心)도 또한 이와 같던가?"

하시니, 양정이 대답하기를,

"사람들이 그 누구들 그렇게 말하지 않겠습니까?"

하였다. 임금이 이르시기를,

"내가 죽고, 신숙주와 한명회도 죽고, 경(卿)도 또한 죽어서 임금과 신하가 모두 죽는다면 국가의 일은 누가 다스리겠는가?"

하시니, 양정이 대답하기를,

"차차(次次)로 있게 될 것입니다."

하였다.

임금이 이르시기를,

"내가 어찌 임금의 자리를 탐내는 사람인가?"

하시고, 즉시 승지(承旨) 등에게 명하시어 대보(大寶)[7584]를 가지고 오게 하시고 즉시 세자(世子)에게 왕위(王位)를 전하려고 하시니, 승지(承旨) 등이 부복(俯伏)하여 일어나지 않았다. 신숙주, 한명회 등이 눈물을 흘리고 울면서 큰 소리로 말하기를,

"이것이 무슨 말씀입니까? 그렇다면 종묘(宗廟)와 사직(社稷)을 어찌하겠습니까?"

하니, 임금께서 이르시기를,

"옛날에 성인(聖人)은 천하를 관가(官家)로 여겨서 집안에 현명(賢明)한 아들이 없으면 도부(陶夫)[7585]를 구하여 천하를 물려 주었는데, 하물며 지금 세자(世子)의 재주가 능히 나라를 다스리는 데에 있어서이겠는가? 내가 이미 덕이 적어서 백성의 마음이 떠나버리었다. 양정은 정직한 신하인 까닭으로 말하는 바가 이와 같은데 내가 어찌 감히 임금의 자리에 오래 있겠는가?"

하시면서 신면(申㴐)을 재촉하여 나가서 대보(大寶)를 가지고 오게 하시니, 신면이 마지 못하여 나가서 상서원(尙瑞院)에 이르러 너무 급하여 어찌할 바를 모르고서 옥새(玉璽)를 받들고 앉아 있으므로, 또 윤필상(尹弼商)에게 명하여 재촉하시니, 윤필상이 나가서 신면(申㴐)과 더불어 서로 아뢰기를,

"신(臣) 등이 비록 죽더라도 어찌 감히 옥새를 받들어서 바치겠는가? 차라리 임금의 명령을 어긴 죄를 받겠다."

하였다. 임금께서 이르시기를,

"승지(承旨) 등은 어찌 옥새를 가지고 오지 않는가? 옛날에 우리 태종(太宗)께서 왕위(王位)를 전하려고 하니 그때의 여러 신하들이 즉시 옥새를 가져 오지 않았는데, 오늘날에도 어찌 마땅히 이와 같이 하는가? 만약 큰 일이 이미 정해졌다면 어찌 대보(大寶)를 전하고 전하지 않는 데에 관계되겠는가? 그것을 속히 가지고 오라."

하시고,

또 홍도상(洪道常), 정난종(鄭蘭宗), 이수남(李壽男) 등에게 명하여 이를 재촉했으나, 홍도상 등도 또한 상서원(尙瑞院)에 와서 죽어도 명령에 응하지 않기로 기약하였다. 또 영순군(永順君) 이부(李溥), 구성군(龜城君) 이준(李浚), 물거윤(勿巨尹) 이철(李徹)과 의빈(儀賓) 정현조(鄭顯祖), 사산군(蛇山君) 이호(李灝) 등에게 명 하시어 옥새를 가져 오게 했으나 부(溥) 등도 또한 나가서 머뭇거리면서 어찌할 바를 모르고 있었다. 이때 양정(楊汀)이 아직도 어탑(御榻) 아래에 있다가 부르짖기를,

"임금님의 명령이 이와 같은데, 승지(承旨) 등은 어째서 대보(大寶)를 가져오지 않는가?"

하면서 이를 재촉한 것이 두세 번이나 되었다. 임금께서 또 세자(世子)에게 명 하시어 가서 가져오게 하시니, 세자가 마지 못해서 보루문(報漏門) 밖으로 나갔다.

승지 등이 꿇어앉아 아뢰기를,

"대보(大寶)는 신(臣) 등이 맡아서 지키는 바이니, 신 등이 마땅히 친히 받들어 바치겠습니다."

하였다. 세자가 도로 들어왔으나 복명(復命)하기가 어려워서 곁에서 오래 머물고 있었다. 신숙주, 한명회 등이 전상(殿上)에서 슬피 통곡하면서 되풀이하여 진청(陳請)하고 머리를 조아리기를 마지 않았다. 이때 밤이 이미 삼경이 되니, 임금의 뜻이 조금 풀려서 신숙주에게 명하여 술잔을 올리게 하고는 마침내 내전(內殿)으로 돌아갔다. 신숙주가 물러와서 신면(申㴐)에게 이르기를,

"이미 임금님의 뜻을 자세히 알았으니, 임금님의 노여움을 더하게 해서는 안될 것이다."

하였다.

신면이 옥새를 받들고 합문(閤門) 밖으로 나오니, 임금께서 명 하시어 대보(大寶)를 강녕전(康寧殿)에 두게 하시고, 신면을 불러 술잔을 올리게 하고서 이르시기를,

"그대는 신숙주의 아들이니, 진실로 인물(人物)이 무리가 각기 같지 않도다."

하시었다. 여러 신하들도 또한 모두 헤어져 나갔다. 신숙주, 한명회, 한계희 등은 사정전(思政殿) 문 밖에 남아 있으면서 아뢰기를,

"양정(楊汀)의 말은 정상(情狀)이 없지 않으니, 청컨대 법사(法司)에 내려서 추국(推鞫)하여 중한 형벌을 처하게 하소서."

하니, 임금께서 신숙주 등을 불러 다시 술자리를 베푸시고는 전교(傳敎)하시기를,

"양정이 어찌 정상이 있겠는가? 이것도 또한 바른 말을 한 것뿐이다."

하시었다. 신숙주 등이 머리를 조아리면서 아뢰기를,

"양정의 말은 도리에 어긋남이 이보다 심할 수 없습니다."

하면서 청하기를 그치지 않았으나, 임금께서는 양정이 공신(功臣)이라 하여 차마 가두어 국문(鞫問)하지는 않으시고 논의하다가 시간이 넘어서야 파하시었다.

【태백산사고본】 14책 39권 10장 A면

【영인본】 8책 25면

【분류】 *왕실-의식(儀式) / *왕실-국왕(國王)

[註 7583] 훈구(勳舊) : 공신(功臣)과 구신(舊臣).

[註 7584] 대보(大寶) : 임금의 옥새(玉璽).

[註 7585] 도부(陶夫) : 도기(陶器)를 만드는 남자. 순제(舜帝)를 이름.

세조 40권, 12년(1466 병술 / 명 성화(成化) 2년) 11월 25일(계사) 1번째기사

등준시에 합격한 최적 등이 사례하니 연회를 베푸시다

등준시(登俊試)에 합격한 최적(崔適) 등이 전문(箋文)을 받들어 은혜를 사례(謝禮)하고 풍정(豊呈)을 바치니, 임금이 근정전(勤政殿)에 나아가시어 이를 받으시었다. 왕세자(王世子)가 효령대군(孝寧大君) 이보(李補), 하동군(河東君) 정인지(鄭麟趾), 고령군(高靈君) 신숙주(申叔舟), 영의정 한명회(韓明澮), 능성군(綾城君) 구치관(具致寬), 좌의정 심회(沈澮), 우의정 황수신(黃守身), 중추부영사(中樞府領事) 심결(沈決), 지사(知事) 윤사흔(尹士昕), 좌찬성 최항(崔恒), 좌참찬 윤자운(尹子雲), 승지(承旨) 등과 함께 입시(入侍)하였다. 구성군(龜城君) 이준(李浚), 물거윤(勿巨尹) 이철(李徹), 모산도정(牟山都正) 이희(李僖)도 또한 등준시(登俊試)로 인하여 연회에 나아갔다. 최적(崔適)과 행호군(行護軍) 민발(閔發)이 들어와 대궐 안에 앉았고, 그 나머지 과거(科擧)에 합격한 사람은 월대(月臺)에 앉았다.

임금께서 즐거워서 정대업(定大業), 보태평(保太平)의 음악을 연주(演奏)하게 하니, 니마거 올적합(尼麻車兀狄哈)의 만호(萬戶) 아인가무(阿仁加茂) 등이 또한 시연(侍宴)하였다.

임금께서 이르시기를,

"그대들이 험준한 산을 넘고 물을 건너 와서 조근(朝覲)[7724]한 지 지금 네 번째 되었으니, 그대들의 성심(誠心)은 칭찬할 만하다. 그런데 노고(勞苦)는 없느냐.?"

하니, 아인가무가 대답하기를,

"전하(殿下)께서 은혜를 베푸심이 넓고 커서 소재(所在)한 관(館)에서 대접함이 더욱 후(厚)하고 더구나 역기(驛騎)가 지체(遲滯)함이 없었으니, 무슨 노고(勞苦)가 있겠습니까?"

하였다.

임금께서 이르시기를,

“네가 비록 만호(萬戶)가 되었지마는 이것은 전례(前例)에 따른 관직이니, 무엇이 영광될 것이 있겠는가? 지금 장차 너에게 큰 관직과 후한 녹봉(祿俸)을 줄 것이니, 너는 그것을 알도록 하라.”

하시고, 이내 명하시어 술을 올리게 하시고 또 금대(金帶)를 하사(下賜)하시니, 아인가무가 이마가 땅에 닿도록 절하면서 배사(拜謝)하였다. 어탁(御卓)을 걷어 하사(下賜)하고 술과 고기를 더 하사(下賜)하시었다. 임금께서 4명의 기생과 등준시(登俊試)에 합격한 사람으로 하여금 앞에 나아와서 일어나 춤추게 하시고, 또 영순군(永順君) 이부(李溥)에게 명 하시어 단판(檀板)[7725]을 쥐고 악공(樂工)을 거느리게 하시고 지극히 즐거워하시었다. 술이 취하자 임금께서 신숙주(申叔舟)로 하여금 부축하게 하시고 강녕전(康寧殿)에 들어가시어 또 정인지, 한명회, 구치관, 황수신을 부르시어 4명의 기생과 아종(兒宗)으로 하여금 일어나 춤추게 하시고 밤이 깊어서야 파하였다.

【태백산사고본】 14책 40권 19장 B면
【영인본】 8책 51면
【분류】 *왕실-사급(賜給)

[註 7724] 조근(朝覲) : 조현(朝見).
[註 7725] 단판(檀板) : 악기(樂器)이름.

세조 41권, 13년(1467년 정해 / 명 성화(成化) 3년) 1월 3일(경오) 1번째기사

중궁과 함께 강녕전에서 세자의 생신연을 베푸시니 내종친·홍윤성 등이 입시하다

임금께서 중궁(中宮)과 함께 강녕전(康寧殿)에 나아가 왕세자의 생신연(生辰宴)을 베푸시니, 내종친(內宗親)[002]과 인산군(仁山君) 홍윤성(洪允成), 병조판서 김국광(金國光), 이조판서 한계희(韓繼禧), 호조판서 노사신(盧思愼), 공조판서 임원준(任元濬), 형조판서 성임(成任) 및 승지(承旨)들이 입시(入侍)하였다.

임금께서 특별히 숭의전부사(崇義殿副使) 왕순례(王循禮)를 부르시어 잔치에 나오게 하시고, 왕순례에게 이르시기를,

"여기에 앉아 있는 사람들은 모두 나의 신료(臣僚)들이다. 너는 전대(前代)의 후예(後裔)이니 마땅히 빈례(賓禮)로써 대접해야 하겠다."

하시고, 인하여 2품의 반열(班列)에 앉게 명하시었다. 그리고 술을 올리게 하시고 이르시기를,

"선대(先代)의 후예는, 예전에는 다 죽여 없애려고 하여 남아 있는 자가 없었다. 그러나 나는 그렇지 아니하고, 높은 벼슬과 후한 녹(祿)을 주어서 선조(先祖)의 제사(祭祀)를 받들게 하여 기쁨을 같이할 것을 기약하니, 너는 마땅히 몸가짐을 삼가고 조심하여 대대로 집안을 보전하라. 《시경(詩經)》에 이르기를, '주(周)나라에 복종케 하셨으니 천명(天命)은 무상(無常)한 것이다.' 하였으니, 이를 이름이다."

하시었다.

왕순례가 마전(麻田)에 있으면서 몸가짐을 삼가지 않기 때문에, 삼가고 조심하라고 경계한 것이었다.

임금이 명 하시어 품질(品秩)을 올려 주게 하고, 또 여러 신하에게 이르시기를,

"지금 중궁은 어질고 덕이 있으니, 가히 당(唐)나라의 장손황후(長孫皇后)와 우리 나라의 신의왕후(神懿王后)와 더불어 비할 만하다. 내 어찌 지나친 칭찬을 않겠는가?"

하시니, 여러 신하들이 칭하(稱賀)하기를,

"성덕(聖德)이 이를 바 없습니다."

하였다.

【태백산사고본】 15책 41권 1장 A면【국편영인본】 8책 55면

【분류】 왕실-의식(儀式) / 왕실-비빈(妃嬪) / 역사-고사(故事)

[註 002] 내종친(內宗親) : 동성(同姓)의 종친(宗親).

세조 41권, 13년(1467 정해 / 명 성화(成化) 3년) 1월 5일(임신) 1번째기사

왕비께서 풍정을 올리시니 정창손·신숙주·구치관 등에게 잔치를 내리시다

강녕전(康寧殿)에 나아가시니 왕비께서 풍정(豊呈)[7741]을 올리시었다.

봉원군(蓬原君) 정창손(鄭昌孫), 고령군(高靈君) 신숙주(申叔舟), 능성군(綾城君) 구치관(具致寬), 영의정 한명회(韓明澮), 좌의정 심회(沈澮), 좌찬성 최항(崔恒), 우찬성 조석문(曹錫文), 도총관(都摠管) 홍윤성(洪允成), 김개(金漑), 강순(康純), 병조판서 김국광(金國光), 공조판서 임원준(任元濬), 형조판서 성임(成任), 물거윤(勿巨尹) 이철(李徹), 경기관찰사 김필(金琿)과 승지(承旨) 등을 부르시어 사정전(思政殿) 월랑(月廊)에다 잔치를 내려 주시고 마음껏 마시도록 명 하시었다.

【태백산사고본】 15책 41권 2장 B면

【영인본】 8책 56면

【분류】 *왕실-의식(儀式)

[註 7741] 풍정(豊呈) : 나라에 경사가 있을 때 이를 경하(慶賀)하기 위하여 물건이나 음식물을 임금에게 바치던 일.

세조 41권, 13년(1467 정해 / 명 성화(成化) 3년) 1월 10일(정축) 2번째기사

승전(承傳)을 삼가서 하지 않은 의빈 정현조·물거윤 이철 등을 파직하시다

승전(承傳)[7744]을 삼가서 하지 않는다고 하여 의빈(儀賓) 정현조(鄭顯祖)와 물거윤(勿巨尹) 이철(李徹), 환관(宦官) 엄경지(嚴敬之) 등을 파직(罷職)하시었다.

【태백산사고본】 15책 41권 3장 A면
【영인본】 8책 56면
【분류】 *인사-임면(任免)

[註 7744] 승전(承傳) : 임금의 뜻을 전하는 일.

세조 41권, 13년(1467 정해 / 명 성화(成化) 3년) 2월 1일(정유) 2번째기사

하성위 정현조와 물거윤 이철을 복직시키시다

하성위(河城尉) 정현조(鄭顯祖)와 물거윤(勿巨尹) 이철(李徹)을 복직(復職)시키시었다.

【태백산사고본】 15책 41권 8장 A면
【영인본】 8책 59면
【분류】 *인사-임면(任免)

세조 41권, 13년(1467 정해 / 명 성화(成化) 3년) 2월 11일(정미) 1번째기사

물거윤 이철의 졸기

물거윤(勿巨尹) 이철(李徹)이 졸(卒)하시었다.

철(徹)은 보성군(寶城君) 이갑(李岱)의 다섯째 아드님이시다. 처음에 은산령(銀山令)에 제수하였다가 거제정(巨濟正)으로 고쳤고, 뒤에 다시 물거윤(勿巨尹)으로 고쳤다.

철(徹)은 술에 취하면 눈동자가 맑지 아니하였는데, 방언(方言)에 눈이 맑지 아니한 것을 '물거(勿巨)'라고 하기 때문에, 임금이 희롱하여 이것으로 이름을 붙여서 '물거윤(勿巨尹)'이라 부르게 된 것이었다.

철(徹)은 진법(陣法)에 밝고, 장기와 바둑[博奕]을 잘 두었으며, 젊어서 기병(奇兵)과 정병(正兵)을 도모(圖謀)하는 것에 능하여 눈에 들더니,

마침내 임금의 사랑을 받게 되었고, 항상 금중(禁中)에서 거처하였다. 철(徹)이 졸(卒)하자 임금께서 매우 슬퍼하시고 즉시 염빈(殮殯)을 하지 말게 하시었으니, 이것은 대개 다시 소생(蘇生)하기를 바람에서였다.

【태백산사고본】 15책 41권 10장 B면
【영인본】 8책 60면
【분류】 *인물(人物)

부록

1. 세(世)와 대(代)

현조	고조	증조	조	부	자기	자	손	증손	현손	내손	곤손	잉손	운손
5대조	4대조	3대조	2대	1대	0	1대	2대손	3대손	4대손	5대손	6대손	7대손	8대손
					1세	2세	3세	4세	5세	6세	7세	8세	9세
玄祖	高祖	曾祖	祖	父	自己	子	孫	曾孫	玄孫	來孫	昆孫	仍孫	雲孫

- 시조(始祖)를 1세(世)로 하여 차례대로 계수(計數)하는 것이 세(世)이며 자기를 뺀 나머지를 차례로 계수(計數)하는 것이 대(代)이다.
- 예컨대 부자(父子)의 사이는 세(世)로는 2세(世)이지만 대(代)로는 1대(代)이다. 시조로부터 21세손(世孫)이 되는 사람은 시조(始祖)가 20대(代)이며 시조(始祖)에게는 20대손(代孫)에 해당하는 것이다. 흔히 세(世)와 대(代)를 같은 뜻으로 착각 혼용하고 있으나 이것은 엄연히 구별되어 있다.

  즉 세(世)는 자기까지 합수(合數)하여 계산한 대수(代數)이며 대(代)는 자기를 빼고 바로 윗대(代) 아버지까지를 합수(合數)하여 계산한 대수(代數)를 말한다.

  예를 들면 다음과 같다.
- 고조(高祖)는 나의 4대조(代祖)이다.
- 나는 고조(高祖)의 4대손(代孫)이다.
- 이 경우 자기가 합수(合數)되어 있지 않기 때문에 대(代)를 써야 하며 세(世)로 표시할 경우는 자기가 합수(合數)되기 때문에 5세조(世祖) 또는 5세손(世孫)이라는 계산이 되나 선조(先祖)에는 세(世)를 쓰지 아니하고 5세조(世祖) 고조(高祖)는 4대조(四代祖)라 한다.

2. 친족 호칭법(親族 互稱法)

1. 호칭 및 촌수

외척, 처족은 해당호칭에 외자와 처자를 앞에 붙여 부른다.

2. 계촌 방법

가장 가까운 동일직조와의 대수를 합한 수자가 촌수이다.

6 6대조						
7	5 5대조					
8	6 방고조	4 고조				
9 3종증조	7 재종증조	5 종증조	3 증조			
10 4종조	8 삼종조	6 재종조	4 종조	2 할아버지		
11	9 삼종숙	7 재종숙	5 종숙	3 숙	1 아버지	
12	10 4종형제	8 3종형제	6 재종형제	4 종형제	2 형제	자기(나)
13	11 사종질	9 3종질	7 재종질	5 종질	3 조카	1 아들
14	12	10 사종손	8 삼종손	6 재종손	4 종손	2 손자
15	13	11	9	7	5	3 증손자
16	14	12	10	8	6	4 고손자
17	15	13	11	9	7	5대손
18	16	14	12	10	8	6대손

3. 전주이씨(全州 李氏)의 유래(由來)

시조는 신라 때 사공(司空)을 지낸 이한(李翰)이다. 태조 이성계(李成桂)는 시조로부터 22세, 즉 한의 21대손이다. 그러나 성계의 고조부인 목조(穆祖) 안사(安社) 이전의 사적(事蹟)은 전혀 기록에 전해지지 않는다. 안사는 원래 전주 사람이었는데, 그곳 지주사(知州事: 지방관직)와 사이가 나빠 강원도 삼척(三陟)으로 옮겨갔다가 얼마 뒤 지주가 다시 그곳으로 부임해 오자 가족을 데리고 간도(間島)지방으로 가서 원(元)나라의 다루가치(達魯花赤: 地方官)가 되었다. 그의 아들 익조(翼祖) 행리(行里: 태조의 증조부), 또 그 아들 도조(度祖) 춘(椿: 태조의 조부)도 때때로 두만강 지방의 천호(千戶)로서 원나라에서 벼슬했고, 춘의 아들 환조(桓祖) 자춘(子春)도 원나라의 총관부(摠管府)가 있던 쌍성(雙城: 永興)의 천호를 지냈다. 자춘은 공민왕의 북강(北疆) 회수운동에 내응하여 쌍성 함락에 결정적인 공을 세워 이 지방의 만호(萬戶) 겸 병마사(兵馬使)로 임명되었다.

태조 이성계는 영흥 태생으로, 22세 때 처음으로 고려에서 벼슬을 했으며, 아버지의 뒤를 이어 동북면의 병마사가 되어 원군(元軍)과 왜구 토벌에 공을 세워 수문하시중(守門下侍中)이 되었고, 이때부터 고려 말 중앙정권의 중추로 등장하였다. 전주이씨의 분파는 122파로서 거의 왕자대군(王子大君: 嫡)과 왕자군(王子君: 庶)을 파조로 하고 있으며, 시대 구분에 따라 크게 세 갈래로 나누어진다. 즉, 이태조의 고조부인 안사의 상계(上系)에서 갈라진 파, 안사 이후 이태조 이전에 갈라진 파, 이태조의 후손으로 왕자대군과 왕자군을 파조로 하는 파이다. 안사(18世) 이전의 분파로는 시조 한의 14대손인 단신(端信)을 파조로 하는 문하시중공파(門下侍中公派), 15대손 거(琚)를 파조로 하는 평장사공파(平章事公派), 17대손 영습(英襲)을 파조로 하는 주부동정공파(主簿同正公派), 안사의 종손 윤경(允卿)을 파조로 하는 대호군공파(大護軍公派), 한의 21대손 귀을(歸乙)을 파조로 하는 문하평리공파(門下評理公派) 등이 있다.

안사 이후 이태조 이전의 분파로는 안사의 아들인 안천(安川)·안원(安原)·안풍(安豊)·안창(安昌)·안흥(安興)의 5대군파(五大君派), 행리의 아들인 함녕(咸寧)·함창(咸昌)·함원(咸原)·함천(咸川)·함릉(咸陵)·함양(咸陽)·함성(咸城)의 7대군파(七大君派), 춘의 아들인 완창(完昌) · 완원(完原) · 완천(完川) · 완성(完城)의 4대군파(四大君派), 자춘의 아들이며 태조의 서형제(庶兄弟)인 완풍군파(完豊君派)와 의안대군파(義安大君派) 등 18개의 파가 있다. 태조의 후손 분파(고종 이전까지)는 일반적으로 99파(25大君 · 74君)로 알려져 있지만 미취졸(未娶卒), 즉 미혼으로 죽었거나 무후(无後), 즉 후사(後嗣)가 없는 대군 · 군이 20명 정도가 되므로 실제로는 그 수가 줄어든다. 2019년 현재 전주이씨대동종약원(全州李氏大同宗約院)에 등록된 파종회는 모두 86개이다.

조선의 왕권은 전주이씨인 왕족(王親 · 宗親)을 주축으로 하고 왕대비 · 왕비 · 왕세자비의 동성친(同姓親: 外戚)과 이성친(異姓親), 그리고 왕녀의 배우자와 그 근친 등 광범위한 혈연관계를 왕권의 일차적인 토대로 하여 발전 · 유지되어 왔다. 따라서 왕위를 둘러싸고 벌어진 골육 간의 다툼은 조선 500년을 통해 계속되었다. 역사적으로 전주이씨는 방대한 씨족기반 위에서 정치권력 또는 정치세력의 중추를 이루었다. 즉, 상신(相臣: 三議政) 26명, 문형(文衡: 大提學) 7명을 배출하여 타씨족을 압도했으며, 문과 급제자 876명을 내어 이씨의 문과 급제자 총 3,332명의 26%를 차지하였다. 전주이씨 104파 중에서 으뜸가는 명가는 밀성군파(密城君派: 침(琛), 세종의 5자)로서 6명의 정승과 3대 대제학을 배출했으며, 덕천군파(德泉君派: 후생(厚生), 정종의 10자)가 부자(父子) 대제학 등 3명의 대제학과 영의정 1명을 내어 밀성군파에 버금간다. 그 다음으로는 3명의 정승을 배출한 광평대군파(廣平大君派: 여(璵), 세종의 5남), 정승 2명을 배출한 선성군파(宣城君派: 무생(茂生), 정종의 4자), 영의정 1명과 많은 문 · 무관을 배출한 효령대군파(孝寧大君派: 보(補), 태종의 2남) 등이 뛰어나고, 무림군파(茂林君派: 선생(善生), 정종의 15자)와 덕흥대원군파(德興大院君派: 초(岹), 중종의 7자)는 무관(武官) 집안으로 유명하다.

[전주이씨 계 파]

견성군파(甄城君派)	경녕군파(敬寧君派)
경명군파(景明君派)	경창군파(慶昌君派)
경평군파(慶平君派)	계성군파(桂城君派)
계양군파(桂陽君派)	광평대군파(廣平大君派)
근녕군파(謹寧君派)	금성대군파(錦城大君派)
금원군파(錦原君派)	낙선군파(樂善君派)
능원대군파(綾原大君派)	담양군파(潭陽君派)
덕양군파(德陽君派)	덕원군파(德源君派)
덕천군파(德泉君派)	덕흥대원군파(德興大院君派)
도평군파(桃平君派)	무림군파(茂林君派)
무산군파(茂山君派)	밀성군파(密城君派)
봉성군파(鳳城君派)	봉안군파(鳳安君派)
석보군파(石保君派)	선성군파(宣城君派)
성녕대군파(誠寧大君派)	소현세자파(昭顯世子派)
수도군파(守道君派)	수춘군파(壽春君派)
순평군파(順平君派)	순화군파(順和君派)
숭선군파(崇善君派)	시중공파(侍中公派)
신성군파(信城君派)	안양군파(安陽君派)
안원대군파(安原大君派)	안창대군파(安昌大君派)
안천대군파(安川大君派)	안풍대군파(安豊大君派)
안흥대군파(安興大君派)	양녕대군파(讓寧大君派)
양원군파(楊原君派)	영산군파(寧山君派)
영성군파(寧城君派)	영양군파(永陽君派)
영응대군파(永膺大君派)	영창대군파(永昌大君派)
영풍군파(永豊君派)	영해군파(寧海君派)
온녕군파(溫寧君派)	완성대군파(完城大君派)
완원군파(完原君派)	완원대군파(完原大君派)
완천대군파(完川大君派)	완창대군파(完昌大君派)

용성대군파(龍城大君派)	완풍대군파(完豊大君派)
월산대군파(月山大君派)	운천군파(雲川君派)
은신군파(恩信君派)	은언군파(恩彦君派)
은전군파(恩全君派)	의안대군파(義安大君派)
의창군파(義昌君派)	의평군파(義平君派)
이성군파(利城君派)	익녕군파(益寧君派)
익안대군파(益安大君派)	익양군파(益陽君派)
익현군파(翼峴君派)	인성군파(仁城君派)
인평대군파(麟坪大君派)	인흥군파(仁興君派)
임성군파(任城君派)	임언군파(林堰君派)
임영대군파(臨瀛大君派)	임해군파(臨海君派)
장천군파(長川君派)	전성군파(全城君派)
정석군파(貞石君派)	종의군파(從義君派)
주부공파(主簿公派)	진남군파(鎭南君派)
진안대군파(鎭安大君派)	창원군파(昌原君派)
평장사공파(平章事公派)	한남군파(漢南君派)
함녕군파(諴寧君派)	함녕대군파(咸寧大君派)
함릉대군파(咸陵大君派)	함성대군파(咸城大君派)
함양대군파(咸陽大君派)	함원대군파(咸原大君派)
함창대군파(咸昌大君派)	함천대군파(咸川大君派)
해안군파(海安君派)	혜령군파(惠寧君派)
화의군파(和義君派)	회산군파(檜山君派)
회안대군파(懷安大君派)	효령대군파(孝寧大君派)
후령군파(厚寧君派)	희령군파(熙寧君派)

4. 성씨(姓氏)의 기원(起源)

성(姓)은 혈족관계를 표시하기 위하여 발생된 것으로 세계에서 성씨의 역사가 가장 오래된 민족은 중국민족(中國民族)으로 중국에서는 하 · 은 · 주(夏 · 殷 · 周) 시대부터 제후(諸侯)들이 성을 사용하기 시작하였다.

우리나라에서는 고구려와 백제의 성씨를 연구한 바, 오늘날 우리가 사용하고 있는 성의 기원(起源)은 아무래도 신라(新羅)의 박 · 석 · 김(朴 · 昔 · 金) 3성(姓)과 이 · 최 · 손 · 정 · 배 · 설(李 · 崔 · 孫 · 鄭 · 裵 · 薛)의 6촌(村)성(姓)에서 찾는 것이 합리적일 것으로 보인다.

신라(新羅)의 왕실(王室) 계보를 보면 역대 56왕(王) 가운데 박씨(朴氏)가 10명, 석씨(昔氏)가 8명, 김씨(金氏)가 38명으로 되어있다. 박씨(朴氏)는 박 속에서 나왔다 하여 성(姓)을 "박(朴)"이라 하고, 이름을 혁거세(赫居世)라 하여 B.C 57년에 왕으로 추대했다. 석씨(昔氏)는 B.C 19년 석탈해(昔脫解)로 57년 유리왕(儒理王)의 뒤를 이어 왕위에 올랐다. 김씨(金氏)는 65년 탈해왕 9년 금성(金城) 서쪽 계림(鷄林)의 나무 끝에 걸려 있던 금궤에서 태어났다. 삼성씨(三姓氏)는 이리하여 태어났다. 이에 대해 견해를 달리하는 학자도 있다.

육촌성(六村姓)은 32년 유리왕(儒理王) 구년(九年)에 6부로 고치면서 박혁거세(朴赫居世)를 첫 임금으로 추대했던 육촌(六村)에게 각각 성을 내렸으니 알천산촌장(閼川楊山村長) 알평(謁平)에게 이씨(李氏), 돌산고허촌장(突山高墟村長) 소벌도리(蘇伐都利)에게 최씨(崔氏), 무산대수촌장(茂山大樹村長) 구례마(俱禮馬)에게 손씨(孫氏), 자산진지촌장(觜山珍支村長) 지백호(智伯虎)에게 정씨(鄭氏), 금산가리촌장(金山加利村長) 지타(祗沱)에게 배씨(裵氏), 명활산고야촌(明活山高耶村長) 호진(虎珍)에게 설씨(薛氏)를 각각 사성했다.

이들 6성은 앞서 말한 박 · 석 · 김(朴 · 昔 · 金) 3성과 함께 우리가 쓰고 있는 성의 시초를 이루는 것이므로 성의 역사를 밝히는 데 매우 중요한 뜻을 갖는다.

그 예로서 진흥왕(眞興王 540-576)의 순수비(巡狩碑)로 서울의 북한산비 · 창녕비(昌寧碑), 함흥의 황초령비(黃草嶺碑), 이원(利原)의 마운령비(磨雲嶺碑) 등의 비문에 나타난 수행자 명단을 보면 이름만 기록되어 있고 성이 없으며 대신 그 사람의 출신부명이 밝혀져 있다. 위와 같은 사실은 진지왕(眞智王 556-579) 때 세워진 것으로 추정되는 대구의 무술오작비(戊戌塢作碑)나 진평왕(眞平王 579-632) 때 세워진 경주의 남산신성비(南山新城碑) 등에서도 찾아볼 수 있다. 왕실(王室)에서는 24대 진흥왕(540-576) 때부터 김씨를 사용한 것으로 보여진다. 가령 〈양서(梁書)〉 〈신라전〉에는 신라왕 모태가 처음 사신을 보내왔다고 나와 있는데 모태(募泰)란 23대 법흥왕(法興王)을 가리킨 것이다. 그런데 〈북제서(北齊書)〉에는 법흥왕 다음 임금인 진흥왕을 김진흥, 진평왕을 김진평이라고 기록되어 있다.

〈삼국사기〉에 의하면 신라 제3대 유리왕 9년 봄에 6부(6部)에 성을 내린 기록이 있고 이와같은 기록은 다소 차이는 있으나 이는 후대에 붙인 것으로 이미 학자들 간에 고증되어 밝혀졌다. 신라 말기부터 귀족(貴族)들 간에 쓰이다가 고려 초기에 정령(政令)으로 비로소 일반에게 사용되어 고려 중엽 이후 널리 보급된 것으로 추측된다.

그리하여 고려조·조선조에서는 사대사상에 젖어서 중국의 유명한 성을 본따 쓰는 일이 유행하였고 스스로 대국(大國)의 성현명족(聖賢名族)의 후예임을 자처할 뿐만 아니라 성보(姓譜)를 장식하여 문벌을 과시하는 폐단도 없지 않았다. 이조 영조 때의 이의현(李宜顯)은 우리나라의 성을 298성으로 보았고 〈증보문헌비고〉에는 496종을 수록하였다.

5. 족보(族譜)의 유래(由來)

족보는 일찍이 중국(中國)에서부터 시작되었다. 왕실계통(王室系統)의 제왕년표(帝王年表)를 기술한 것으로부터 비롯되며, 한(漢)나라 때 관직등용을 위한 현량과(賢良科) 제도를 새로 설치하고 후보인물의 내력과 그 선대(先代)의 업적 등을 기록하여 비치한 것이 사가(私家)에서 족보를 갖게 된 시초(始初)가 된다.

위(魏)나라 때는 더욱 발달되어 진(晋)나라를 거쳐 남북조(南北朝 420-589)시대에 비로소 학문으로서 보학(譜學)을 연구(硏究)하게 되었다. 우리나라에서는 고려(高麗) 때 왕실의 계통을 기록(記錄)한 것으로부터 시작되어 대체로 고려 중엽 이후로 김관의(金寬毅)의 왕대실록(王代實錄), 임경숙(任景肅)의 선원록(璿源錄)이 그 효시라 할 것이다. 여기에서는 왕실의 친척인 종자(宗子)와 종여(宗女)까지 기입되어 족보의 형태를 처음으로 갖추었다.

우리나라에서 최초로 발간(發刊)된 족보는 1423년 세종5년의 문화류씨영락보(文化柳氏永樂譜)인데 서문(序文)만 전할 뿐 현존하지 않는다. 그 후 1476년 성종(成宗) 7년에 발간(發刊)된 안동권씨성화보(安東權氏成化譜)는 현재 서울대학교(大學校) 도서관인 규장각(奎章閣)에 희귀고본(稀貴古本)으로 소장(所藏)되어 있으며 1562년 명종(明宗) 17년에 발행된 문화류씨가정보는 내외 자손이 상세하게 기록되어 있다.

1) 보첩(譜牒)의 종류(種類)

(1) 족보(族譜)

한 종족(種族)의 계보(系譜)다. 같은 씨족의 세계(世系)를 도표식으로 나타낸 책. 시조(始祖) 이하 세계의 계통(系統)을 수록(收錄)하여 동족(同族)의 발원(發源)에 대한 사적(史蹟)과 선조(先祖)로부터 본인(本人)에 이르기까지 각 · 휘 · 호(各 · 諱 · 號) 등 사략(事略)을 상세히 수록(收錄)하여 종족(宗族)의 근원(根源)을 밝히고 선조(先祖)의 행적(行蹟)과 동족 간의 소목(昭穆)을 알려 화애돈목(和愛敦睦)함을 목적(目的)으로 편수(編修)한 것이다.

(2) 대동보(大同譜)

같은 시조(始祖) 밑의 중시조(中始祖)마다 각각 달리 분관(分貫)하여 씨족 간에 종합 편찬된 족보이다. 한 성씨(姓氏)의 시조 이하 동계혈족(同系血族)의 동족 간에 분파(分派)된 파계(派系)를 한 데 모아 대동(大同)하여 집대성(集大成)한 각파(各派)의 파조(派祖)는 시조로부터 몇 세손이며 어느 대(代)에서 분파(分派)되어 파조(派祖)가 되었는가를 볼 수 있도록 계통(系統)을 수록(收錄)하였다. 누구나 전체가 수록되어야 대동보(大同譜)의 면모(面貌)를 갖추게 되는 것이며 단 한 파만이라도 빼놓을 수 없는 것이 상식(常識)이다.

(3) 파보(派譜)

시조(始祖)로부터 어느 한 파속(派屬)만의 각 · 휘자(各 · 諱字)와 사적(史蹟)을 수록(收錄)한 것이며 대동보(大同譜)와 다른점은 각파(各派)의 문중(門中)에 대한 후손의 손록(孫錄)을 상세히 수록(收錄)할 수 없다.

동일파계(同一派系)의 동족(同族)은 빠짐없이 수록(收錄)하여 보사(譜事)에 참여함으로써 파손(派孫)으로서는 소중할 것이다.

(4) 세보(世譜)

한 종파(宗派) 이상이 동보(同譜) · 합보(合譜)로 편찬되었거나 어느 한 파속(派屬)만을 수록(收錄)한 보책(譜冊)이다. 대부분 동일계파의 계통만을 수록(收錄)하는 경우라도 상계(上系)에서 각분파조(各分派祖)를 밝혀 어느 몇 대조 세대(世代)에 갑(甲)과 을(乙)과 파(派)가 갈리어 갔다는 것과 분파조(分派祖)의 사략(史略) 등을 명기(明記)하여 수록편수함을 세보(世譜)라 칭(稱)하며 세지(世誌)라고도 한다.

(5) 가승보(家乘諸)

가승(家乘)이란 시조 이하 중조(中祖)와 파조(派祖)를 거쳐 본인(本人)에 이르기까지 직계존속(直系尊屬)만을 수록(收錄)한 가첩(家牒)을 말한다.

본인(本人)의 고조부(高祖父) 이하는 전부 수록(收錄)하여 재종(再從) · 삼종(三從) · 형제자매(兄弟姉妹)까지 알아볼 수 있도록 하였다. 고조부(高祖父) 이상은 직계선조(直系先祖)만을 수록하고 종가(宗家)에서 족보(族譜)를 소장하며 지손(支孫)은 가승, 즉 가보(家譜)만을 모시는 옛 풍습에서 나온 것이다. 대동보(大同譜)나 파보(派譜) 등은 족손(族孫)이 전부

수록되어 있으므로 시조(始祖)나 파조(派祖) 이하 본인(本人)에 이르기까지 찾아보기란 쉽지 않으므로 간략(簡略)하게 자기에게 해당되는 직계(直系)만을 계통적(系統的)으로 수록(收錄)하여 계보(系譜)를 자녀(子女)의 교육용(敎育用)으로 또는 생일(生日)과 기일(忌日)이 수록됨으로 가족(家族)에 대한 참고용으로 수록한 것이다.

(6) 계보(系譜)

가문(家門)의 혈통관계(血統關係)를 표시하기 위하여 이름자만을 계통적(系統的)으로 나타내는 도표(圖表)로서, 소목(昭穆)을 밝히기 위하여 각(各) · 휘(諱) · 자(字)만을 수록(收錄)한 계열도(系列圖)를 말한다. 시조 이하 분파(分派)된 각파조(各派祖) 본인(本人)까지 수록(收錄)한 것 등을 계열도(系列圖)라 한다.

(7) 만성보(萬姓譜)

만성대동보(萬姓大同譜)라고도 하며 각 성씨(各姓氏)의 관향별(貫鄕別) · 시조이하(始祖以下) · 역대(歷代) · 중조(中祖) · 파조(派祖) 등을 요약(要約)하여 수록(收錄)한 것이다.

2) 보첩(譜牒)의 일반상식(一般常識)

(1) 시조(始祖)·비조(鼻祖)·중조(中祖)

시조(始祖)란 제일 처음의 선조(先祖)로서 첫 번째 조상이며 비조(鼻祖)란 시조 이전의 선계조상(先系祖上) 중 맨 윗사람을 일컫는다. 중시조(中始祖)란 시조 이하 계대(系代)에 가문(家門)을 중흥(中興)시킨 선조(先祖)를 종중(宗中)의 공론(公論)에 의하여 추존(追尊)하여 부르는 선조(先祖)다.

(2) 선계(先系)와 세계(世系)

선계(先系)란 시조이전(始祖以前) 또는 중시조 이전의 선대조상(先代祖上)을 일컫는 말이며 세계(世系)란 시조나 파조(派祖)로부터 대대로 이어 내려가는 계통(系統)의 차례를 말한다.

(3) 방조(傍祖)와 족조(族祖)

방조(傍祖)란 6대조(代祖) 이상의 형제(兄弟)를 일컫는 말이다.

족조(族祖) 방계(傍系)인 무복지조(無服之祖: 복을 입지 않는 먼 대의 조)를 말한다.

(4) 항렬(行列)과 항렬자(行列字)

항렬(行列)은 혈족(血族)의 방계에 대한 세수를 나타내는 것으로서 세계상 같은 세대(世代)에 속하면 사촌(四寸)이든 육촌(六寸)이든 팔촌(八寸)이든 같은 항렬자를 적용함으로써 형제(兄弟)관계를 표시하고 있다. 초면(初面)일지라도 동성동본(同姓同本)이면 서로 항렬을 비교하여 할아버지뻘인지, 숙(叔)과 질(姪)인지 형제(兄弟)뻘이 되는지 금방 알 수 있게 된다. 항렬은 아무나 마음대로 정하는 것이 아니고 문중(門中)에서 족보를 편찬할 때 일정한 대수끼리의 항렬자와 그 용법을 미리 정해 놓아 후손들이 이에 따르도록 하는 것이 관례(慣例)로 되어 있다. 이를테면 할아버지 대에 이름의 윗자에 쓰면 아버지 대는 아랫자로 순환 사용한다. 파의 후손이 많으면 파별로 따로 정하기도 한다.

항렬자(行列字)를 정하는 법칙으로서 가장 많이 쓰이는 것은 5단위{오행(五行), 즉 금(金)·수(水)·목(木)·화(火)·토(土)} 기준 반복법, 10단위{갑(甲)·을(乙)·병(丙)·정(丁)·무(戊)·기(己)·경(庚)·신(辛)·임(壬)·계(癸)} 기준 반복법, 12단위{자(子)·축(丑)·인(寅)·묘(卯)·진(辰)·사(巳)·오(午)·미(未)·신(申)·유(酉)·술(戌)·해(亥)} 기준 반복법의 글자를 반복 사용하는 경우 등을 들 수 있다. 이 외에 성씨에 따라서는 드문 예이지만 3단위 화(火)·토(土)·수(水) 기준 반복법을 쓰는 한산이씨(韓山李氏) 문중(門中)도 있다.

항렬(行列)은 장손(長孫) 계통일수록 낮고 지손 계통일수록 높다. 이는 장손은 먼저 출생하여 먼저 자손을 보기 때문에 항렬은 낮아지며 지손은 늦게 태어나기 때문에 역시 늦게 자손을 보게 됨으로 어쩔 수 없는 철칙(鐵則)이다.

(5) 본관(本貫)과 관적(貫籍)

본관(本貫)이란 시조(始祖) 또는 중시조(中始祖)의 출신지와 씨족(氏族)의 세거지(世居地)를 근거로 정하는 것으로서, 시조나 씨족의 고향을 일컫는 말이다.

명(明)나라 말기에 장자열(張自烈)이 지은 「정자통(正字通)」에는 이를 향적(鄕籍)이라고 하였으며, 관향(貫鄕)이라고도 하여 동성(同姓)이라 할지라도 동족(同族) 여부를 가리는 데 매우 중요한 것이 본관이다.

관적(貫籍)은 본적지(本籍地)라는 말이기 때문에 이는 본관의 적지(籍地)란 뜻으로서, 본관 대신에 관적이라고도 한다.

(6) 분적(分籍)과 분관(分貫)

국가에 대한 공훈(功勳)으로 봉군(封君)되었거나 혹은 후손 중에서 어느 1파가 다른 지방(地方)에 분거(分居)해서 오래 살게 되면 그 지방을 근거로 관적(貫籍)을 새로이 창설하게 되어 자동적으로 분적(分籍)이 이루어지는데, 이를 분적 또는 분관(分貫)이라 하며, 이로 말미암아 새로이 분관되는 사조를 시관조(始貫祖) 혹은 득관조(得貫祖)라 일컫는다.

(7) 사관(賜貫)·사성(賜姓)·사명(賜名)

옛날에는 나라에 공을 세워 공신(功臣)에 녹훈된 사람이나 다른 나라에서 귀화(歸化)해 온 사람에게 포상의 표시로서, 국왕(國王)이 본관(本貫)이나 성씨(姓氏), 또는 이름을 하사(下賜)하는 일이 있었는데, 이를 사관(賜貫) · 사성(賜姓) 또는 사명(賜名)이라고 하였다.

이는 삼국시대(三國時代) 초기부터 있었으며, 특히 고려조(高麗朝)에 들어와서 가장 성행하였다.

(8) 명(名)과 휘(諱)

현재 우리나라에서는 이름이 호적명(戶籍名)으로 통용(通用)되고 있으나 예전의 인명록(人名錄)을 살펴보면 본명(本名) 외에 어려서 부르던 아명(兒名) 또는 초명이 있는가 하면 자(字)라 하여 일반적으로 쓰는 이름과 또는 호(號)라 하여 별도로 쓰는 경우가 있다. 아명은 초명이라고도 하며 이는 특별한 뜻이 없이 먼저 출생한 장남(長男)이면 대자(大者), 두번째는 두재(斗才) 등으로 부르다가 5 · 6세로 성장하면 본명(本名) 즉 항렬자에 준하여 항명(行名)을 짓는다. 그리고 20세가 되면 관례(冠禮: 머리를 틀어 올려 상투를 매고 갓을 썼음)라 하여 의식(儀式)을 갖추는데 이때에 주례자(主禮者)가 미리 자(字: 이름)를 정하여 두었다가 정중히 백지(白紙)에 써서 본인에게 내려준다. 이때 주례자는 서당의 훈장(訓長: 선생)이나 가문(家門)의 덕망(德望)있는 어른으로 정한다.

호(號)란 일반화되어 있지 않으며 서생(書生)으로서 덕망있는 사부(師父: 선생)를 정하여 어떠한 학문(學問)을 연구(研究)하여 어느 한계를 깨우치고 본인이 이를 터득하였을 때 그를 인증(認證)한다는 뜻으로 그의 성격(性格) 등을 고려(考慮)하여 그의 스승인 사부(師父)가 호(號)를 내려 주는데 사부에게서 호를 받음을 대단한 영광으로 알았으며 이를 동배(同輩)들은 부러워했다. 또는 동문(同門)의 벗(친구)끼리 서로 호(號)를 지어 불러주기도 하며 타문(他門: 다른 학당)일지라도 심기(心氣)가 맞는 시우(詩友)나 문우(文友)끼리 호를 지어 주어 서로 존경하는 옛 풍습이 있었다.

이 외에 자호(自號: 본인이 지은 호)도 많이 볼 수 있다.

일반적으로 다른 사람을 높여서 존대할 경우에 아무씨(氏) · 아무선생(先生) · 무슨옹(翁) 등의 존칭어를 쓰는데 이는 경우에 따라 쓰이는 곳이 다음과 같이 각각 다르다.

씨(氏): 성명(姓名) 또는 이름자나 성자 밑에만 붙인다.

선생(先生): 성명 또는 아호(雅號) 밑에 붙인다.

공(公): 남자(男子)의 성(姓) · 아호(雅號) · 시호(諡號) 또는 관작(官爵) 밑에 붙인다.

옹(翁): 남자 노인(老人)의 성 또는 성명 밑에 붙인다.

장(丈): 남자의 직함(職銜)이나 아호 밑에 붙여져 어른이라는 뜻을 나타낸다.

(9) 종손(宗孫)과 장손(長孫)

종손(宗孫)이란 종가(宗家)의 맏손자(孫子)를 일컫는 말이며, 장손(長孫)이란 종가가 아닌 차자(次子) 계통 집의 맏손자를 말하고 대종손(大宗孫)은 대종가(大宗家)의 맏손자를 일컫는 말이다.

(10) 경파(京派)와 향파(鄕派)

종파(宗派)의 파속 외에 혈연적(血緣的)인 신분을 밝히는 말로 경파 또는 향파라는 용어를 쓰는 경우가 있는데, 이는 문중(門中)에 따라 종파를 초월하여 크게 두 계통으로 구분하는 경우이다. 경파(京派)라 함은 서울 지역에 살면서 대대로 벼슬을 지낸 집안을 포괄적(包括的)으로 일컫는 말이며, 향파(鄕派)란 시골에서 세거(世居)해 온 일족을 가리키는 말이다.

(11) 종파(宗派)와 파속(派屬)

종파(宗派)란 지파(支派)에 대한 종가(宗家)의 계통을 말하며, 종파(宗派)로부터 자기가 갈리어 나온 계통을 파속(派屬)이라고 한다.

대체로 가문(家門)을 중흥시킨 중시조(中始祖)를 중심으로 파(派)를 설정하며, 직함(職銜) · 시호(諡號) · 아호(雅號) · 세거지명(世居地名) · 봉군지명(封君地名) 등의 뒤에다 공(公)자를 붙혀서 아래와 같이 파속을 결정하는 것이 통례이다.

〈예〉

직함(職銜)인 경우: 좌의정공파 · 판서공파 · 정랑공파

시호(諡號)인 경우: 문정공파 · 충정공파 · 충무공파

아호(雅號)인 경우: 청계공파 · 휴은공파

세거지명(世居地名)인 경우: 개성파 · 경주파

봉군지명(封君地名)인 경우: 계림군파 · 김녕군파 · 김해군파

(12) 서출(庶出)과 승적(承嫡)

서출(庶出)이란 첩(妾)의 소생을 말하며 서자(庶子) 또는 그 자손들을 가리켜 서얼(庶孼)이라고 하여 조선시대(朝鮮時代) 측출(側出)이라고도 한다. 또한 자손에게는 일정한 사회적 제한이 있어서 과거(科擧)에도 문과(文科)의 응시가 금지되었고 무과(武科)나 잡과(雜科: 역과 · 의과 · 율과)에 한하여 응시할 수 있었다.

승적(承嫡)이란 서자(庶子)가 적자(嫡子)로 되는 것을 말한다.

(13) 배위(配位)

배위(配位)란 배우자(配偶者)를 말하는 것으로 배필(配匹)이라고도 하며, 보첩(譜牒)에는 배(配)자만 기록하고, 본관(本貫) 및 성씨(姓氏)와 4조(四祖: 부 · 조 · 증조 · 외조)를 표시한다.

6. 관직(官職)과 품계(品階)

1) 조선시대 용어해설(朝鮮時代 用語解說)

관직(官職)이란 정부직제(政府職制)에 의한 직책(職責)을 말하는 것이며, 품계(品階)란 관리(官吏)의 등급(等級)으로 위계(位階) 또는 관계(官階)라고도 한다. 이는 중국 주(周)나라 때부터 시행(施行)되었으며 우리나라는 삼국시대(三國時代)부터 사용(使用)되어 조선조(朝鮮朝) 말(末)까지 이어져 내려왔다.

품계는 시대에 따라 다르며 문관(文官)과 무관(武官)에게 주는 명칭(名稱)도 각기 달랐고 중앙뿐만 아니라 지방의 향직(鄕職)에도 9품까지의 상하(上下) 구분이 있었다.

신라(新羅)조는 골품제도(骨品制度)를 바탕으로 한 귀족(貴族) 중심의 전통 위에 형성되어 1등급인 이벌(伊伐) 찬에서 17등급인 조위(造位)까지로 구분하였고, 고려(高麗)조는 골품제(骨品制)를 폐지(廢止)하고 당(唐)나라 제도를 본(本)받아 중앙집권적(中央集權的) 삼성육부(三省六部) 체제(體制)를 확립(確立)하였다.

이는 종1품(從一品)에서 종9품(從九品)까지인데 3품(三品)까지는 정(正) · 종(從) 2등급으로, 4품(四品)부터는 다시 상(上) · 하(下)로 구분하여 총 29계(階)였으며, 이외에 왕의 최고(最高) 고문격(顧問格)인 삼사(三司) · 삼공(三公) 직(職)이 있었는데 이들은 정1품(正一品)이었다.

조선조(朝鮮朝) 초기(初期)에는 고려(高麗)의 제도를 답습(踏襲)하다가 점차 왕(王)의 권한이 커지면서 강력한 중앙집권적 정치체제를 갖추고 정1품에서 정9품까지 18품계의 관계(官階)로 하였다.

(1) 관직(官職)의 명칭(名稱)

관직(官職)의 정식명칭은 계(階: 품계의 명칭) · 사(司: 소속된 관청) · 직(職: 맡은 직분)의 순으로 쓰는데 예로 대광보국숭록대부 · 의정부 · 영의정(大匡輔國崇祿大父議政府領議政)이라 할 때 대광보국숭록대부는 계(階)를 말하는 품계의 명칭이고 의정부는 사(司)를 말하는 소속된 관청을 뜻하고, 영의정은 직(職)을 말하며 직분이 된다.

특히 정3품 이상(문관은 통정대부 · 무관은 절충장군)을 당상관(堂上官), 정3품 이하(문관은 통훈대부 · 무관은 어모장군)을 당하관이라 하는데 당하관 중에서도 종6품(從六品) 이상을 참상관(參上官), 정7품(正七品) 이하를 참하관(參下官)이라 한다.

(2) 관직(官職)의 행수법(行守法)

품계(品階)와 달리 높고 낮은 관직에 임명하는 경우에 사용하던 칭호(稱號)로서, 이는 중국(中國)의 당(唐)나라 이후에 사용하기 시작하였고, 우리나라에서는 고려(高麗)와 조선시대(朝鮮時代)에 사용하였다. 조선조에서는 1442년(세종 24)에 처음으로 시작하여 뒤에 「경국대전(經國大典)」에 의하여 법제화되었다. 이에 따르면 모든 관직에는 그에 따르는 품계가 일정하게 정해져 있으나 경우에 따라서 어떤 관직에는 그 관직 자체의 품계보다 더 높은 품계의 관원, 또는 반대로 더 낮은 품계의 관원을 임명할 수 있다. 그중 품계가 높은 사람을 낮은 관직에 임용하는 계고직비(階高職卑)의 경우를 〈행(行)〉이라 하고, 반대로 품계가 낮은 사람을 높은 관직에 임용하는 계비직고(階卑職高)의 경우를 〈수(守)〉라 한다.

예를 들면 종1품의 숭록대부(崇祿大夫)가 정2품인 이조판서(吏曹判書)에 임용되면 숭록대부 행 이조판서(崇祿大夫行吏曹判書)라 하고, 반대로 종2품인 가선대부(嘉善大夫)가 정2품인 대제학(大提學)에 임용되면 가선대부 수 홍문관 대제학(嘉善大夫守弘文館大提學)이라 하였다.

그러나 7품 이하의 관원이 2계(階) 이상의 높은 관직에 임용될 수 없고, 6품 이상의 관원이 3계 이상의 높은 관직에 임용될 수 없는 것으로 규정되어 있다.

(3) 문산계(文散階) · 무산계(武散階) · 잡직(雜職) · 토관직(土官職)

문산계(文散階)란 문관의 위계제도(位階制度)로서 문신(文臣)에게 주는 품계이며, 무산계(武散階)란 무관의 위계제도로서 무신(武臣)에게 주는 품계이다. 조회(朝會)가 있을 때 문관은 동쪽에 품계에 따라 열을 맞춰 선다. 그리고 무관은 서쪽에 서게 됨으로 문관은 동반(東班), 무관은 서반(西班)이라고 한다.

잡직(雜職)이란 사무(事務)를 담당하지 않고 잡직에만 종사하던 관직으로 6품까지만 오를 수 있있으며 정직(正職: 일반관직)에 임명될 때는 1품계를 낮추었다.

또한 토관직(土官職)이란 함경도(咸鏡道) · 평안도(平安道) 지방의 토착민(土着民)들에게 주었던 특수한 관직으로 이들은 이민족(異民族)과 지리적(地理的)으로 가까운 거리에 있고 성격(性格)도 대륙적(大陸的) 기질(氣質)을 띠고 있어 반역할 우려가 있었으므로 중앙관직

(中央官職)은 주지 않고 이러한 토관직을 주어 민심을 회유(懷柔)할 목적으로 실시되었다. 이것은 5품까지로 한정되었고 중앙관직으로 임명될 때에는 1품계를 강등(降等)하였다.

(4) 증직(贈職)과 영직(影職)

증직(贈職)이란 종친(宗親)이나 종2품 이상 관원의 부모(父母)·조부모(祖父母)·증조부모(曾祖父母) 또는 효자(孝子)·충신(忠臣)·학덕(學德)이 현저(顯著)한 사람에게 공(功)이나 덕(德)을 기리어 나라에서 사후(死後)에 관직과 품계를 추증(追贈)하는 벼슬로 관직 앞에 증(贈)자를 붙인다.

영직(影職)이란 실제로 근무하지 않고 이름만 가지고 있는 벼슬로, 이를 차함(借銜)이라고도 한다.

(5) 천거(薦擧)·음직(蔭職)·음관(蔭官)

천거(薦擧)란 학식(學識)과 성행(性行)이 뛰어나고 덕망(德望)이 높은 사림(士林) 중에서 현직고관(現職高官)이나 지방 관찰사(地方 觀察使) 등의 추천(推薦)으로 발탁(拔擢)되어 벼슬길에 나가는 것을 말한다.

음직(蔭職)이란 공신(功臣) 또는 현직(現職) 당상관(堂上官: 정3품 이상)의 자손들이 과거(科擧)에 응(應)하지 않고 간단한 시험(試驗)으로써 관리로 임용(任用)되는 것으로 음사(蔭仕) 또는 남행(南行)이라고도 하며, 특히 음직 출신의 재신(宰臣: 재상)을 음재(蔭宰)라 한다.

음관(蔭官)이란 소과(小科: 사마시)에 합격(合格)한 생원(生員)·진사(進士)가 처음으로 벼슬길에 나가는 것을 말하며, 초사(初仕) 또는 서사(筮仕)라고도 한다.

(6) 노인직(老人職)과 수직(壽職)

조선시대(朝鮮時代)에 노인(老人)에게 특별히 주던 품계(品階)로서, 「경전(吏典)」에 의하면 일반적으로 나이 80세가 되면 양민(良民)이나 천인(賤人)을 가리지 않고 1품계를 제수하며, 원래에 품계가 있는 사람에게는 1품씩을 더 올리고 당상관(堂上官)이면 어명(御命)에 따라 가자(加資)하였다.

종친(宗親)의 경우에는 부수(副守: 종친부의 종4품) 이상으로 80세가 된 사람과 봉군(封君)된 사람 중 70세 이상인 자, 시종신(侍從臣)의 부친, 곤수(閫帥: 병마절도사와 수군절도사)의 부친 중 70세가 된 사람에게도 매년 정초(正初)에 가자(加資)하였다.

또한 동서반(東西班)의 관리로서 4품 이상의 실직(實職)으로 있던 사람 중에 80세 이상이 되면 가자하였고, 사족(士族)의 부녀자 중에 90세가 된 사람에게는 해당 조(曹)에서 추천하여 노인직(老人職)을 주었으며, 일반 서민은 100세가 된 사람에게 은전(恩典)으로 가자하는 등 노인을 예우하였는데, 이를 수직(壽職)이라 일컫는다.

(7) 전조(銓曹)

조선시대(朝鮮時代)에 이조(吏曹)와 병조(兵曹)를 합칭(合稱)하던 말로서, 동반(東班: 문관)의 인사전형을 맡아 보던 이조(吏曹)를 동전(東銓), 서반(西班: 무관)의 전형을 맡아보던 병조(兵曹)를 서전(西銓)이라 하였는데, 관리의 인사문제와 관련하여 이들 양조(兩曹)를 전조라 하고 관원을 전관(銓官)으로 불렀으며, 참판(參判)은 아전(亞銓), 정랑(正郎) · 좌랑(左郎)을 전랑(銓郎)이라고 하였다.

(8) 전랑(銓郎)

조선시대(朝鮮時代)에 이조(吏曹)와 병조(兵曹)의 정5품 정랑(正郎) 및 정6품 좌랑(佐郎)을 합칭(合稱)하던 말로서, 다른 조(曹) 낭관(郎官)을 조랑(曹郎)이라 한데 대해 양조(兩曹: 이조와 병조)의 낭관은 전랑이라 하여 문 · 무관을 천거 · 전형하는 데 판서(判書)도 간영하지 못하는 특유의 권한이 부여되어 낮은 품계(品階)에 비해 아주 중요한 관직으로 꼽혔다.

이들의 권한은 판서는 물론 의정부(議政府)의 삼정승(三政丞)도 간여하지 못하였으며, 가장 중직(重職)으로 꼽혔던 삼사(三司: 홍문관 · 사헌부 · 사간원)의 관원 임명은 이조 전랑의 동의가 반드시 따라야 하는 등 거의 모든 인사권을 이들이 좌우하였다.

전랑은 양조에 6명씩 모두 12명이 있었는데, 결원이 생겼을 때 3사 등에서 명망이 높은 관원을 특별히 가려 임명하였지만 전랑천대법(銓郎薦代法) 또는 전랑법(銓郎法) 이라 하여 현임 전랑이 후임 전랑을 추천토록 하여 전랑의 임면(任免)을 판서들도 간여치 못하게 하였다.

전랑법은 1575년(선조 8)의 동서분당(東西分黨)으로 일시 폐지하였으나 곧 부활되었다. 전랑직은 육과(六過)가 없는 한 재상(宰相)으로 이르는 최상의 관로(官路)였다.

(9) 은일(隱逸)

숨어 사는 학자(學者)나 학문(學問)과 덕행(德行)이 뛰어난 선비에게 임금이 특별하게 벼슬을 내리는 것을 말하며, 과거(科擧)에 급제하지 않았어도 높은 벼슬을 제수했다.

(10) 산림처사(山林處士)

관직(官職)이나 세속(世俗)을 떠나 산속에 파묻혀 글이나 읽고 지내는 학덕(學德)이 숭고(崇高)한 선비를 일컫는 말이다.

(11) 유학(幼學)

유생(儒生)으로서 아직 벼슬하지 아니한 선비를 일컫는 말이다.

(12) 봉조하(奉朝賀)와 봉조청(奉朝請)

봉조하(奉朝賀)란 종2품 이상의 관원(官員)이 치사(致仕: 나이가 많아서 벼슬을 내어 놓고 사직하는 것을 말함)했을 때 특별히 내린 벼슬을 말하며, 봉조청(奉朝請)이란 정3품의 관원이 치사했을 때 내린 벼슬의 칭호이다.

이들에게는 종신토록 신분에 맞는 녹봉(祿俸)을 받게 했으며 실무는 보지 않고 다만 나라에 의식(儀式)이 있을 때에만 조복(朝服)을 입고 참여케 하였다.

(13) 원임(原任)과 시임(時任)

원임(原任)이란 본래의 관직, 즉 전관(前官)을 말하며 시임(時任)이란 현재의 관직, 즉 현임(現任)을 말한다.

(14) 기로소(耆老所)와 궤장(几杖)

조선시대에 나이가 많은 문신(文臣)을 예우(禮遇)하기 위해 설치한 기구로, 왕 및 조정 원로의 친목 · 연회 등을 주관하였다.

태조는 1394년(태조 3) 60세를 넘자 기사(耆社)를 설치하여 처음에는 문 · 무신을 가리지 않고 70세 내외의 2품관 이상의 관료를 선발하여 여기에 이름을 올려 전토(田土) · 염전(鹽田) · 어전(漁箭) · 노비 등을 사여(賜與)함과 아울러 군신(君臣)이 함께 어울려 연회를 베풀며 즐겼다. 태종 즉위 초에 이를 제도화하여 전함재추소(前銜宰樞所)라 하다가 1428년(세종

10) 치사기로소(致仕耆老所)로 고쳐 기로소라 약칭하였다. 중기 이후 기로소에 들어갈 수 있는 자격에 제한을 두어 정경(正卿: 정2품)으로서 70세 이상된 문신으로 국한하였다. 숙종 때에는 이들을 기로당상(耆老堂上)이라 하였으며, 군신(君臣)이 함께 참여하는 기구라 하여 관아의 서열로서는 으뜸을 차지하였다.

기로소가 맡은 일은 임금의 탄일, 정조(正朝) · 동지, 그리고 나라에 경사가 있거나 왕이 행차할 때 서로 모여서 하례(賀禮)를 행하거나 중요한 국사(國事)의 논의에 참여하여 왕의 자문에 응하기도 하였다. 1719년(숙종 45) 왕이 6순이 되었을 때 기로소에 들어가면서 기로소 경내에 따로 영수각(靈壽閣)을 짓고 어첩(御牒)을 봉안하였다. 역대 여기에 들어온 왕은 태조 · 숙종 · 영조 등이다.

궤장(几杖)이란 70세 이상 된 1품 대신들이 국가의 요직(要職)을 맡고 있어 치사(致仕: 나이가 많아 벼슬에서 물러남) 할 수 없는 사람에게 왕이 하사(下賜)한 의자와 지팡이를 말하며, 왕이 직접 궤장을 내리고 국가행사(國家行事)로서 궤장연(几杖宴)이란 잔치를 매우 호화롭게 베풀어 주었다.

(15) 가자(加資)와 승자(陞資)

가자(加資)란 당상관(堂上官) 정3품 이상의 품계를 말하는 것인데 승진(昇進)의 경우도 가자라고 하며, 승자(陞資)란 정3품 이상의 품계에 승진하는 것을 일컫는 말인데 승자를 가자라고도 한다. 그런데 승진의 경우 가자하여야 할 사람이 더 가자할 수 없는 경우에는 그의 아들 · 아우 · 조카 중에서 대신 가자하는데 이를 대가(代加)라고 한다.

(16) 대배(大拜)와 제배(除拜)

대배(大拜)란 재상(宰相: 영의정 · 좌우의정)에 임명(任命)되는 것을 말하며, 제배(除拜)란 누구의 추천없이 임금이 직접 재상(宰相)을 제수(除授: 임명)하는 것을 말한다.

(17) 견복(甄復)과 기복(起復)

견복(甄復)이라 함은 늙어서 벼슬을 내놓고 사임(退任)한 사람이 필요에 따라 다시 불러 벼슬하는 것을 일컫는 말이며, 기복(起復)이란 상중(喪中)에 있는 사람이 탈상(脫喪)하기 전에 다시 벼슬에 나가는 것을 일컫는 말이다. 상중에는 원칙적으로 벼슬을 못하게 되어 있으나 전란 중이거나 또는 유능한 신하로서 임금의 신임이 두

터우면 비록 상중이라 할지라도 관직에 나오도록 명령을 내리는 일이 있다. 이를 기복출사(起復出仕)라 하며 상고(喪故)로 벼슬에서 물러났던 사람을 탈상(脫喪) 후에 불러 쓰는 것을 결복서용이라 한다.

(18) 과만(瓜滿)과 개만(箇滿)

과만(瓜滿)을 사만(仕滿)이라고도 하는데 이는 동전(東銓: 문관)에만 해당되는 용어(用語)이며, 서전(西銓: 무관)에 대해서는 개만(箇滿)이라 한다.

과만이나 개만은 임기만료(任期滿了)의 뜻으로서 모든 관리(官吏)는 다음과 같이 과한(瓜限), 즉 일정한 임기(任期)가 있었음으로 임기가 만료되면 천전(遷轉: 벼슬을 옮김)되거나 해임(解任)되었다.

가. 당상관(堂上官): 30개월(個月)
나. 6품이상(六品以上): 30개월(個月)
다. 7품이하(七品以下): 15개월(個月)
라. 관찰사(觀察使): 12개월(個月) (후(後)에 24개월(個月))
마. 도사(都事): 12개월(個月)
바. 수령(守令): 60개월(個月) (후(後)에는 30~60개월(個月))

(19) 삭직(削職)과 추탈(追奪)

삭직(削職)이란 죄(罪)를 지은 관원에게 벼슬을 빼앗고 사판(仕版: 관원록)에서 이름을 삭제해 버리는 것인데, 이를 삭탈(削奪) 또는 삭탈관직(削奪官職)이라고도 한다.

그리고 추탈(追奪)이란 이미 죽은 사람의 관직과 품계를 역급(逆及)해서 박탈(剝奪)하는 것인데, 이는 정치적(政治的)인 혐의(嫌疑)나 보복(報復)으로 행하는 것으로 뒤에 신원(伸冤: 원한을 풀어버림)되며 복관(復官)되는 수가 많다. 이러한 경우 추탈후신(追奪後伸)이라 한다.

(20) 사패(賜牌)와 사패지지(賜牌之地)

사패(賜牌)란 궁실(宮室)이나 공신(功臣)에게 나라에서 산림(山林) · 토지(土地) · 노비(奴婢) 등을 내릴 때 주던 문서(文書)이며, 사패지지(賜牌之地)란 사패에 의하여 하사(下賜)받은 토지를 일컫는 말이다.

(21) 외명부(外命婦)

조선조에 왕족(王族) 및 문무관(文武官)의 처에게 남편의 품계에 따라 내렸던 봉작으로 왕실 및 종친의 여자로는 공주(임금의 적녀(嫡女))와 옹주(翁主: 임금의 딸 서녀(庶女))는 품계를 초월한 무계(無階)로서 외명부의 최상위에 두었고 대군(大君)의 처와 왕비의 어머니를 정1품 부부인(府夫人), 왕자군(王子君)의 처에게는 종1품의 군부인(君夫人)에 봉하였다. 또한 왕세자의 적녀는 정2품의 군주(郡主), 서녀에게는 종2품의 현주(縣主)에 봉하는 등 적 · 서의 차이를 두었다. 정 · 종1품 문무관의 처에게는 정경부인(貞敬夫人)이란 명호(名號)와 함께 벼슬아치의 부인으로서는 최상의 영예를 누리게 하였으며, 2품 이상의 외명부(外命婦)에게는 본관(本貫)의 읍호(邑號)를 붙이도록 허락하여 예를 들면 〈신안주씨부부인(新安朱氏府夫人)〉 등으로 부르게 하였다.

(22) 외관직(外官職)

서울에 두었던 경관직(京官職) 이외에 지방에 두었던 문무관직(文武官職)을 말하며 외직 · 외관 · 외임(外任)이라고도 한다. 조선조에는 8도의 감영(監營)을 비롯하여 부(府) · 대도호부(大都護府) · 목(牧) · 도호부(都護府) · 군(郡) · 현(縣) 등 모두 334개에 이르는 지방관서에 외관직을 두고, 이의 수령에 관찰사(觀察使: 종2품) · 부윤(府尹: 종2품) · 대도호부사(정3품) · 목사(정3품) · 도호부사(종3품) · 군수(종4품) · 현령(종5품) · 현감(종6품) 등을 문관으로 임명하였다. 또한 병영(兵營) · 수영(水營) 등의 주진(主鎭)과 그 밑의 거진(巨鎭) · 독진(獨鎭) 등에도 무관의 외관직을 두었는데 이의 수령은 거의 문관이 겸직하고 국경이나 행안요지의 독진에만 전문적인 무관의 외관직을 두어 문관을 우대하였다. 한편 한성부를 비롯해서 개성(開城) · 강화(江華) · 수원(水原) · 광주(廣州)의 4부(府), 전주(全州)의 조경묘(肇慶廟) · 경기전(慶基殿) · 영흥(永興)의 준원전(濬源殿), 함경도의 덕릉(德陵) 등 8개의 능, 경기도내 각 전(殿) · 능원(園) · 묘(墓) 등에는 중요한 직책이라 해서 경관직(京官職)을 배치하였다. 또한 수원의 총리영(總理營), 광주의 수어청(守禦廳), 개성의 관리영(管理營), 강화의 진무영(鎭撫營) 등의 무관도 중앙에서 직접 경관직을 파견하였다. 외관직의 임기는 1년, 2년, 900일, 3년, 5년 등 품계와 직책에 따라 각각 다르게 되어 있었고, 70세 이상의 부모를 둔 자는 부모의 거주지에서 300리 이상 떨어진 곳에는 보내지 않았으며, 65세 이상된 자는 임명하지 않았다. 외관직은 경관직보다 다소의 특권이 있기도 하였으나 경시당하는 경향이 있어, 경관직으로의 전임을 원하였고 이를 위해 선정(善政)보다는 치부(致富)에 치우치기도 하여 숱한 오리(汚吏)를 낳았다.

(23) 동반(東班)

고려 · 조선조, 특히 조선조의 사환계급(仕宦階級)인 양반(兩班) 중의 문반(文班). 원래 동반은 옛날 궁중에서 조회(朝會)를 받을 때, 문관은 동쪽에, 무관은 서쪽에 섰으므로 이런 이름이 생겼다. 조정의 백관을 동 · 서 양반으로 나눈 것은 고려 전반기(前半期)부터 시작되었다. 조선조에도 이 제도를 그대로 계승하였는데, 의정부(議政府)와 6조(六曹), 그 밖의 여러 아문(衙門) 및 지방의 수령(守令) · 방백(方伯) 등이 대개 동반에 속하였다. 조선조는 문관우위정책(文官優位政策)에 따라 동반은 서반(西班), 즉 무반(武班)에 비하여 훨씬 우월한 지위에 있었다. 서반의 여러 아문에서도 고위의 직책은 동반의 문관이 겸하는 일이 많았는데, 예를 들면 서반 중추부(中樞府)의 영중추부사(領中樞府事) · 판중추부사(判中樞府事) 등은 거의 전부가 문관이었다. 그리고 지방의 문관인 관찰사가 병사(兵使) · 수사(水使) 등의 무관직을 겸하는 경우도 많았다. 또 과거에 있어서도 문무양과(文武兩科)는 소과(小科)와 대과(大科)로 구분되었으나 일반적으로 대과라고 하면 문과의 대과로 인식할 정도로 문과를 소중히 여겼다.

(24) 서반(西班)

무관(武官)의 반열(班列)을 말하며, 무반(武班) · 호반(虎班)이라고도 한다. 이 말은 궁중에서 조회(朝會)를 할 때 무관은 서쪽에 줄을 짓는 데서 유래하여 동반(東班: 문관(文官))과 대비되는 말이다. 군사에 전문적인 군직(軍職)은 삼국시대에도 있었으나 이를 서반이라 부른 것은 고려 말부터였고 이를 법제화한 것은 조선조에 이르러서 였다. 고려조에는 중앙군의 2군(軍) 2위(衛)에 딸려있던 정3품의 상장군(上將軍) 이하 종9품의 대정(隊正)이 서반계열에 속하였는데, 동반의 최고품계가 종1품인데 반하여 서반의 최고품계는 정 3품에 머물러 문 · 무의 차별은 이로서도 엿볼 수 있다. 조선조는 개국 초부터 동반과 서반의 관계(官階)를 법제화하여 이를 기본법인 「경국대전」에 올려놓았다. 이에 따르면 서반의 경관직(京官職) 관서는 중추부(中樞府)가 정1품 아문(衙門)으로 최고이고, 다음으로 정2품 아문인 오위도총부(五衛都摠府)와 종2품 아문인 오위(五衛)가 있고, 후기에 이르러 훈련도감 · 금위영

(禁衛營) · 어영청(御營廳) · 호위청(扈衛廳) 등 정1품 아문이 있었다. 또한 각 도의 군영 · 진(鎭)에도 외관직(外官職)의 병마절도사 · 수군방어사 등 종2품에서 종9품의 별장(別將)에 이르기까지 서반의 관직이 마련되어 있었다. 그러나 이들 서반 관서의 정1품 · 종1품 · 정2품 등의 우두머리는 모두 동반이 겸직한 것으로, 실질적으로 서반은 정3품 정도 되어야 그 관서의 최상직자가 되어 동 · 서반의 차별은 법제상으로 뚜렷이 나타났다. 또한 서반 관서의 정원에는 동반 관원의 녹(祿)을 지급하기 위해 설정한 예도 허다하였다. 관리의 등용문(登龍門)인 과거(科擧)에 있어서도 문과(文科)는 대과(大科)라 하여 으뜸으로 쳐 무과와 차별하였다. 이와 같은 문 · 무의 차별은 동반 6품과 서반 4품을 동격시 할 정도였고 임진왜란의 국가적 시련 끝에 크게 개혁된 조선 후기의 군사체제에도 군사 요직이나, 서반관서의 우두머리를 동반의 관리로 충당하는 제도는 변하지 않았다.

(25) 교지(敎旨)와 첩지(牒紙)

교지(敎旨)란 4품 이상 관원(官員)의 직첩(職牒: 사령장)으로 관고(官誥) · 관교(官敎) 또는 고신(告身)이라고도 하며, 첩지(牒紙)란 5품 이하 관원(官員)의 직첩(職牒)을 일컫는 말이다.

(26) 음관(蔭官)

고려 · 조선조에 공신(功臣)이나 고위 관원(官員)의 자제(음자제(蔭子弟))로서 음직(蔭職)이 제수(除授)된 자, 남행관(南行官)이라고도 한다. 음관은 음자제 중 20세 이상 된 자를 매년 정월 간단한 특별 시험에 의하여 제수되었기 때문에 과거(科擧)에 의하여 출사(出仕)하는 문 · 무관(文武官)과 구별되었다. 이들은 8 · 9품의 품관(品官)과 녹사(錄事)로 초임(初任)되어 대부분 5품 이상으로 진급되었으나 하위 품관으로 있다가 과거(科擧)를 통하여 문 · 무관으로 진출, 출세의 길을 밟는 음관도 있었다. 조선조에는 일단 음관에 제수되면 누대(屢代)에 걸쳐 그 자손에게 음관직을 전수(傳受)할 수가 있었다.

또한 음관으로서 종1품의 실직(實職)에 있다가 체거(遞去)될 때에는 오위(五衛)의 상호군(上護軍: 정3품), 정2품은 대호군(大護軍: 종3품), 정3품은 부호군(副護軍: 정4품) 등 실무를 맡지 않은 체아직(遞兒職)과 체아록(遞兒祿)을 주어 임기가 만료되어 실직에서 일단 물러난 이들의 신분과 생활을 보장하여 주었다.

朝鮮時代 用語解說

用 語	內 容
加 資	正三品 通政大夫 以上의 品階에 올려줌을 말한다
檢 校	高麗末 朝鮮朝 初에 定員以上으로 벼슬자리를 臨時로 늘리거나 公事를 맡기지 아니하고 이름만 가지게 할 경우 그 벼슬 앞에 붙이던말. 卽 臨時職 또는 名譽職이다, 例 : 檢校 軍器監.
階 司 職	官職의 正式 名稱은 階司職의 順序로 되어있다 例 : 大匡輔國崇祿大夫(階) 議政府(司) 領議政(職) 卽 階는 品階 司는 官廳 職은 職位.
階 六	七品 以下의 官員이 六品 卽 參上으로 오르는 말
公 主	王妃가 出生한 딸
官員의 任 期	中央 各官司의 六品以上 堂下官은 30月. 兵曹判書 觀察使 留守는 24月 首領은 30月 ~ 60月. 兵使 水使는 24月
敎 旨	조선조에 王이 臣下에게 주던 辭令狀
君	王의 正室 以外의 王子 또는 功이 있는 臣下에게 君을 封한다 王位에서 물러나게 되면 君으로 降稱됐다 例 : 燕山君 光海君
權 知	새로 文科에 及第한 사람을 承文院. 校書館. 成均館에 分屬하여 權知라는 名稱으로 實務를 遂行하게 한다 卽 벼슬 候補者
陵	王과 王妃의 墓所
堂 上 官	官階의 한 區分 文官은 正三品인 通政大夫 以上 武官은 正三品인 折衝將軍 以上을 말한다
堂 下 官	文官은 正三品인 通訓大夫 以下 從九品인 將仕郞까지 武官은 正三品인 禦侮將軍 以下 從九品인 展力副尉까지를 通稱한다
大 君	王妃가 出生한 王子
大 院 君	王의 代를 이을 嫡子孫이 없어 傍系 親族이 王의 大統을 이어 받을때 親父에게 주는 職位
大 提 學	大提學을 文衡이라 한다 文衡은 弘文館 大提學. 藝文館 大提學에 成均館 大司成이나 知事를 兼任 하여야만 한다 大提學은 正二品의 官職 이지만 學文과 道德이 뛰어나고 家門에도 瑕疵가없는 碩學 碩儒만이 오를수 있는 地位인데 學者와 人格者로서의 最高 地位라고 할수있어 本人은 勿論 一門의 큰 名譽로 여기었다 大提學 候補 選定은 前任 大提學이 候補者를 薦擧하면 이를 三政丞, 左右贊成, 左右參贊, 六曹判書, 漢城府 判尹 等이 모여 多數決로 選定한다 大提學은 本人이 辭任하지 않는限 終身職 이다.
都巡撫使	조선조 戰時나 地方에서 反亂이 일어났을때 軍務를 統轄하는 臨時官職
郞 廳	各 官司에 勤務하는 堂下官의 通稱

用　語	內　　容
墓　地	墓地는 境界를 定하여 耕作 牧畜을 禁하고 墓地 限界는 一品은 墓地를 中心으로 四面 90步 二品은 80步 三品은 70步 四品은 60步 五品以下는 50步 七品 以下와 生員 進士는 40步 庶人은 10步
配　享	功臣.名臣 또는 學德이 높은 學者의 神主를 宗廟나 文廟等에 從祀하는말
凡　杖	70歲 以上의 一品官으로써 國家의 要職으로 致仕 할수없는 官員에게 王이 下賜하는 安席과 지팡이를 말한다 凡杖을 받을때에는 凡杖宴이 盛大하게 베풀어졌다
奉朝賀	從二品以上의 退任한 官員에게 稱號를 주어 平素 勤務하지 아니하고 國家의 儀式이 있을때에만 朝服을 입고 參與하며 終身 祿俸을 받는다.
府院君	조선조 王의 丈人 또는 正二品 功臣에게 주던 稱號, 받은 사람의 貫地名을 앞에 붙인다 例 : 海恩府院君
不遷位	德望이 높고 國家에 큰 功勞가 있는 사람에게 永遠히 堂에 모시도록 國家에서 許可한 神位
事	領事 監事 判事 知事 同知事 等의 官職은 官司위에 領 監 判 知 同知 字를 두고 事는 官司 밑에 쓴다 例 : 領敦寧府事 知春秋館事 同知中樞府事
士　林	벼슬하지 않고 隱居하는 德望이 높은 선비.
賜牌地	高麗 조선조 國家에 功을세운 王族과 官吏에게 주는 土地, 土地의 收租權을 個人에게 移讓한 것으로 一代限과 三代 世襲의 두 種類가있다 賜牌에 家傳永世의 名文이 있는 것은 三代世襲을 許約한 것이고 이러한 名文이 없으면 一代限으로 國家가 還收키로한 것이나 還收하지 않고 代代로 永世 私有化가 됐다 宣祖 以後에는 賜牌記錄만 주고 實際로 土地는 賜給하지 않었다
三公六卿	조선조 領議政, 左議政, 右議政等 三政丞을 三公이라 하고 六曹의 判書를 六卿이라 한다
三　司	조선조의 弘文館, 司憲府,司諫院을 合稱한 말 三司의 官員은 學識과 人望이 두터운 사람을 任命한다 國家 重大事에 關하여는 連合하여 三司合啓를 올리는 일과 合司伏閤이라 하여 所屬 官員이 闕門에 엎드려 王의 聽從을 强請하기도 한다
筮(서)仕	처음으로 官職에 나감.
壽　職	年老者를 敬待하는 儀禮를 尊重하고 또 이를 奬勵하는 견지에서 每年 正月에 80歲以上의 官員 및 90歲以上의 庶民에게 恩典으로 주는 官職, 老職이라고도 한다.
守　職	品階는 낮고 職位가 높으면 守職이라 하는데 所屬 官廳앞에 守字를 붙인다 이를테면 正三品인 通政大夫(堂上官)의 品階를 가진 官員이 從二品職인 慶州府尹이 되면 通政大夫 守慶州府尹 이라고 한다.

用 語	內 容
暗行御史	王이 直接 信任하는 젊은 堂下官 中에서 뽑아 秘密히 地方에 보내 現職 前職 地方官의 善行과 非行, 百姓의 事情 民政 軍政의 實情, 숨은 美談, 烈女 孝子의 行績等을 調査 報告하게 하는 臨時職, 御使로 뽑혀 王에게서 封書를 받으면 집에 들르지 않고 卽時 出發한다, 驛馬와 驛卒等을 利用할 馬牌를 받는다 必要할때에는 馬牌로서 自己의 身分을 밝히고(御使出頭) 非行이 큰 首領이면 卽時 封庫 罷職하며 地方官을 代身하여 裁判도 한다 父母喪이나 國葬이 있어도 任務中에는 돌아오지 못한다
禮 葬	正一品 以上의 文.武官 및 功臣이 卒하면 國家에서 禮義를 갖추어 치루는 것으로 一種의 國葬이다 以外에 禮義範圍는 大體로 參贊 判書를 지낸사람 또는 特旨가 있는 境遇에 限하였다
翁 主	王의 正室 以外의 딸
園	王世子 또는 王世孫으로 冊封된 뒤에 王位에 오르지 못하고 死亡한 분과 生母로 先王妃가 아닌분의 墓所
院 相	王이 昇遐하면 잠시 政務를 맡던 臨時職 新王이 卽位하였으나 喪中이므로 卒哭 까지와 或은 王이 어려서 政務의 能力이 없을때 大妃의 攝政과 함께 衆望이있는 元老 宰相級 또는 原任者中에서 몇분의 院相을 뽑아 國事를 處決한다
原從功臣	各等功臣 以外의 小功이 있는 者에게 주는 稱號
遺 逸	士林의 巨物級 在野人物을 말함. 遺逸로 政丞된 분은 宋時烈, 許穆, 朴世采, 尹拯 ,權相夏等 5名뿐이다
幼 學	士大夫의 子孫으로 벼슬하지 아니한 선비.
陰 官	科擧하지 아니하고 祖上의 功德으로 官職에 登用된 官員 이를 蔭職, 蔭仕, 南行이라고도 한다.
字	本名 以外에 붙이던 成人의 別名 男子 20歲가 되어 冠禮(아이로서 成人이 되는 禮式)를 行하여 成人이 되면 字가 붙는다
葬 日	官員이 卒하면 四品以上은 3個月 五品以下는 1個月이 지나야 葬事한다
宰 相	國王을 輔弼하고 文武 百官을 指揮 監督하는 地位에 있는 二品以上의 官職을 通稱한다
銓 郎	吏曹의 正郎 佐郎의 別稱으로 內外 官員을 薦擧하는데 가장 많은 權利를 가지고 있다 特히 三司 (弘文館, 司憲府, 司諫院)의 官員 任免等은 銓郎이 左右하고 있다. 銓郎은 三司中 名望이 높은 官員이 特別히 뽑혀 任命된다 銓郎任免은 吏曹判書도 干與하지 못하고 銓郎 스스로 그後任을 推薦한다 銓郎職을 거치면 過失이 없는한 대개는 順調롭게 宰相까지 오를수 있는 要職이다

用　語	內　容
旌　閭	特異한 行實에 對한 國家의 表彰 忠臣 孝子 烈女들을 그들이 살던 고을에 旌門을 세워 表彰 하였다
除　授	벼슬에 一定한 推薦 節次를 밟지 아니하고 王이 直接 任命하거나 昇進시키는것. 이를 再拜라고도 한다.
祭　酒	成均館의 堂上官 職으로 補하되 學行과 名望이 높은 선비를 除授한다
贈　職	文武 蔭官으로서 實職 二品以上 官員의 父, 祖, 曾祖, 또는 孝子 및 學行과 德望이 높은 名儒에게 死後에 官職과 品階를 追贈 하는것
贈　諡	賢臣 名儒 節臣等의 死後에 그 生前의 行績을 稱賞하여 王이 내려주는 諡號. 諡號中 文字와 忠字가 들어간 諡號를 가장 尊重하게 여겼다.
知製敎	王의 諭示 敎書等의 文書를 正述하여 바치는 任務를 맡은 官職으로 대개 弘文館의 堂上官 以下 六品以上의 官職이 兼職한다
薦　擧	士林中에서 學行이 뛰어나고 德望이 높은 在野人物을 現職 高官이나 地方官의 推薦으로 벼슬에 拔擢하는 것을 말함.
叅上叅下	堂下官中 六品以上은 叅上 七品以下는 叅下 또는 叅外라고 한다
淸白吏	淸白吏는 그의 人品 經歷 治積等이 能히 모든 官員의 模範이 될만한 人物이어야만 淸白吏로 錄選된다 淸白吏로 뽑히면 品階가 오르고 그 子孫은 蔭德으로 벼슬할수 있는 特典이 있다 따라서 本人은 勿論 一門의 큰 榮譽로 여기었다 淸白吏는 議政府 六曹 漢城府의 二品 以上의 官員과 大司憲 大司諫等이 候補者를 嚴格한 審査를 거쳐 王의 裁可를 얻어 錄選한다
致　仕	나이가 많아서 官職을 辭任하고 물러 나는것
致　祭	國家에 功勞가 많은 사람 또는 學行과 德望이 높은 사람에게 死後 國王이 내려주는 祭祀
通御使	朝鮮朝 後期에 京畿 忠淸 黃海道 等 三道의 水軍을 統轄하는 武官職 京畿水使가 兼職
統制使	壬辰倭亂때 設置 忠淸 全羅 慶尙道 等 三道의 水軍을 統轄하는 武官職 全羅左水使가 兼職
湖　堂	讀書堂의 別稱. 王의 特命으로 젊고 才德이 있고 文學의 조예가 깊은 文臣을 뽑아 恩暇를주어 공부하게 하는 制度.
號　牌	조선조 16歲以上의 男子가 차고 다니던 牌 只今의 住民登錄證과 같다 表面에는 住所 姓名 職業 本貫 年齡等을 새기고 裏面에는 發行當該의 官廳名을 烙印했다 身分에 따라 牙牌 角牌 黃楊木 小方木牌 大方木牌로 區分되었다
行　職	品階는 높고 地位가 낮으면 行職이라 하는데 所屬 官廳앞에 行字를 붙인다 이를테면 正三品인 通訓大夫(堂下官)의 品階를 가진 官員이 從四品職인 金川郡守가 되면 通訓大夫 行金川郡守라고 한다.

2) 호패(號牌)

지금의 신분증명서와 같은 것으로 조선시대(朝鮮時代)에 16세 이상의 남자가 차고 다니던 패. 그 기원은 원(元)나라에서 시작되어 우리나라는 1354년(고려 공민왕 3)에 이 제도를 모방, 수·육군정(水·陸軍丁)에 한하여 실시하였으나 잘 시행되지 않고, 조선조에서 비로소 그 사용범위가 확대되어 호적법의 보조적인 역할을 하게 되었다. 그 목적은 신분을 증명하기 위한 것이었으나 그중에서 가장 중점을 둔 것은 군역(軍役)과 요역(搖役)의 기준을 밝혀 백성의 유동과 호적 편성상의 누락 허위를 방지하는 데 있었다. 조선조 1413년(태종 13)부터 2년간, 2차는 1459년(세종 5)부터 1470년(성종 1) 12월까지, 제3차는 1610년(광해군 2) 10월부터 1612년 (광해군 4) 7월까지이며, 제4차는 1626년(인조 4) 3월부터 이듬해 1월까지, 제5차는 1674년(숙종 1) 11월 이후가 그것이다. 이와 같이 호패의 사용이 여러 번 중단된 것은 백성들이 호패를 받기만 하면 곧 호적과 군적(軍籍)에 올려지고 동시에 군정(軍丁)으로 뽑히거나 그 밖에 국역을 져야만 했으므로 되도록 이를 기피한 까닭에 효과가 없었다. 이를 계기로 백성들은 국역을 피하기 위하여 양반의 노비로 들어가는 경향이 늘고 호패의 위조·교환 등 불법이 증가하여 국가적 혼란이 격심하였다. 이리하여 조정에서는 강력한 조치를 취하여 호패의 위조자는 극형, 호패를 차지 않은 자는 엄벌에 처하는 등의 법을 마련하였다. 세조조에는 호패청을 두어 사무를 전담케 하였고, 숙종조에는 호패 대신 종이로 지패를 만들어 간직하기 쉽고 위조를 방지하는 등의 편리한 방법을 취하기도 하였다. 그러나 이같은 정책에도 불구하고 실제로는 별로 효과를 얻지 못하고 사회적 물의만을 일으켰을 뿐이다. 「세종실록」에는 호패를 받는 사람은 전체 인구의 1~2할에 불과하다 하였으며, 「성종실록」에는 호패를 받는 자 중 실제로 국역을 담당할 양민은 1~2할뿐이라고 하였다. 호패는 왕실·조관(朝官)으로부터 서민·공사천(公私賤)에 이르기까지 16세 이상의 모든 남자가 소지하였는데 그 재료와 기재 내용은 신분에 따라 구분되어 있었다. 호패는 한양에서는 한성부(漢城府), 지방은 관찰사 및 수령이 관할하고, 이정(里正)·통수(統首)·관령(管領)·감고(監考) 등이 실제사무를 담당하였으며 그 지급 방법은 각자가 호패에 기재(記載)할 사항을 단자(單子)로 만들어 제출하면 2품 이상과 3사(司)의 관원은 관청에서 만들어 지급하고 기타는 각자가 만들어 관청에서 단자와 대조한 후 낙인(烙印)하여 지급하였다. 「속대전(續大典)」의 규정에 의하여 호패를 차지 않은 자는 제서유위율(制書有違律), 위조·도적한 자는 사형, 빌려서 차는 자는 누적률(漏籍律)을 적용하고 이를 빌려준 자는 장(杖) 100에 3년간 도형(徒刑)에 처하도록 하였으며, 본인이 죽었을 때는 관가에 호패를 반납하였다.

신분별 호패의 종류

태종조의 규정에 의하면 그 모양은 길이 3치(寸) 7푼(分), 폭 1치 3푼, 두께 2푼으로 2품 이상은 관직 · 성명, 3품 이상의 조관 · 성중관(成衆官) · 유음자제(有蔭子弟)는 관직 · 성명 · 거주지, 서인은 그 외에 얼굴빛 수염의 유무를 기재(記載)하고 5품 이하의 군관은 소속부대 · 신장, 잡색인(雜色人)은 직역(職役)과 소속, 노비는 주인 · 연령 거주지 얼굴빛 · 신장 · 유무를 덧붙여 기록하였다.

태종실록의 규정	2품 이상	4품 이상	5품 이상	7품 이상	서인(庶人) 이하
	상아(象牙) 또는 녹각(鹿角)	녹각 또는 황양목(黃楊木)	황양목 또는 자작목(資作木)	자작목	잡목
속대전의 규정	2품 이상	3품 이하 · 잡과(雜科) 합격자	생원 · 진사	잡직 · 서인 · 서리(書吏)	공사천
	아패(牙牌)	각패(角牌)	황양목패	소목방패(小木方牌)	대목방패

3) 시호(諡號) 및 시법(諡法)

시호란 왕(王) 또는 종친(宗親), 문 · 무관(文 · 武官) 및 국가(國家)에 공(功)이 많은 신하들, 학문이 뛰어나 존경받은 유학자(儒學者)들에게 그들이 사후(死後)에 생전(生前)의 행적(行跡)에 의하여 주는 대명(代名)이다. 시호법이 시작된 시기(時期)는 확실치 않으나, 중국(中國)에서부터 시행된 요(堯) · 순(舜) · 우(禹) · 탕(湯) · 문(文) · 무(武) 등도 시호로 해석되고 있지만 시법(諡法)의 제도가 정하여진 것은 주(周)나라가 처음인 것 같다. 진나라 진시황(秦始皇) 때에 일시 폐지되었다가, 한(漢)나라 때 다시 사용하기 시작하여 명(明) · 청(淸)으로 이어져왔다.

우리나라에서는 서기(西紀) 514년(신라 법흥왕 1년)에 선왕(先王) 승하 후 지증(智證)이라는 시호를 준 것이 시초가 되며 조선조까지 계속되었다.

시호를 내리는 절차는 그의 후손(後孫)들이 모여서 선조(先祖)의 행실과 공적 등을 의논하여 예조(禮曹)에 제출하면, 예조에서는 이를 심의 · 검토한 후 봉상시(奉常寺)를 거쳐 홍문관(弘文館)에 보내어 봉상시정(봉상시(奉常寺): 정3품)과 홍문관 응교(홍문관(弘文館): 정4품) 이상이 한자리에 모여 시호를 결정했다.

시호를 정하는 법으로는 중국고대(中國古代)의 「주공시법(周公諡法)」·「춘추시법(春秋諡法)」·「채옹(蔡邕)의 제시(帝諡)」·「소순(蘇洵)의 시법」에 따랐으며, 시호에 사용된 글자 수는 150여 자(字)에 이르고 이는 글자마다 뜻이 들어 있어 생전(生前)의 행적(行蹟)에 알맞은 글자를 조합(組合)하여 만들고, 아래 「공(公)」 자를 붙여 불렀다.

숭문주의(崇文主義) 사회에서는 문자(文字)가 최고의 영예였으며 이외에도 정(貞) · 공(恭) · 양(襄) · 정(靖)자가, 무관(武官)에게는 충(忠) · 무(武) · 의(義)자 등이 자랑스러운 글자였다.

시호(諡號)를 받는다는 것은 영예로운 것으로 족보(族譜)에는 물론 묘비(墓碑)에 기록하여 가문의 광영(光榮)으로 여겼으며, 그 중요성 때문에 글자 문제로 시비(是非)와 논란(論難)이 많았고, 뒷날에 개시(改諡)를 요구하는 일도 많았다.

4) 관청(官廳)

경연청(經筵廳)	조선조 유교경전(儒敎經典)의 강론(講論)을 맡고 임금과 함께 사상(思想)을 토론하는 일을 맡은 기관.
공 부(工 部)	고려조 상서성(尙書省) 소속의 6부(六部) 중 하나로 공업과 농업을 맡아 관장하는 기관.
공 조(工 曹)	조선조 6조(六曹)의 하나로 공업 또는 공사(工事) · 영선(營繕: 건축물을 신축하고 수선함) 등에 관한 사무를 관장하는 기관.
관상대(觀象臺)	조선조의 천문(天文) · 책력 · 기후 · 누각(漏刻: 시간 측정) 등을 맡아보는 기관.
교서관(校書館)	조선조 경적(經籍) 등을 간행하고 반포하며 향축(香祝: 제사에 쓰는 향과 축문) · 인각(印刻) 등을 맡은 기관.
국자감(國子監)	고려조의 국립대학으로 교육을 담당하는 기관.
군기감(軍器監)	또는 군기시(軍器寺) 고려조와 조선조의 모든 군사에 필요한 명치를

	제조하고 무기를 조달하던 기관.
군자감(軍資監)	조선조 군수(軍需)물자의 저장과 출납(出納)에 관한 일을 맡아보는 기관.
규장각(奎章閣)	조선조 임금의 어제(御製)에 대한 글과 서화(書畵) · 선보(璿譜: 왕실 족보) 등을 관리하며, 내각의 서적을 맡아 보관하는 기관.
내섬시(內贍寺)	조선조의 각 전(殿)과 궁(宮)에 제공할 음식물과 제물 등을 맡아보고, 2품 이상의 관원에게 음식을 제공하는 일을 맡아보는 기관.
내수사(內需司)	조선조 대궐에서 쓰는 물자를 공급하는 기관.
내시부(內侍府)	조선조 대전(大殿)의 수라(임금의 식사)상을 감독하고 상감의 분부를 전달하며 청소 등을 맡은 기관.
내의원(內醫院)	조선조 대궐의 약과 화제(和劑: 약의 처방전)를 다루는 기관.
내자시(內資寺)	조선조 궁내의 술 · 간장 · 기름 · 채소 등 물자를 공급하며 연회 등을 주관하는 기관.
도화서(圖畵署)	조선조의 그림에 관한 일을 맡아보는 기관.
돈령부(敦寧府)	조선조 왕실의 가까운 종친(宗親)간에 친선을 도모하기 위한 사무를 처리하는 기관.
밀직사(密直司)	고려조 왕의 명령을 출납(出納)하고, 궁중의 숙위(宿衛: 궁중을 지키고 왕을 호위함) · 군사기밀을 담당하는 기관.
병　부(兵　部)	고려조 상서성(尙書省) 소속의 6부(六部) 중 하나로, 국방문제와 육 · 해군을 감독하고 무관(武官)의 인사(人事) 등을 맡아 관장하는 기관.
병　조(兵　曹)	조선조 6조(六曹)의 하나로 무관(武官)에 대한 인사문제 · 군사 · 우편 · 역(驛) · 병기(兵器) 등의 사무를 관장하는 기관.
보문각(寶文閣)	고려조의 경연(經筵)과 장서(藏書) 등을 관리하면서 왕을 모시고 경서를 강론하던 관청으로 뒤에 경연청(經筵廳)으로 고침.
봉상시(奉常寺)	조선조 국가의 제사(祭祀)와 시호(諡號)에 관한 사무를 맡아보는 기관.
비변사(備邊司)	조선조 명종 10년에 창설하여 나라의 군사기밀과 그 계획 및 작전에 대한 군무(軍務)를 총괄하는 기관.
비서성(秘書省)	고려조 왕의 측근에서 축문(祝文)과 경적(經籍)을 다루고, 임금의 명령을 행하는 기관.

빙 고(氷 庫)	궁중에 쓰일 얼음을 보관하던 창고를 관리하는 기관.
사간원(司諫院)	조선조 임금의 잘못된 점을 올바르게 간(諫)하고, 간쟁(諫爭) · 논박(論駁: 잘못된 것을 말함)을 맡은 기관.
사도시(司䆃寺)	조선조 궁내의 쌀 · 곡식과 계자 등을 맡아보는 기관.
사복시(司僕寺)	고려조와 조선조 궁중의 가마와 마필(馬匹) · 목장(牧場) 등을 맡아보던 기관으로 1308년 태복시(太僕寺)를 사복시로 바꿈.
사섬시(司贍寺)	조선조 원년에 설치하여 숙종 때 폐지하였는데 저화(楮貨: 종이돈) · 지전(紙錢: 닥나무 껍질로 만든 종이돈)을 만들고, 지방에 있는 노비의 공포(貢布: 세금으로내는 베) 등을 관리하는 기관.
사역원(司譯院)	고려조와 조선조 외국어의 번역과 통역을 맡아보던 기관.
사온서(司醞署)	조선조 궁중에 술을 만들어 공급하는 기관.
사옹원(司饔院)	조선조 임금의 식사(어찬: 御饌)와 대궐안의 음식 등을 만드는 기관.
사재감(司宰監)	조선조 궁중의 생선 · 고기 · 소금 · 땔나무 등 물자에 관한 일을 맡아 보는 기관.
사직서(社稷署)	조선조 나라의 근본을 지키는 신을 모신 기관.
사포서(司圃署)	조선조 궁중의 채소를 맡아 가꾸며 관리하는 기관.
사헌부(司憲府)	고려조와 조선조 정사를 논하고 백관을 감찰하며 기강과 풍속을 바로 잡고 억울한 일을 살피는 기관.
삼 사(三 司)	고려조 국가의 전곡(錢穀: 화폐와 곡식) 출납(出納)과 회계(會計)를 담당. 조선조 재정(財政)을 맡아보던 기관. 조선조 사헌부(司憲府), 사간원(司諫院)과 홍문관(弘文館)을 합쳐 부르던 말로 관원은 학식과 인망이 두터운 자로 임명.
상서성(尙書省)	고려조 행정기관의 최고 기관으로 육부(六部)를 감독하고 모든 관리들을 통솔하는 기관.
상서원(尙瑞院)	조선조 임금의 옥새(玉璽: 도장)와 부패(符牌: 마패 · 순패) 등을 관장하던 기관.
선공감(繕工監)	조선조의 토목(土木)과 영선(營繕: 건축물을 짓거나 고치는 일)에 관한 행정을 맡아보는 기관.
선전관청(宣傳官廳)	조선조 왕의 측근에서 왕을 호위하고 명령을 전달하는 기관으로 여기에 종사하는 사람을 선전관(宣傳官)이라 함.

선혜청(宣惠廳)	조선조 선조 4년에 창설되어 대동미(大同米)와 대동목(大同木) 등을 출납(出納)하는 곳. 이른바 세금으로 받은 쌀과 필육 등을 관리함.
성균관(成均館)	고려조 말과 조선조의 최고 교육기관으로 유생(儒生)들에게 교육을 시키고 이들에게 훈련을 시키는 교육기관.
세손강서원(世孫講書院)	조선조 왕세손(王世孫: 임금의 손자)에게 교육을 시키며 강의 하는 일을 맡아보는 기관.
세손위종사(世孫衛從司)	조선조 왕세손(王世孫: 임금의 손자)을 호위하고 보호하는 일을 맡은 기관.
세자시강원(世子侍講院)	조선조 왕세자를 모시고 경서(經書)와 사적(史籍)을 강의하며 도의(道義)를 가르치는 업무를 담당한 기관.
세자익위사(世子翊衛司)	조선조 세자를 호위하는 관청.
소격서(昭格署)	조선조 도교(道敎)의 일월성신(日月星辰)을 나타내며 하늘 · 땅 · 별 등에 제사하는 기관.
소부감(小府監)	고려조 나라의 모든 물건을 보관하는 창고를 관리하는 관청으로 소부시(小府寺)라고도 함.
수문장청(守門將廳)	조선조 궁궐문의 수위(守衛)를 맡아보던 기관.
수어청(守禦廳)	조선조의 군영(軍營)으로, 남한산성(南漢山城)을 수축하고 그 부근을 중성으로 여러 개의 진(鎭)을 지키기 위하여 설치한 기관.
순 군(巡 軍)	고려조의 국내 치안을 담당한 기관.
숭문관(崇文館)	고려조 문신 중에서 학문이 뛰어난 자를 뽑아 학사(學士)로 임명하여 임금의 측근에서 모시도록 마련한 기관.
승문원(承文院)	조선조의 다른 나라와의 외교문서를 관리하는 기관.
승정원(承政院)	조선조의 왕명을 받들어 거행하는 관청.
액정서(掖庭署)	조선조의 왕명의 전달과 임금이 쓰는 붓 · 벼루의 공급, 대궐 열쇠의 보관, 대궐 뜰의 설비 등을 맡아보던 기관.
양현고(養賢庫)	조선조 성균관 유생(儒生)들의 식량을 공급하는 기관.
어사대(御史臺)	고려조 왕의 잘못을 간(諫)하고 관의 과오와 비행을 규탄하는 기관.
어영청(御營廳)	조선조 왕실(王室)을 호위하고 대궐을 지키는 일을 맡은 기관.
예문관(藝文館)	고려조와 조선조 임금의 칙령(勅令: 명령)과 교명(敎命)을 기록하고 왕명을 받들어 글을 짓고 문학을 관장하는 기관.

예　부(禮　部)　고려조 상서성(尙書省) 소속의 6부(六部) 중 하나로 외교관계와 백성의 교육 · 풍교(風敎) 등을 관장.

예빈시(禮賓寺)　고려조와 조선조에 나라의 손님을 접대하고 연회를 베풀며 종실(宗室) 및 재상(宰相)을 접대하는 기관.

예　조(禮　曹)　조선조 6조(六曹)의 하나로 예악(禮樂) · 제사(祭祀) · 향연(饗宴) · 조례(朝禮) · 학교(學校) · 과거(科擧) 등에 관한 사무를 맡은 기관.

오위도총부(五衛都摠府)　조선조 5위(五衛: 군대 조직)의 군무(軍務)를 총괄하던 관청으로 병조에서 독립된 기관. 오위: 의흥위(義興衛: 중위(中衛)) · 용양위(龍驤衛: 좌위(左衛)) · 호분위(虎賁衛: 우위(右衛)) · 충좌위(忠佐衛: 전위(前衛)) · 충무위(忠武衛: 후위(後衛)).

용호영(龍虎營)　조선조 궁중의 숙직과 왕을 호종(扈從: 임금을 모시고 따라다님)하는 것을 임무로 하는 군영(軍營).

의금부(義禁府)　조선조의 왕명을 받들어 추국(推鞫: 죄인을 심문함)하는 일을 맡았으며 형옥(刑獄)을 다스리고 재판하는 기관.

의빈부(儀賓府)　조선조 공주(公主)나 옹주(翁主) 등과 결혼한 부마(駙馬: 왕의 사위)들을 위하여 세운 기관.

의영고(義盈庫)　조선조의 기름 · 꿀 · 후추 · 과일 등의 물품을 관리하는 기관.

의정부(議政府)　조선조의 최고 관청으로 고관들이 모여 국무(國務)를 상의하고 회의하며 모든 정치와 관리들을 총괄하는 기관.

이　부(吏　部)　고려조 상서성(尙書省) 소속의 6부(六部) 중 하나로, 관리의 인사 관계와 지방의 관청을 감독하는 기관.

이　조(吏　曹)　조선조 6조(六曹)의 하나로 모든 문관(文官)의 인사(人事)를 담당하고 훈봉(勳封)에 관한 사무를 집행하던 기관.

장악원(掌樂院)　조선조의 음악에 관한 일을 맡아보던 기관.

장예원(掌隷院)　조선조의 노예에 관한 문서와 재판 관계를 다루는 기관.

장원서(掌苑署)　조선조 궁중의 과실과 화초의 관리를 맡은 기관.

장흥고(長興庫)　조선조의 유지(油紙) · 종이 등을 관리하는 기관.

전옥서(典獄署)　고려조와 조선조의 죄수를 가두는 기관.

전의감(典醫監)　조선조의 의술과 약에 관한 일을 맡아보는 기관.

전중성(殿中省)　고려조 대궐 안의 모든 사무를 맡은 기관.

전함사(典艦司)	조선조의 배를 만들고 수리하며 관리하는 기관.
제용감(濟用監)	조선조의 마포 · 모시 · 나사(羅紗) 등 옷감을 맡아보고 또한 직조에 관한 일을 맡아보던 기관.
조지서(造紙署)	조선조의 종이를 만들고 관리하는 기관.
종부시(宗簿寺)	조선조의 녹찬(錄撰)과 종실(宗室)에 대한 사무 · 왕실의 족보 등을 조사 연구하는 기관.
종친부(宗親府)	조선조 역대 국왕의 계보(系譜)와 초상화를 보관하고, 왕과 왕비의 의복을 관리하며 모든 군(君: 임금의 자녀)에 관한 사무를 관장하는 기관.
종학사(宗學司)	조선조 왕족의 교육을 맡아 주관하는 기관.
준천사(濬川司)	조선조의 서울 장안에 있는 개천과 사산(四山: 서울을 둘러싼 산)을 관리하는 기관.
중　방(重　房)	고려조의 이군(二軍) · 육위(六衛)와 상장군(上將軍) · 대장군(大將軍) 등이 모여 군사(軍事)를 의논하던 기관.
중서문하성(中書門下省)	고려조 국가의 행정을 총괄하는 관청으로, 왕의 조서(詔書)를 받들어 심사(審査)하고 시행하는 기관.
중추원(中樞院)	고려조 왕의 자문(諮問)에 응하고 왕명의 출납 및 궁중의 모든 업무를 맡아보던 기관. 조선조 초 왕명 출납과 병기(兵機) · 군정(軍政) · 경비(警備) 등을 맡아보던 기관.
춘추관(春秋館)	조선조의 기록 문서를 관리하고 정치와 역사에 대한 기록을 작성하고 관리하는 기관.
충훈부(忠勳府)	조선조의 국가에 공이 많은 신하들이 모여서 의논하던 기관.
태복시(太僕寺)	고려조의 나라에서 사용하는 수레와 말을 관리하는 기관.
태사국(太史局)	고려조의 천문(天文) · 역수(曆數) · 측후(測候) 등을 맡아보는 기관.
통례원(通禮院)	조선조의 조하(朝賀) · 제사(祭祀)나 임금을 회견하는 의식(儀式)에 관계된 사무를 담당한 기관.
평시서(平市署)	조선조의 서울에 있는 시장(市場)과 물자에 대한 행정, 말(두:斗) · 자(척:尺) · 저울 등의 도량형기(度量衡器)를 맡아 관리하던 기관. 경시서(京市署)라고도 함.
포도청(捕盜廳)	조선조의 도적을 잡고 수사하는 기관.

풍저창(豐儲倉)	조선조의 쌀 · 콩 등 곡식과, 거적자리 · 종이 등을 맡아 관리하던 기관.
한림원(翰林院)	고려조 임금의 명령을 받아서 문서를 꾸미는 일을 맡아보던 기관.
한성부(漢城府)	조선 태조 3년에 창설되어 서울 장안의 모든 행정을 맡아보는 기관.
합 문(閤 門)	고려조 국가의 의식(儀式)을 맡아보던 기관으로 조선조에 통례원(通禮院)으로 고침.
형 부(刑 部)	고려조 상서성(尙書省)의 6부(六部) 중 하나로 사법(司法)을 담당하는 기관.
형 조(刑 曹)	조선조 6조(六曹)의 하나로 법률과 소송, 노비에 관한 사무를 관장하는 기관.
혜민국(惠民局)	고려조 백성의 질병을 고쳐주기 위하여 설치한 의료 기관.
혜민서(惠民署)	조선조 의약(醫藥)과 일반 서민에 대한 치료를 맡아보던 기관.
호 부(戶 部)	고려조 상서성(尙書省) 소속의 6부(六部) 중 하나로, 국가의 재정과 호구(戶口)를 맡아 관장하는 기관.
호위청(扈衛廳)	조선조의 임금을 호위하던 기관.
호 조(戶 曹)	조선조의 호구(戶口)와 납세(納稅), 식량과 화폐에 관한 일을 관장하던 기관.
홍문관(弘文館)	고려조와 조선조의 경적(經籍)과 문서(文書)를 다루고 왕의 고문에 응하는 기관.
훈련도감(訓鍊都監)	조선조 5군영(五軍營)의 하나로 서울 수비의 책임을 맡았으며 군인들을 교육 · 훈련시키는 기관으로 훈국(訓局)이라고도 함.
훈련원(訓鍊院)	조선조 군사의 시재(試才) · 무예 연습 · 병서(兵書)와 전진(戰陣)의 강습을 맡아보는 기관.

5) 관직(官職)

가덕대부(嘉德大夫)	조선조 종1품의 종친(宗親)에게 주던 관계(官階).
가선대부(嘉善大夫)	조선조의 관계(官階). 종2품으로 문 · 무반 · 종친이 받음.
가의대부(嘉義大夫)	조선조의 관계(官階). 종2품으로 처음에는 가정대부(嘉靖大夫)였음.
각 간(角 干)	신라조의 최고 관급(官給). 상대등(上大等)과 같이 17관등과는 별개.
감 관(監 官)	조선조의 각 관아(官衙). 궁방(宮房)에서 금전의 출납을 맡음.
감 군(監 軍)	조선조의 군직(軍職)으로 군인들의 순찰을 감독하던 임시 벼슬.
감목관(監牧官)	조선조의 외관직(外官職), 지방의 목장(牧場) 일을 맡음.
감 무(監 務)	고려조의 현령을 둘 수 없는 작은 현(縣)의 감독관.
감 사(監 司)	관찰사(觀察使)의 별칭으로 각 도(道)의 우두머리로 종2품.
감 사(監 史)	고려조의 소부시(小府寺). 군기시(軍器寺).
감 사(監 事)	조선조의 춘추관(春秋館)에 두었던 정1품.
감 서(監 書)	조선조의 규장각(奎章閣)에 소속된 관직.
감수국사(監修國史)	고려조 춘추관(春秋館)의 최고 관직으로 시중(待中: 종1품)이 겸임.
감역관(監役官)	조선조 종9품의 벼슬로 건축에 관한 사무를 담당.
감진어사(監賑御使)	조선조의 지방에 파견된 어사.
감 찰(監 察)	조선조 사헌부(司憲府)의 정6품.
감창사(監倉使)	고려조의 창고를 감찰하던 관직.
감춘추관사(監春秋館事)	춘추관 감사. 조선조 춘추관의 정1품.
건공장군(建功將軍)	조선조의 종3품 무관에게 주는 품계(品階).
건신대위(建信隊尉)	조선조의 무관에게 주는 정6품의 품계(品階).
건충대위(建忠隊尉)	조선조의 정5품 토관직(土官職) · 관계(官階).
검 관(檢 官)	조선조의 형조 소속으로 시체를 검사.
검교사(檢校使)	신라조 중앙관부의 장관(長官)인 영(令).
검 독(檢 督)	조선조의 지방관직.
검 률(檢 律)	조선조의 형조에 소속된 종9품.

검 열(檢 閱)	고려조 예문관(藝文館) · 춘추관(春秋館)의 정8품에서 정9품. 조선조 예문관의 정9품 벼슬로 사초(史草)를 꾸미는 일을 맡음.
겸교리(兼校理)	조선조의 교서관(校書館)에 소속된 종5품.
겸교수(兼教授)	조선조의 종6품.
겸도사(兼都事)	조선조의 충훈부(忠勳府)에 속한 종5품.
겸보덕(兼輔德)	조선조 세자시강원(世子侍講院)의 정3품.
겸사복장(兼司僕將)	조선조 무관의 관직으로 종2품이었으나 뒤에 정3품이 됨.
겸필선(兼弼善)	조선조 초기 세자시강원(世子侍講院)에서 세자를 교육한 정4품.
경 력(經 歷)	고려조의 4~5품, 조선조의 종4품.
경사교수(經史教授)	고려조의 교육기관인 국자감(國子監)에 속했던 관직.
경학박사(經學博士)	고려조 지방관만의 자제를 교육시키기 위해 둔 관직.
계 사(計 士)	조선조 호조에 속한 종8품. 처음에는 산원(算員)이라고 함.
계사랑(啟仕郎)	조선조 동반(東班: 무관)의 관계(官階)로 정9품.
계의관(計議官)	고려조 광정원(光政院) 소속의 정7품.
관군대장군(冠軍大將軍)	고려조 정3품 무산계(武散階).
관찰사(觀察使)	조선조 지방장관으로 종2품.
광덕대부(光德大夫)	조선조의 품계(品階)로 의빈부(儀賓府)에 속했던 1품 관계.
광성대부(光成大夫)	조선조 정4품의 관계.
교 감(校 勘)	고려조 비서성(秘書省)의 종9품. 조선 승문원(承文院)의 종4품.
교 검(校檢)	조선조 승문원(承文院)의 정6품.
교 리(校 理)	조선조의 관직으로 홍문관(弘文館)과 승문원(承文院)의 종5품.
교서랑(校書郎)	고려조의 비서성(秘書省)에 속한 정9품.
교 수(教 授)	조선조의 부(府)와 목(牧)에서 유생들을 가르치는 종6품.
국별장(局別將)	조선조의 훈련도감에 소속된 정3품 무관직.
군 수(郡 守)	조선조 각 군(郡)의 우두머리로 종4품의 지방 벼슬.
권 독(勸 讀)	조선조 세손(世孫)에게 학문을 가르치던 직책으로 종5품.
근절랑(謹節郎)	조선조 동반종친(東班宗親)의 품계로 종5품.
금위대장(禁衛大將)	조선조 금위영(禁衛營)의 주장(主將)으로 종2품 무관.
금자광록대부(金紫光祿大夫)	고려조 문산계(文散階)의 하나로 종2품.
금자숭록대부(金紫崇祿大夫)	고려조 문산계(文散階)의 하나로 종1품.

금자흥록대부(金紫興祿大夫)	고려조 문산계(文散階)의 하나로 종1품.
급사중(給事中)	고려조 중서문하성(中書門下省)에 소속된 종4품.
기거랑(起居郎)	고려조 문하부(門下府)의 관직으로 종5품.
기거사인(起居舍人)	고려조 문하부(門下府)의 관직으로 종5품, 후에 정5품.
기거주(起居注)	고려조 문하부(門下府)의 관직으로 종5품, 후에 정5품.
낭 관(郎 官)	조선조의 6품관(六品官).
낭 사(郎 舍)	고려조 문하성(門下省) 소속으로 간관(諫官)들의 총칭.
낭 장(郎 將)	고려조 정6품의 무관(武官).
낭 중(郎 中)	신라조의 관직으로 사지(舍知: 13등급)에서 내마(奈麻: 11등급)까지 역임. 고려조에는 6부(六部)에 소속된 정5품.
낭 청(郎 廳)	조선조 비변사(備邊司)에 속한 종6품.
내급사(內給事)	고려조 전중성(殿中省)에 소속된 종6품.
내사사인(內史舍人)	고려조 내사문하성(內史門下省) 소속의 종4품.
내사시랑평장사(內史侍郎平章事)	고려조 문하부(門下府) 소속의 정2품.
내 시(內 侍)	고려조 재주와 용모가 뛰어난 세족자제(世族子弟)들을 임명하여 숙위(宿衛) 및 근시(近侍)의 일을 맡던 관원, 조선조 환관의 별칭.
내신좌평(內臣佐平)	백제조의 1품 관직. 시중(侍中)과 같은 수상(首相)급.
내직랑(內直郎)	고려조 동궁(東宮: 세자의 거처)에 소속된 종6품.
영원장군(寧遠將軍)	고려조 정5품의 무산계(武散階: 무신들의 품계).
녹 사(錄 事)	고려조 정8품의 무관 벼슬. 조선조의 각 관아에 속한 하급 이속(吏屬).
대사간(大司諫)	조선조 사간원(司諫院)의 최고직이며 학식과 경험이 풍부하고 임금에게 충간(忠諫)하는 일을 맡은 정3품.
대사성(大司成)	조선조 성균관의 최고관, 유학에 관한 일을 담당한 정3품.
대사헌(大司憲)	조선조 사헌부(司憲府)의 장관으로 정2품.
대 장(大 將)	조선조 정2품 무관직, 호위청(扈衛廳)에만 정1품관을 둠.
대 장(臺 長)	사헌부(司憲府)의 장령(掌令: 정4품)과 지평(持平: 정5품)을 통칭.
대장군(大將軍)	신라조 무관직의 으뜸, 고려조 종3품의 무관.
대 정(隊 正)	고려조 무관의 벼슬, 최하위 군관으로 종9품.
대제학(大提學)	조선조의 홍문관(弘文館), 예문관(藝文館)에 둔 정2품.

대호군(大護軍)	고려조, 조선조의 무관직이며 종3품.
도 사(都 事)	고려조 종7품의 관직, 조선조 관리의 감찰 · 규탄을 맡은 종5품.
도 선(導 善)	조선조 종학(宗學)에 소속된 정4품.
도순문사(都巡問使)	고려조의 외관직(外官職)으로 주(州) · 부(府)의 장관을 겸함.
도순찰사(都巡察使)	조선조의 군관직. 정2품 또는 종2품의 관찰사가 겸임한 임시직.
도승지(都承旨)	조선조 승정원(承政院)의 정3품.
도원수(都元帥)	고려조, 조선조에서 전시에 군대를 통괄하던 임시 무관직.
도 정(都 正)	조선조의 종친부(宗親府) · 돈녕부(敦寧府)에서 종친사무를 담당한 정3품.
도제조(都提調)	조선조 각 관청의 정1품.
도 청(都 廳)	조선조의 준천사(濬川司)에 속한 정3품 당상관(堂上官).
도체찰사(都體察使)	조선조의 전시에 의정(議政)이 겸임하는 최고 군직.
도총관(都摠管)	조선조 오위도총부(五衛都摠府)의 으뜸벼슬로 정2품.
돈신대부(敦信大夫)	조선조 문관 벼슬로 의빈(儀賓)의 종3품.
돈용교위(敦勇校尉)	조선조 무관의 관계로 정6품.
돈의도위(敦義徒尉)	조선조 무관의 토관계(土官階)로 정7품.
동부승지(同副承旨)	조선조 승정원(承政院)에 소속된 정3품.
동지경연사(同知經筵事)	조선조 경연청(經筵廳)에 속한 종2품.
동지돈령부사(同知敦寧府事)	조선조 돈령부(敦寧府)에 속한 종2품.
동지사(同知事)	조선조 종2품 관직으로 이들의 직함은 소속관청명 위에 동지(同知)를 쓰고 관청명 밑에 사(事)를 사용.
동지삼군부사(同知三軍府事)	조선조 상군부에 속한 종2품, 대장(大將)이 겸임.
동지성균관사(同知成均館事)	조선조 성균관에 속한 종2품.
동지원사(同知院事)	고려조 중추원(中樞院) 소속의 종2품.
동지의금부사(同知義禁府事)	조선조 의금부에 속한 종2품.
동지춘추관사(同知春秋館事)	조선조 춘추관에 속한 종2품.
동첨절제사(同僉節制使)	조선조 절도사(節度使)에 속한 종4품 무관.
만 호(萬 戶)	고려조, 조선조의 외관직(外官職)으로 정4품 무관.
명덕대부(明德大夫)	조선조의 관계로 숭덕대부(崇德大夫)를 개칭.
명선대부(明善大夫)	조선조 초기 종친들에게 주던 관계로 정3품 당상관.

명신대부(明信大夫) 조선조 초기 의빈(儀賓)에게 주던 종3품의 관계.

목 사(牧 使) 조선조 각 목(牧)의 으뜸 벼슬로 정3품.

명위장군(明威將軍) 고려조 종4품의 무산계(武散階).

무공랑(務功郎) 조선조 정7품의 문반 관계로 종친 및 의빈(儀賓)에게 줌.

문 사(文 師) 고려조 유수관(留守官)이나 대도호부(大都護府)에 속한 9품.

문하녹사(門下錄事) 고려조 문하성(門下省)에 소속된 정7품.

문하사인(門下舍人) 고려조 문하부(門下府) 소속의 종4품.

문하시랑평장사(門下侍郎平章事) 고려조 문하부에 소속된 정2품.

문하시중(門下侍中) 고려조 문하성의 최고 관리로 종1품.

문하우시중(門下右侍中) 고려조 문하부의 관직으로 문하시중을 고쳐부른 것.

문하좌시중(門下左侍中) 고려조 문하부의 관직으로 문하시중을 고쳐부른 것.

문하주서(門下注書) 고려조 문하부의 종7품. 첨의주서(僉議注書)라 함.

문하찬성사(門下贊成事) 고려조 문하부의 정2품. 찬성사(贊成事)라 함.

문하평리(門下評理) 고려조 문하부(門下府) 소속의 종2품.

밀직판원사(密直判院使) 밀직사(密直司) 소속의 종2품.

밀직원사(密直院事) 밀직지원사(密直知院事)·밀직사의 종2품.

밀직부사(密直府事) 밀직사(密直事) 소속의 정3품 관직.

방어사(防禦使) 조선조 지방 관직으로 각 도(道)의 요지를 방어하는 병권(兵權)을 가진 종2품.

백 호(百 戶) 조선조 5·6품의 청백하고 무예에 능한 무관.

벽상삼한삼중대광(壁上三韓三重大匡) 고려조의 정1품 품계. 벽상공신(壁上功臣)의 무관.

별 장(別 將) 고려조 정7품의 무관. 조선조 각 영에 소속된 종2품 무관.

별 제(別 提) 조선조 6품의 관리로 6조(六曹)에 속함.

별 좌(別 坐) 조선조의 정5품 또는 종5품.

별효장(別驍將) 조선조 수원(水原) 총리영(總理營) 소속의 정3품 무관.

별후부천총(別後部千摠) 조선조 어영청(御營廳) 소속의 정3품 무관.

병마사(兵馬使) 고려조 동·북 양계(兩界)의 군권을 지휘하는 정3품.

병마방어사(兵馬防禦使) 조선조 각 지방의 군대를 통솔하던 종2품의 무관.

병마절도사(兵馬節度使) 조선조 지방의 군대를 통솔하던 종2품의 무관.

병마절제사(兵馬節制使) 조선조 각 읍(邑)의 수령(守令)이 겸임하는 군사직.

병부상서(兵部尙書)	고려조 병부(兵部)의 장관.
병절교위(秉節校尉)	조선조의 종6품에 속하는 무관의 관계(官階).
병조판서(兵曹判書)	조선조 병조(兵曹)의 장관으로 정2품.
병직랑(秉直郎)	조선조 종친(宗親)에게 주던 정5품 동반관계(東班官階).
보공장군(保功將軍)	조선조 무관의 관계(官階)로 종3품.
부신금(副愼禽)	조선조 장원서(掌苑署)에 소속된 종8품 잡직(雜織).
부신수(副愼獸)	조선조 궁중의 정원을 관리하던 종9품의 잡직.
부　위(副　尉)	조선조 의빈부(儀賓府)에 속한 정3품.
부　윤(副　尹)	조선조 정2품 지방 관직으로 부(府)의 으뜸 관리.
부응교(副應敎)	조선조 홍문관에서 경서와 사적(史籍)을 관리하던 종4품.
부　장(部　將)	조선조 무관직으로 5위(五衛)에 속한 종6품.
부　장(副　將)	조선조 말의 무관 계급, 정2품으로 상장(上將) 밑의 무관.
부전수(副典需)	조선조 내수사(內需司)에 소속된 종6품.
부전악(副典樂)	조선조 장악원(掌樂院)에서 음악에 관한 일을 본 종6품.
부전율(副典律)	조선조 장악원(掌樂院)에서 음악에 관한 일을 본 종7품.
부전음(副典音)	조선조 장악원(掌樂院)에서 음악에 관한 일을 본 종8품.
부　정(副　正)	고려조 각 관청 소속의 종4품 관직. 조선조 각 관청의 종3품.
부정자(副正字)	고려조와 조선조 교서관(校書館)과 승문원(承文院)의 종9품.
부제조(副提調)	조선조 각 기관에 소속된 정3품.
부제학(副提學)	조선조 홍문관(弘文館)의 정3품.
보국대장군(輔國大將軍)	고려조 정2품의 무산계(武散階) 보국숭록대부(輔國崇祿大夫) 조선조의 정1품.
보　덕(輔　德)	조선조의 세자시강원(世子侍講院)에서 세자를 가르치던 종3품.
보신대부(保信大夫)	조선조 초기에 종친에게 주던 종3품의 관계(官階).
봉렬대부(奉列大夫)	조선조의 정4품 관계(官階).
봉　사(奉　事)	조선조의 종8품.
봉상대부(奉常大夫)	고려조 정4품의 문산계(文散階).
봉상시정(奉常寺正)	조선조 봉상시 소속의 정3품.
봉선대부(奉善大夫)	고려조의 종4품 문산계(文散階).
봉성대부(奉成大夫)	조선조의 종4품 관계로 종친에게만 줌.

봉순대부(奉順大夫)	고려조 · 조선조 정3품의 문관품계(文官品階).
봉 어(奉 御)	고려조 각 관청 소속의 정6품.
봉의랑(奉議郞)	조선조 종5품의 문관 관계(官階).
봉익대부(奉翊大夫)	고려조 종2품의 문산계(文散階) · 영록대부(榮祿大夫).
봉정대부(奉正大夫)	조선조 종4품의 문관(文官)과 종친에게 준 관계(官階).
봉직랑(奉直郞)	조선조 종5품의 문관(文官)과 종친에게 준 관계(官階).
봉헌대부(奉憲大夫)	조선조 정2품으로 의빈(儀賓)에게 준 품계(品階).
부 사(府 使)	고려조 및 조선조의 지방 관직으로 각 부(府)의 수령을 가리킴. 대도호부사(大都護府使: 정3품) · 도호부사(都護府使: 종3품)를 말함.
부 사(副 使)	고려조 사(使)의 다음가는 관직으로 5~6품.
부사과(副司果)	조선조의 5위(五衛)에 속한 종6품의 무관직.
부사맹(副司猛)	조선조의 5위(五衛)에 속한 종8품의 무관직.
부사안(副司案)	조선조의 액정서(掖庭署)에 속한 종7품의 잡직(雜職).
부사약(副司鑰)	조선조의 액정서(掖庭署)에 속한 종6품의 잡직(雜職).
부사용(副司勇)	조선조의 5위(五衛)에 속한 종9품의 무관.
부사정(副司正)	조선조의 5위(五衛)에 속한 종7품의 무관.
부사직(副司直)	조선조의 5위(五衛)에 속한 종5품의 무관.
부사포(副司鋪)	조선조의 액정서(掖庭署)에 소속된 정8품의 잡직(雜職).
부 수(副 守)	조선조의 종친부(宗親府)에서 종실과 종친에 관한 일을 보던 종4품.
부수찬(副修撰)	조선조의 홍문관(弘文館)에서 내외(內外)의 경적(經籍)과 문한(文翰)에 관한 일을 맡아본 종6품.
부승지(副承旨)	고려조 광정원(光政院) 소속의 종6품, 밀직사로 고친 후 정3품이 됨. 조선조 승정원(承政院)의 정3품.
부직장(副直長)	고려조 정8품 관직. 조선조 상서원(尙瑞院) 소속의 정8품.
부창정(副倉正)	고려조 각 군현(郡縣)에 소속된 지방직.
부첨사(副詹事)	조선조 말의 관직으로 왕태자궁(王太子宮)의 주임관(奏任官).
부총관(副摠管)	조선조 5위도총부(五衛都摠府)에 속한 정2품의 무관.
부총제사(副摠制使)	고려조 말 삼군도총제부(三軍都摠制府)에 속함.

부호군(副護軍)	조선조의 5위(五衛)에 속했던 종4품.
부호장(副戶長)	고려조 호장(戶長) 아래 관직이며 대등(大等)을 개칭한 이름.
분순부위(奮順副尉)	조선조 무관의 관계(官階)로 종7품.
비서감(秘書監)	고려조 비서성(秘書省) 소속의 종3품.
비서관(祕書官)	관청의 장관(長官)에 직속되어 기밀사무를 맡아보는 관리.
비서랑(秘書郞)	고려조 비서성(秘書省)에 소속된 종6품.
비서승(秘書丞)	고려조 비서성(秘書省)에 소속된 종6품.
빈 객(賓 客)	조선조 세자시강원(世子侍講院)에 소속되어 세자에게 경사(經史)와 도의(道義)를 가르치던 정2품.
사(師)	조선조의 세자시강원(世子侍講院)에서 세자에게 경서(經書)와 사기(史記)를 가르치던 정1품관으로 영의정이 겸임.
사 간(司 諫)	조선조 사간원(司諫院) 소속으로 임금의 잘못을 간(諫)하고 논박(論駁)하는 일을 한 종3품.
사 경(司 經)	조선조 경연청(經筵廳)에 속한 정7품.
사 과(司 果)	조선조 오위도총부(五衛都摠府)에 속한 정6품의 무관.
사 공(司 空)	고려조 삼공(三空)의 하나로 정1품.
사 도(司 徒)	고려조 삼공(三空)의 하나로 정1품.
사 맹(司 猛)	조선조 오위(五衛)에 속한 정8품.
사 사(司 事)	고려조 밀직사(密直司) 소속의 종2품 벼슬.
사 서(司 書)	조선조 세자시강원(世子侍講院) 소속의 정6품.
사 성(司 成)	조선조 성균관(成均館)에서 유학을 가르치던 종3품.
사 알(司 謁)	조선조 액정서(掖庭署)에 소속되어 임금의 명령을 전달하던 정6품 잡직.
사 업(司 業)	조선조 성균관에서 유학 강의를 맡아보던 정4품.
사 예(司 藝)	조선조 성균관 소속의 정4품.
사 용(司 勇)	조선조 오위도총부(五衛都摠府)에 속한 정9품 무관.
사 의(司 議)	조선조 장예원(掌隷院)에서 노예에 관한 일을 보던 정5품.
사의대부(司議大夫)	고려조 문하부(門下府) 소속으로 정4품.
사 인(舍 人)	신라조 사지(舍知: 13등급)에서 대사(大舍: 12등급)를 총칭하는 말.
사 재(四 宰)	조선조의 관직으로 의정부 · 우참찬(右參贊: 정2품)을 말함.

사　자(使　者)	부여와 고구려의 관직으로 정3품에서 정5품까지 다양함.
사　정(司　正)	조선조의 오위(五衛)에 속한 정7품의 무관.
사　지(司　紙)	조선조 조지서(造紙署)에서 종이 제조에 관한 일을 맡은 종6품.
사　직(司　直)	조선조의 오위도총부(五衛都摠府)에 속한 정5품의 무관.
사　평(司　評)	조선조 장예원(掌隷院)에 소속된 정6품.
사　포(司　圃)	조선조 사포서(司圃署)의 정6품으로 궁중의 채소·원예를 관리.
사　포(司　鋪)	조선조 액정서(掖庭署) 소속의 정8품.
산　사(算　士)	조선조 호조(戶曹)·산학청(算學廳)의 종7품관이며, 지금의 계리사.
산　원(散　員)	고려조와 조선조 초기의 군관의 계급으로 정8품.
산학교수 (算學敎授)	조선조 호조(戶曹)에 소속되어 회계(會計)를 담당한 종6품.
산학박사(算學博士)	신라조 산술(算術)을 가르치던 교수이며, 고려조 종9품으로 국자감(國子監)에서 산술을 가르치던 교수.
삼　공(三　公)	고려조 사마(司馬)·사도(司徒)·사공(司空)의 총칭으로 정1품. 조선조 영의정·좌의정·우의정의 총칭으로 정1품.
삼도수군통제사(三道水軍統制使)	조선조의 해군 총사령관.
삼도육군통어사(三道陸軍統禦使)	조선조 말기의 무관직으로 육군 통수관.
삼　사(三　師)	고려조의 태사(太師)·태부(太傅)·태보(太保)를 말하며 임금의 고문 또는 국가 최고의 명예직으로 정1품.
삼사사(三司使)	고려조 삼사(三司)에 속한 정3품.
상　경(上　卿)	정1품과 종1품의 판서(判書)를 가리키는 통칭.
상　경(尙　更)	조선조의 내시부(內侍府)에 소속되어 임금의 시중을 들던 정9품.
상　다(尙　茶)	조선조 내시부(內侍府)에 소속된 정3품으로 임금의 시중을 듬.
상　당(上　堂)	신라조 내마(奈麻: 11등급)에서 아찬(阿飡: 16등급)에 해당.
상대등(上大等)	신라조의 최고관직으로 모든 정사를 총괄.
상　례(相　禮)	조선조 통례원(通禮院)에 소속된 종3품.
상만호(上萬戶)	고려조 군직(軍職)으로 순군만호부(巡軍萬戶府) 다음 관리.
상　문(尙　門)	조선조 내시부(內侍府)에 소속된 종8품.
상　서(尙　書)	고려조 6부에 두었던 정3품, 관서·전서 등으로 변경.
상서령(尙書令)	고려조 상서성(尙書省)의 으뜸관리로 종1품.

상서좌우승(尙書左右丞)	고려조 종3품, 상서도성(尙書都省)에 속함.
상　선(尙　膳)	조선조의 내시부(內侍府)에 소속된 종2품, 궁중식사의 일을 담당.
상　세(尙　洗)	조선조의 내시부(內侍府)에 소속된 정6품, 주방일을 담당.
상　시(常　侍)	고려조 좌산기상시(左散騎常侍)·우산기상시(右散騎常侍)를 통틀어 산기상시(散騎常侍)라 하고 약칭 상시라 함.
상　약(尙　藥)	조선조 내시부(內侍府)의 종3품, 궁중의 약에 관한 일을 담당.
상　원(尙　苑)	조선조 내시부(內侍府)의 종3품.
상원수(上元帥)	고려조 무관직으로 출정하는 군대를 통솔하는 대장.
상위사자(上位使者)	고구려조 관직으로 정6품.
상장군(上將軍)	신라조 대장군(大將軍) 다음의 무관직. 고려조와 조선조 초기의 정3품 무관.
상좌평(上佐平)	백제조의 16관 등급 중 좌평의 우두머리.
상주국(上柱國)	고려조 정2품의 훈계(勳階).
상　호(尙　弧)	조선조 내시부(內侍府)에 소속된 정5품.
상호군(上護軍)	고려조의 무관, 조선조 5위(五衛)에 속한 정3품 무관.
서　윤(庶　尹)	조선조 한성부(漢城府)·평양부(平壤府) 소속의 종4품.
서장관(書狀官)	조선조 관직으로 연행사(燕行使)의 일행인 기록관.
서학박사(書學博士)	고려조 국자감(國子監)에서 글씨를 가르치던 종9품.
선략장군(宣略將軍)	조선조 종4품의 무관계로 경력·첨정(僉正)·부호군 등이 됨.
선무사(宣撫使)	조선조 재해나 병란이 일어났을 때 지방에 파견된 관리.
선　부(膳　夫)	조선조 사옹원(司饔院)에 소속된 종7품.
선용부위(宣勇副尉)	조선조 무관의 종7품 잡직계(雜職階).
선위사(宣慰使)	조선조 사신을 영접하는 임시관직. 3품 이상의 당상관이 임명.
선위장군(宣威將軍)	고려조 종4품 무관의 관계(官階).
선의랑(宣議郎)	고려조 종7품 문관의 관계(官階).
선전관(宣傳官)	조선조 선전관청(宣傳官廳)에 소속된 정3품에서 종9품.
선절교위(宣折校尉)	고려조 정8품의 무산계(武散階).
선절부위(宣折副尉)	고려조 정8품의 무산계(武散階).
선직랑(宣職郎)	조선조 동반(東班)의 정6품 토관직(土官職).
선　화(宣　畫)	조선조의 도화서(圖畫署)에 소속되어 그림을 담당하던 종6품.

선　회(善　繪)	조선조의 도화서(圖畫署)에 소속되어 그림을 담당하던 종7품.
선휘대부(宣徽大夫)	조선조 종친(宗親)과 문관(文官)에게 주던 정4품 관계.
설　경(說　經)	조선조 경연(經筵)에 속한 정8품.
성록대부(成祿大夫)	조선조 의빈(儀賓)에게 주던 정1품의 관계.
세　마(洗　馬)	고려조 동궁(東宮)에 속한 종5품, 조선조 정9품의 잡직.
세자부(世子傅)	고려조 세자의 스승. 조선조 세자시강원에 속한 정1품.
세자사(世子師)	고려조 세자의 스승, 조선조 세자시강원에 속한 정1품.
소　감(少　監)	신라조 무관, 고려조 4~5품, 조선조 종4품.
소　경(少　卿)	고려조 종4품, 조선조 종4품.
소덕대부(昭德大夫)	조선조 종친(宗親)과 문관(文官)에게 준 종1품 관계.
소　윤(少　尹)	신라조의 지방관직, 고려조 종4품, 조선조 한성부(漢城府)·개성부(開城府) 소속의 정4품.
소의대부(昭義大夫)	조선조 종친(宗親)에게 주던 종2품.
소첨사(少詹事)	고려조 첨사부(詹事府)의 종3품.
수국사(修國史)	고려조 감수국사(監修國史) 다음으로 2품 이상이 겸임.
수군방어사(水軍防禦使)	조선조 수군(水軍)을 통솔한 종2품의 무관직(武官職).
수군절도사(水軍節度使)	조선 때 수군(水軍)을 통제하기 위한 정3품 무관직.
수군첨절제사(水軍僉節制使)	조선조 진(鎭)의 수군을 지휘한 종3품의 무관직.
수문하시중(守門下侍中)	고려조 문하부(門下府)의 대신(大臣).
수어사(守禦使)	조선조의 수어청(守禦廳) 장관. 광주유수(廣州留守)가 겸임한 정2품.
수의도위(守義徒尉)	조선조 종7품의 토관계(土官階)로 문관직.
수의부위(修義副尉)	조선조 종8품의 무관에게 주는 관계(官階).
수임교위(修任校尉)	조선조 문반의 정6품에 속하는 잡직계(雜職階).
수직랑(修職郎)	고려조 7품의 문산계(文散階).
수　찬(修　撰)	고려조 예문관(藝文館)에 속한 사관(史官)으로서 정2품, 후에 정8품이 됨. 조선 때 홍문관(弘文館)의 정6품.
수찬관(修撰官)	고려조 한림원(翰林院) 소속. 3품 이하가 겸직한 사관(史館). 조선조 춘추관(春秋館)의 정3품 관직으로 부제학(副提學)을 겸임.
순무사(巡撫使)	고려조 안무사(按撫使)를 개칭한 것으로 지방관을 감찰.

순위관(巡衛官)	고려조 사평순위부(司平巡衛府)에 소속된 참상관 다음 관리.
숭덕대부(崇德大夫)	조선조 의빈(儀賓)에게 주던 종1품의 관계(官階).
숭록대부(崇祿大夫)	고려조와 조선조 종1품의 문산계. 공민왕 때는 정2품.
숭정대부(崇政大夫)	조선조 문관(文官)에게 주던 종1품의 관계(官階).
숭헌대부(崇憲大夫)	조선조 종친에게 주던 정2품 관계. 후에 문관에게도 주었음.
승(丞)	고려조와 조선조 각 관청에 소속된 정5품~정9품의 관원.
승무랑(承務郎)	조선조 종7품의 잡직관계(雜職官階).
승봉랑(承奉郎)	고려조 종8품의 문산계(文散階).
승사랑(承仕郎)	조선조 종8품의 문산계(文散階).
승 선(承 宣)	고려조 왕명의 출납을 맡아본 정3품. 승지(承旨) · 대언(代言).
승의랑(承議郎)	조선조 정6품의 문관계(文官階).
승의부위(承義副尉)	조선조 정8품 무관(武官)의 관계.
승전선전관(承傳宣傳官)	조선조의 선전관청에 소속돼 왕의 명령을 전달하던 무관.
승 지(承 旨)	고려조 밀직사(密直司) 소속의 왕명을 출납. 조선조 승정원(承政院) 소속의 왕명을 출납. 정3품.
승훈랑(承訓郎)	조선조 정6품 관직으로 종친과 의빈(儀賓)에게 주던 관계.
시강관(侍講官)	조선조 경연청(經筵廳)에 속해 임금에게 경서를 강의하던 정4품.
시독관(侍讀官)	조선조 경연청(經筵廳)에 속해 임금에게 경서를 강의하던 정5품.
시독사(侍讀事)	고려조 동궁(東宮: 세자 궁)에 소속된 관리.
시 랑(侍 郎)	신라조 각 부의 차관(次官)이며 내마(奈麻: 11등급)에서 아찬(阿飡: 6등급)까지 해당하는 벼슬. 고려조 각 부의 정4품.
시사랑(試仕郎)	조선조 종7품으로 동반(東班: 운관)의 토관직(土官職).
시어사(侍御史)	고려조 어사대(御史臺) 소속의 종5품.
시 중(侍 中)	신라조 집사성(執事省)의 최고벼슬로 대아찬(大阿飡: 5등급)에서 이찬(伊飡: 2등급)까지이며, 고려조 수상(首相)으로 종1품.
신 과(愼 果)	조선조 장원서(掌苑署)에 소속된 종7품.
안렴사(按廉使)	고려조의 지방장관으로 절도사 · 안찰사로도 불림.
안무사(按撫使)	고려조 · 조선조 지방에 파견되어 수령을 감찰하는 임시 외관직.
약장랑(藥藏郎)	고려조 동궁(東宮: 세자가 사는 곳)에 속한 정6품.
어모교위(禦侮校尉)	고려조 종8품의 상(上)인 무관품계(武官品階).

어모장군(禦侮將軍)	조선조 정3품 당하관의 무관품계(武官品階).
어　사(御　事)	고려조 각 조(曹)의 장관. 또한 수서원(修書院)의 장(長).
어사대부(御史大夫)	고려조 정3품으로 어사대(御史臺)의 수장. 조선조 대사헌에 해당.
어사잡단(御史雜端)	고려조 어사대(御史臺)에 속한 종5품.
어사중승(御史中丞)	고려조 어사대(御史臺)에 속한 종4품.
어영대장(御營大將)	조선조 어영청(御營廳)의 으뜸가는 벼슬로 종2품 무관직.
어영장관(御營將官)	조선조 어영청(御營廳)의 장관(將官)으로 종4품 무관직.
역　학(譯　學)	조선조 종9품으로 번역(翻譯)·통역(通譯)을 맡은 관리.
염문사(廉問使)	고려조 지방 관리의 재판행정을 감독하기 위한 관직(도염문사: 2품 이상).
영(令)	신라조 각 부의 장관. 고려조 3품~9품. 조선조 종5품.
영도첨의(領都僉議)	고려조 수상(首相)급, 영도첨의부사의 약칭.
영돈령부사(領敦寧府事)	조선조 영돈령·돈령부(敦寧府)의 장으로 정1품.
영록대부(榮祿大夫)	고려조 종2품의 문산계(文散階).
영　사(領　事)	고려조 삼사(三司)·춘추관(春秋館)의 장(長), 조선조 홍문관 예문관·경연청·춘추관·관상감·돈령부의 장(長).
영사복시사(領司僕寺事)	고려조 종2품으로 사복시(司僕寺)의 으뜸 관리.
영선공사사(領繕工司事)	고려조 선공사(繕工司)의 장(長)으로 종2품.
영의정(領議政)	조선조 최고의 중앙관청인 의정부(議政府)의 최고관직으로 정1품이며 백관을 통솔하고 서정(庶政)을 감독.
영춘추관사(領春秋館事)	고려조와 조선조 춘추관의 으뜸 벼슬로 영의정이 겸함.
영홍문관사(領弘文館事)	조선조 홍문관의 정1품.
예의판서(禮儀判書)	고려조 예의사(禮儀司)의 정3품.
오위장(五衛將)	조선조 오위(五衛)의 종2품, 후에 정3품.
요무교위(燿武校尉)	고려조 정6품의 무산계(武散階).
요무부위(燿武副位)	고려조 정6품의 무산계(武散階).
요무장군(燿武將軍)	고려조 정6품의 무산계(武散階).
우대언(右代言)	고려조 밀직사(密直司) 소속의 정3품, 조선조 승정원(承政院) 소속의 정3품.

우보궐(右補闕) 고려조 중서문하성(中書門下省) 소속의 정6품.

우복야(右僕射) 고려조 상서도성(尙書都省)에 소속되어 상서령(尙書令) 다음가는 정2품. 조선조 초기 삼사(三司)에 소속된 정2품.

우부대언(右副代言) 고려조 밀직사(密直司) 조선조 승정원에 소속된 정3품.

우부빈객(右副賓客) 조선조 세자시강원(世子侍講院)에 소속된 종2품.

우부수(右副率) 조선조 세자익위사(世子翊衛司)에 속한 정7품 무관직.

우부승선(右副承宣) 고려조 중추원(中樞院) 소속으로 정3품이었다가 후에 종6품. 조선 말 승선원(承宣院) 소속.

우부승지(右副承旨) 조선조 초기 중추원의 정3품, 후에 승정원의 정3품.

우부승직(右副承直) 고려조 내시부(內侍府)에 속한 종6품.

우빈객(右賓客) 조선조 세자시강원(世子侍講院)에 속한 정2품.

우 사(右 使) 고려조 · 조선조 삼사(三司)에 속한 정2품. 우복야를 고친 이름.

우사간(右司諫) 고려조 중서문하성(中書門下省)에 소속되어 간쟁을 맡아본 정6품, 뒤에 우헌납(右獻納)으로 고치면서 정5품으로 하였다가 다시 종5품으로 바뀜.

우사낭중(右司郎中) 고려조 상서도성(尙書都省)에 소속된 정5품.

우사어(右司禦) 조선조 세자익위사(世子翊衛司) 소속의 종5품 무관(武官).

우사원외랑(右司員外郎) 고려조 상서도성(尙書都省)에 속한 정6품.

우상시(右常侍) 고려조 중서문하성(中書門下省) 소속의 정3품.

우 승(右 丞) 고려조 상서도성의 종3품. 조선조 초 삼사(三司)의 종3품.

우승직(右承直) 고려조 내시부(內侍府)에 속한 종5품.

우시금(右侍禁) 고려조 액정국(掖庭局) 소속의 정8품.

우시직(右侍直) 조선조 세자익위사(世子翊衛司)에 소속된 정8품.

우 윤(右 尹) 조선조 한성부(漢城府: 서울시청)에 소속된 종2품.

우의정(右議政) 조선조 최고행정 기관인 의정부(議政府)에 소속된 정1품. 백관(百官)을 통솔하고 서정(庶政)을 총괄하며 여러 관직을 겸임.

우익위(右翊衛) 조선조 세자익위사(世子翊衛司) 소속의 정5품 무관(武官).

우익찬(右翊贊) 조선조 세자익위사(世子翊衛司) 소속의 정6품 무관(武官).

우찬성(右贊成) 조선조 의정부에 속한 3의정 다음가는 벼슬로 종1품.

우참찬(右參贊) 조선조 의정부(議政府) 소속의 정2품.

우첨사(右詹事)	고려조 왕비부(王妃府)에 예속된 관직.
운휘대장군(雲麾大將軍)	고려 때 정3품의 무산계(武散階).
원 보(元 輔)	영의정(領議政)의 별칭.
원 사(院 使)	고려조 중추원(中樞院) 소속의 종2품.
원 상(院 相)	조선조 어린 임금을 보좌하며 정사를 다스리던 관직.
원외랑(員外郎)	고려조 각 기관의 정6품.
위(尉)	고려조 정9품의 무관직(武官職).
유격장군(遊擊將軍)	고려조 종5품의 무산계(武散階).
유기장군(遊騎將軍)	고려조 종5품의 무산계(武散階).
유덕대부(綏德大夫)	조선조 종친(宗親)에게 주었던 종1품계(品階).
율학교수(律學敎授)	조선조의 형조(刑曹)·율학청(律學廳)에서 법률을 연구한 종6품.
율학박사(律學博士)	고려조 상서형부(尙書刑部)와 국자감(國子監)에 소속된 종8품.
율학훈도(律學訓導)	조선조 형조(刑曹)·율학청(律學廳)에 소속된 정9품.
응 교(應 敎)	고려조 예문춘추관(藝文春秋館)에 속한 정5품. 조선조 홍문관(弘文館)·예문관(藝文館)에 속한 정4품.
의덕대부(宜德大夫)	조선조 문관과 종친에게 주는 종1품의 관계(官階).
의동삼사(儀同三司)	고려조 정1품 하(下)의 문산계(文散階).
익 례(翊 禮)	조선조 통례원(通禮院)에 소속되어 의식(儀式)일을 맡아본 종3품.
익 선(翊 善)	고려조 정5품. 조선 때 세손강서원(世孫講書院)에 속한 종3품.
익 찬(翊 贊)	조선조 세자익위사(世子翊衛司)에 소속되어 세자를 호위한 정6품 무관직.
익휘부위(翊麾副尉)	고려조 종7품의 무산계(武散階).
인 의(引 儀)	조선조 통례원(通禮院) 소속의 종6품.
인진부사(引進副使)	고려조 각문(閣門)에 소속된 종5품.
인진사(引進使)	고려조 각문에 소속된 정5품.
자덕대부(資德大夫)	고려조 종2품 하(下)의 문산계(文散階).
자신대부(資信大夫)	조선조 종친(宗親)과 문관(文官)에게 주던 종3품.
자 의(諮 議)	고려조 정6품. 조선조 초 삼사(三司)에 속한 정4품.
자의대부(資義大夫)	조선조 의빈(儀賓)과 문관(文官)에게 주던 종2품 관계.
자헌대부(資憲大夫)	조선조 초기에는 문·무관, 말기에는 종친·의빈의 정2품.

장 교(將 校)	조선조 각 군영(軍營)에 속했던 군관(軍官).
장 군(將 軍)	신라조 시위부(侍衛府)의 으뜸 벼슬. 고려조 정4품의 무관직이며 조선조에는 종4품의 무관직(武官職).
장 령(掌 令)	고려조 사헌부(司憲府) · 감찰사(監察司)의 종4품. 조선조 사헌부(司憲府)의 종4품.
장무장군(將武將軍)	고려조 정4품 하(下)의 무산계(武散階).
장 사(長 史)	고려조 종6품의 무관(武官).
장사랑(將仕郎)	고려조와 조선조 종9품 하(下)의 문산계(文散階).
장 원(掌 苑)	조선조 장원서(掌苑署)에 소속된 정6품.
재 부(宰 夫)	조선조 사옹원(司饔院)에 소속된 종6품의 잡직(雜職).
저 작(著 作)	조선조 정8품.
적공교위(迪功校尉)	조선조 무관(武官)의 잡직(雜職)으로 종6품.
적순부위(迪順副尉)	조선조 무관(武官)의 정7품 관계(官階).
전근랑(展勤郎)	조선조 종9품 문관(文官) 계통의 잡직(雜職).
전력부위(展力副尉)	조선조 종9품 무관(武官) 계통의 잡직(雜職).
전 부(典 簿)	조선조 종친부(宗親府)에 속한 정5품.
전 수(典 需)	조선조 내수사(內需司)에 속한 정5품.
전 악(典 樂)	조선조 장악원(掌樂院)에 속한 정6품의 잡직(雜職).
전 율(典 律)	조선조 장악원(掌樂院)에 속한 정7품의 잡직(雜職).
전 적(典 籍)	조선조 성균관(成均館)에 속한 정6품.
전 첨(典 籤)	조선조 종친부(宗親府)에 속한 정4품.
전 한(典 翰)	조선조 홍문관(弘文館)에 속한 종3품.
전 화(典 貨)	조선조 내수사(內需司)에 속한 종9품.
전 회(典 會)	조선조 내수사(內需司)에 속한 종7품.
절도사(節度使)	고려조 지방장관, 뒤에 안무사(按撫使)라 함. 조선조 각 지방 군권(軍權)의 총책임자였던 무관직으로 종2품.
절제도위(節制都尉)	조선조 절도사에 속한 종6품의 무관직.
절제사(節制使)	고려조 원수(元帥)를 개칭한 이름으로 각 주(州) · 부(府)의 장관직. 조선조 각 지방에 두었던 정3품의 무관직.
절충장군(折衝將軍)	조선조 정3품의 당상관(堂上官)으로 무반관계(武班官階).

정당문학(政堂文學)	고려조와 조선조 초기의 종2품. 고려조 내사문하성(內史門下省) 소속이며, 조선조 문하부(門下府) 소속.
정덕대부(靖德大夫)	조선조 의빈(儀賓)에게 주었던 종1품 관계(官階)
정　랑(正　郞)	고려조와 조선조 6조(曹) 소속의 정5품.
정략장군(定略將軍)	조선조 종4품의 무반관계(武班官階).
정봉대부(正奉大夫)	고려조 종2품의 문산계(文散階).
정순대부(正順大夫)	고려조 정3품 문관계. 조선조 의빈의 정3품.
정　언(正　言)	고려조 중서문하성(中書門下省)에 속한 종6품. 뒤에 정6품이 됨. 조선조 사간원(司諫院)에 속했던 정6품.
정　윤(正　尹)	고려조 종친에게 종2품, 훈신(勳臣)에게 정3품으로 내리던 봉작(封爵).
정원장군(定遠將軍)	고려조 정5품의 무산계(武散階).
정의대부(正義大夫)	조선조 정4품의 문관품계(文官品階).
정헌대부(正憲大夫)	조선조 정2품의 문무관 품계로 후에 종친. 의빈의 품계와 병용.
제　거(提　擧)	고려조 관직. 조선 때 사옹원(司饔院)의 종3품.
제　검(提　檢)	조선조 사옹원 · 예빈시(禮賓寺) 등에 소속된 4품.
제　조(提　調)	조선조 관직으로 도제조는 정1품, 부제조는 정3품.
제　학(提　學)	고려조 정3품 벼슬로 대제학 다음, 조선조 종1품 또는 종2품.
조　교(助　敎)	신라조 국학박사(國學博士) 다음가는 관직. 고려조 태의감 · 국학에 속한 관직.
조　기(調　驥)	조선조 사복시(司僕寺)에 소속된 종7품의 잡직(雜職).
조봉대부(朝奉大夫)	조선조 종4품의 문반품계(文班品階).
조봉랑(朝奉郎)	고려조 종5품의 문반품계(文班品階).
조　부(調　夫)	조선조 사옹원(司饔院)에 소속된 종8품의 잡직(雜職).
조산대부(朝散大夫)	고려조 4품 또는 5품의 문관품계. 조선조 종4품 문관품계.
조산랑(朝散郎)	고려조 종7품 하(下)의 문관품계(文官品階).
조열대부(朝列大夫)	고려조 종4품 하(下)의 문관품계(文官品階).
조의대부(朝議大夫)	고려조 정5품 상(上)의 문관품계(文官品階).
조의랑(朝議郎)	고려조 정6품 상(上)의 문관품계(文官品階).
조전원수(助戰元帥)	고려조 말기의 무관직, 도원수 · 상원수를 돕는 구실을 담당.

조청대부(朝請大夫)	고려조 정5품의 문반품계(文班品階).
조청랑(朝請郎)	고려조 정7품의 문반품계(文班品階).
조현대부(朝顯大夫)	고려조 종4품의 문반품계(文班品階).
종사랑(從仕郎)	고려조 7품의 문반품계(文班品階).
종순랑(從順郎)	조선조 정6품의 문반품계이며 종친의 위계(位階).
종정경(宗正卿)	조선조 말의 종친부(宗親府) 소속으로 종2품 이상의 관직.
좌간의대부(左諫議大夫)	고려조 정4품의 관직위계(官職位階). 조선조 정3품.
좌대언(左代言)	고려조 밀직사(密直司), 조선조 승정원(承政院)에 소속된 정3품.
좌 랑(佐 郎)	고려조와 조선조 6조(六曹)에 소속된 정5품.
좌보궐(左補闕)	고려조 시대에 따라 정5품에서 정6품.
좌복야(左僕射)	신라조 관직. 고려조 상서도성(尙書都省) 소속의 정2품으로 상서령(尙書令) 다음의 관직. 조선조 초기 삼사(三司)에 속했던 정2품.
좌부대언(左副代言)	고려조 밀직사(密直司), 조선 때 승정원(承政院)의 정3품.
좌부빈객(左副賓客)	조선조 세자시강원(世子侍講院)에 속했던 종2품.
좌부수(左副率)	조선조 세자익위사에 소속되어 왕세자를 호위하던 정7품 무관직.
좌부승선(左副承宣)	고려조 정3품 벼슬. 조선조 말 승선원(承宣院) 소속의 관직.
좌부승직(左副承直)	고려조 내시부(內侍府)에 속한 정6품.
좌빈객(左賓客)	조선조 세자시강원(世子侍講院)에서 왕세자를 가르쳤던 정2품.
좌사간(左司諫)	고려조 문하부(門下府)에 소속된 관직. 뒤에 좌헌납(左獻納)으로 개칭, 정6품.
좌사낭중(左司郎中)	고려조 상서도성(尙書都省)에 소속된 정5품.
좌사어(左司禦)	조선조 세자익위사(世子翊衛司)에 소속된 종5품 무관직.
좌산기상시(左散騎常侍)	고려조와 조선조 초 문하부(門下府) 소속의 간관(諫官).
좌상시(左常侍)	고려조 중서문하성(中書門下省) 소속의 정3품.
좌습유(左拾遺)	고려조 내사문하성(內史門下省) 소속의 종5품에서 정6품. 조선조 초 문하부(門下府) 소속의 정6품 간관(諫官).
좌 승(左 丞)	조선조 초기에 삼사(三司)의 종3품.
좌승선(左承宣)	조선조 말기의 승선원(承宣院) 소속의 관직(官職).
좌승지(左承旨)	조선조 승정원(承政院) 소속의 정3품.

좌승직(左承直)	고려조 정5품으로 내시부(內侍府)에 소속된 관직(官職).
좌시금(左侍禁)	고려조 액정국(掖庭局) 소속의 정8품.
좌시직(左侍直)	조선조 세자익위사(世子翊衛司)에 소속된 정8품 무관(武官).
좌위수(左衛率)	고려조 춘방원(春坊院) 소속의 정5품 무관직. 조선조 종6품.
좌유선(左諭善)	조선조 세손강서원(世孫講書院)에서 왕세손을 가르치던 종2 · 3품.
좌 윤(左 尹)	고려조 삼사(三司) 소속의 종3품. 조선조 한성부(漢城府)의 종2품.
좌 윤(佐 尹)	고려조 향직(鄕職)으로 6품.
좌의정(左議政)	조선조 의정부(議政府) 소속의 정1품으로 영의정과 우의정 사이의 정1품. 좌규(左揆) · 좌상(左相) · 좌정승 · 좌합(左閤).
좌익위(左翊衛)	조선조 세자익위사(世子翊衛司) 소속의 정5품.
좌익찬(左翊贊)	조선조 세자익위사(世子翊衛司) 소속의 정6품.
좌종사(左從史)	조선조 세손위종사(世孫衛從司)에 속하여 세자를 호위하던 종6품.
좌찬독(左贊讀)	조선조 세손강서원(世孫講書院)에 속한 종6품의 무관직.
좌찬선대부(左贊善大夫)	고려조 동궁(東宮: 세자가 사는 곳)에 소속된 정5품.
좌찬성(左贊成)	조선조 의정부(議政府)에 소속된 종1품으로 백관을 통솔하고 일반 정사의 처리, 국토계획(國土計劃), 외교를 맡아보았다.
좌참찬(左參贊)	조선조 의정부(議政府)에 소속된 정2품 관직(官職).
좌첨사(左詹事)	고려조 첨사부(詹事府)에 소속된 관직.
좌통례(左通禮)	조선조 통례원(通禮院)의 으뜸 벼슬로 정3품.
좨 주(祭 主)	조선조 성균관(成均館)에서 제향(祭享)을 담당한 정3품.
주 부(主 簿)	고구려조 종2품 상당. 신라조 내마(奈麻: 11등급)에서 사지(舍知: 13등급)의 관직. 조선 때 각 기관에 두었던 종6품.
주 부(注 簿)	고려조 각 기관에 두었던 6품관에서 8품까지의 관직(官職).
주 사(主 事)	신라조와 고려조의 관직. 조선조 정7품.
주 서(注 書)	고려조 정7품의 관직. 조선조 문하부와 승정원 소속의 정7품.
중대부(中大夫)	고려조 종4품 하(下)의 문산계(文散階).
중랑장(中郎將)	고려조와 조선조 초 각 영(領)에 소속된 정5품의 무관직.
중무장군(中武將軍)	고려조 정4품 상(上)의 무산계(武散階).
중봉대부(中奉大夫)	고려조 은청광록대부(銀青光祿大夫)를 고친 정3품 문산계.
중사인(中舍人)	고려조 정5품으로 동풍의 속관관직(屬官官職).

중산대부(中散大夫)	고려조 정5품 상(上)의 문산계(文散階).
중서령(中書令)	고려조 문하부(門下府) 소속의 종1품.
중서사인(中書舍人)	고려조 중서문하성(中書門下省) 소속의 종4품.
중서시랑평장사(中書侍郎平章事)	고려조 중서성(中書省)의 정2품.
중정대부(中正大夫)	고려조 종3품의 문산계(文散階).
중직대부(中直大夫)	조선조 종3품으로 문반(文班)의 관계(官階).
중현대부(中顯大夫)	고려조 정3품 하(下)의 문산계(文散階).
중훈대부(中訓大夫)	조선조 종3품의 문산계.
지부사(知部事)	고려조 6부(六部)에 소속된 종3품.
지 사(知 事)	고려조 각 도(道)의 도통사에 딸린 5품에서 6품의 관리이며 또한 각 관청의 2품에서 5품의 관직. 조선 때 정2품에서 종3품.
지성사(知省事)	고려조 상서성(尙書省) 소속의 종2품.
지원사(知院事)	고려조 중추원(中樞院) 소속의 종2품.
지제고(知制誥)	고려조 조서(詔書) · 교서(敎書) 등을 지어 왕에게 올리던 관직.
지제교(知製敎)	조선조 왕에게 교서(敎書) 등을 기록하여 올리는 일을 담당하였으며, 부제학(副提學: 정3품) 이하 부수찬(副修撰: 종6품)까지가 겸임.
지주사(知奏事)	고려조 중추원(中樞院) 소속의 정3품.
지 평(持 平)	고려조 정5품 관직. 조선 때 사헌부(司憲府)에 소속된 정5품.
지 후(祗 候)	고려조 정7품.
직 각(直 閣)	조선조 규장각(奎章閣)에 소속된 정3품에서 종6품까지의 관직.
직 강(直 講)	조선조 성균관(成均館) 소속의 정5품.
직무랑(直務郎)	조선조 동반(東班) 계통의 종8품으로 토관직(土官職) 관계.
직문하(直門下)	고려조 문하부(門下府)에 소속된 종3품.
직사백(直詞伯)	고려조 예문춘추관(藝文春秋館) 소속의 정4품.
직 장(直 長)	고려조 6품에서 9품까지의 관직. 조선 때 종7품.
직제학(直提學)	고려조 정4품, 조선조 집현전(集賢殿)의 종3품관. 홍문관 · 예문관의 정3품 관직. 규장각의 종2품에서 정3품관.
직 학(直 學)	고려조 국자감(國子監)에 둔 종9품.
직학사(直學士)	고려조 중추원(中樞院) 소속의 정3품.

진국대장군(鎭國大將軍)	고려조 종2품의 무산계(武散階).
진덕박사(進德博士)	고려조 성균관(成均館)의 종8품.
진　무(鎭　撫)	고려조 도통사(都統使) 소속의 종2품과 정3품이 있음.
진무부위(振武副尉)	고려조 종6품 하(下)의 무산계(武散階).
진무사(鎭撫使)	조선조 진무영(鎭撫營)의 으뜸 벼슬로 강화유수가 겸임.
진　선(進　善)	조선조 세자시강원(世子侍講院)에 소속된 정4품.
진용교위(進勇校尉)	조선조 정6품의 무관관계(武官官階).
진위교위(振威校尉)	고려조 종6품 상(上)의 무관관계.
진위장군(振威將軍)	조선조 정4품의 무관관계(武官官階).
진　장(鎭　將)	고려조 각 진(鎭)에 배치된 으뜸 벼슬로 7품 이상 관원 중에서 임명됨.
집　사(執　事)	고려조 말단 관리.
집순랑(執順郎)	조선조 정6품의 종친(宗親)에게 주던 관계(官階).
집　의(執　義)	고려조 사헌부(司憲府)의 3품관. 조선 때 사헌부의 종3품.
집　주(執　奏)	고려조 추밀원(樞密院) 소속의 관직.
징사랑(徵事郎)	고려조 정8품 하(下)의 문산계(文散階).
찬　독(贊　讀)	조선조 세손강서원(世孫講書院)에 속한 종6품.
찬　선(贊　善)	조선조 세자시강원(世子侍講院)에 속한 정3품.
찬선대부(贊善大夫)	고려조 동궁(東宮: 세자 궁)에 소속된 정5품.
찬　성(贊　成)	조선조 최고기관인 의정부(議政府)의 종1품.
찬성사(贊成事)	고려조 문하부(門下府) 소속의 정2품.
찬　위(贊　尉)	조선조 친왕부(親王府)에 소속된 주임관(奏任官).
찬　의(贊　儀)	조선조 통례원(通禮院) 소속의 정5품.
찰　방(察　訪)	조선조 종4품 관직으로 각 역(驛)에 소속.
참　교(參　校)	조선조 승문원(承文院)에 속한 종3품관. 조선조 말 무관직.
참　군(參　軍)	조선조 한성부(漢城府) · 훈련원(訓鍊院)의 정7품.
참　리(參　理)	고려조의 관직으로 참지정사(參知政事: 종2품)를 바꾼 이름.
참　봉(參　奉)	조선조 각 관청에 소속된 종9품.
참　의(參　議)	조선조 6조(六曹)에 소속된 정3품.
참지문하부사(參知門下府事)	고려조 문하부(門下府)에 소속된 종2품.

참지정사(參知政事)	고려조 중서문하성(中書門下省)의 종2품.
참　찬(參　贊)	조선조 최고기관인 의정부(議政府)에 소속된 정2품.
참찬관(參贊官)	조선조 경연(經筵)에 속한 정3품.
참　판(參　判)	조선조 육조(六曹)에 속했던 종2품.
창선대부(彰善大夫)	조선조 정3품의 당하관(堂下官)인 종친(宗親) 관계(官階).
창신교위(彰信校尉)	조선조 종5품의 문관관계(文官官階).
천문학교수(天文學敎授)	조선조 관상감(觀象監) 소속의 종6품.
천문학훈도(天文學訓導)	조선조 관상감(觀象監) 소속의 정9품.
천　호(千　戶)	고려조 순군만호부(巡軍萬戶府: 후에 의금부)에 소속된 관리.
첨　사(僉　使)	조선조 각 진영(鎭營)에 속한 종3품의 무관직(武官職).
첨　사(詹　事)	고려조 동궁(東宮: 세자 궁)의 종3품.
첨서원사(簽書院事)	고려조 중추원(中樞院) 소속의 정3품.
첨　위(僉　尉)	조선조 의빈부(儀賓府)에 소속된 종3품.
첨절제사(僉節制使)	첨사(僉使)의 원래 관직(官職).
첨　정(僉　正)	조선조 각 부서에 속한 종4품.
첨지사(僉知事)	조선조 중추원(中樞院)에 소속된 정3품 당상관(堂上官).
체찰사(體察使)	조선조 지방에 파견되어 일반군무를 총괄하는 무관.
초관(哨官)	조선조 종9품의 무관직(武官職).
총제사(摠制使)	고려조의 삼군도총제부(三軍都摠制府)의 관직. 재신(宰臣) 이상이 맡음.
충의교위(忠毅校尉)	조선조 정5품의 무관관계(武官官階).
치과교위(致果校尉)	고려조 정7품 상(上)의 무산계(武散階).
치과부위(致果副尉)	고려조 정7품 하(下)의 무산계.
치력부위(致力副尉)	조선조 정9품의 잡직관계(雜職官階).
태　보(太　保)	고려조 삼사(三師)에 속한 정1품.
태　부(太　傅)	고려조 삼사(三師)에 속한 정1품.
태　사(太　師)	고려조 삼사(三師)에 속한 정1품.
태　수(太　守)	신라조 각 군(郡)의 으뜸 벼슬로 중아찬(重阿飡)에서 사지(舍知).
통덕랑(通德郎)	조선조 정5품 동반(東班: 운반)의 관계.
통　사(通　事)	고려조 내시부(內侍府)에 속한 9품 벼슬 문하부(門下府)에 속한

	이속(吏屬). 조선 때 통역관(通譯官).
통　사(通　詞)	조선조 사역원(司譯院)에 속한 통역임무역관.
통사랑(通仕郎)	고려조 9품의 문관관계(文官官階), 조선조 정8품 문관관계.
통선랑(通善郎)	조선조 정5품의 동반관계(東班官階).
통의대부(通議大夫)	고려조 시대에 따라 정3품에서 정4품까지의 문산계(文散階).
통의랑(通議郎)	조선조 동반(東班)의 정5품 토관직(土官職) 관계(官階).
통정대부(通政大夫)	조선조 문관(文官) · 종친(宗親) · 의빈(儀賓)의 정3품 관계.
통제사(統制使)	조선조 3도(경남 · 전라 · 충청)의 수군(水軍)을 통솔하던 종2품.
통직랑(通直郎)	고려조 시대에 따라 정5품에서 6품 하(下)까지의 문관관계.
통헌대부(通憲大夫)	고려조 종2품의 문산계. 조선조 정2품의 의빈관계.
통훈대부(通訓大夫)	조선조 문관의 정3품 당하관(堂下官)의 관계(官階).
판　관(判　官)	신라조의 벼슬. 고려조 5품에서 9품까지의 벼슬. 고려조 및 조선조 6품 이상의 지방관직. 조선조 종5품의 중앙 관직.
판　교(判　校)	조선조 승문원(承文院). 교서관(校書館)에 속한 정3품.
판　사(判　事)	고려조 각 6부(六部)의 장으로 종1품관 각 관청의 정3품.
판　서(判　書)	고려조 각 관청 및 6조(六賣)의 으뜸벼슬로 정3품. 조선조 6조(六曹)의 정2품.
판　윤(判　尹)	조선조 한성부(漢城府)의 으뜸벼슬로 정2품.
판원사(判院事)	고려조 중추원(中樞院) 소속의 종2품.
판전교시사(判典校寺事)	고려조 전교시(典校寺)의 으뜸벼슬로 정3품.
평　사(評　事)	신라조 관직. 조선 때 정6품의 외직무관(外職武官).
평장사(平章事)	고려조 문하부(門下府) 소속의 정2품. 내사시랑평장사.
평장정사(平章政事)	고려조 중서문하성(中書門下省) 소속의 정2품.
포도대장(捕盜大將)	조선조 포도청(捕盜廳)에서의 으뜸가는 정2품 무관직.
표기대장군(驃騎大將軍)	고려조 종1품의 무산계(武散階).
필　선(弼　善)	조선조 세자시강원(世子侍講院) 소속의 정4품.
학　사(學　士)	신라조 직관. 고려조 종2품에서 정4품까지의 벼슬. 조선조 초기의 중추원(中樞院)에 소속된 종2품.
학사승지(學士承旨)	고려조 한림원(翰林院) 소속의 정2품에서 정3품 관직.
학　유(學　諭)	고려조 국자감(國子監)의 종9품, 조선조 성균관의 종9품.

학 정(學 正)	고려조 국자감(國子監)의 정9품, 조선조 성균관의 정8품.
한림학사(翰林學士)	고려조 한림원(翰林院) 소속의 정4품.
한성부판윤(漢城府判尹)	조선조 한성부의 으뜸벼슬로 정2품.
해운판관(海運判官)	조선조 전함사(典艦司)에 소속되어 조운(漕運)을 담당한 관직.
헌 납(獻 納)	고려조 문하부 소속의 5품, 조선 때 사간원(司諫院)의 정5품.
현 감(縣 監)	고려조와 조선조 초의 지방장관으로 고려조는 7품, 조선조에서는 종6품.
현 령(縣 令)	조선조 각 현(縣)의 으뜸벼슬로 종5품의 지방관직(地方官職).
현록대부(顯祿大夫)	조선조 종친(宗親)에게 주는 정1품.
형 좌(刑 左)	조선조 형조(刑曹)에 둔 정6품(正六品) 관직으로 정원은 3명, 그 중 1인은 문관(文官)으로 임명(任命).
호 군(護 軍)	조선조 오위(五衛)에 속한 정4품 무관직(武官職).
회 사(會 士)	조선조 호조(戶曹) · 산학청(算學廳) 소속의 종9품.
효임랑(效任郎)	조선조 각 관아에 소속된 종6품의 잡직(雜職).
훈 도(訓 導)	조선조 지방의 교육을 담당한 종9품.
흥록대부(興祿大夫)	고려조 정2품 문관품계. 조선 때 종친에게 주던 정1품 관계.
희공랑(熙功郎)	조선조 동반(東班) 토관직(土官職)으로 정7품.

6) 관직품계표(官職品階表)

품계	동반(문관)	서반(무관)	외명부	내명부		종친	외명부 (종친처)	외명부	의빈
				왕궁	세자궁				
무계				빈		대군, 왕자군		공주, 옹주	
정일품	승록, 승록대부 (대광보국)		정경부인, 부부인, 왕비생모	빈		군 현록, 홍록대부	부부인 (대군) 군부인 (왕자군)		위 원록, 성록대부
종일품	승록, 승정대부		정부인	귀인		군 소덕, 가덕대부	군부인		위 광덕(정덕)대부 승덕(명덕)대부
정이품	정헌, 자헌대부		숙부인	소의		군 승헌, 승헌대부	현부인	군주	위 봉헌, 통헌대부
종이품	가정, 가선대부		숙인	숙의	양제	군 증의, 정의개정(소의)	현부인	현주	위 자의, 순의대부
정삼품 (당상)	통정대부	절충장군	영인	소용		도정 명선대부	신부인		부위 봉순대부
정삼품 (당하)	통훈대부	어모장군	공인			정 창선대부	신인		첨위 정순대부
종삼품	중직, 중훈대부	건공, 보공장군	의인	숙용	양휘	부정 보신, 자신대부	혜인		첨위 명신, 돈신대부
정사품	봉정, 봉렬대부	진위, 소위장군	안인	소원		수 선징, 광징대부	혜인		
종사품	조산, 조봉대부	정약, 선략장군	단인	숙원	승휘	부수 봉성, 광성대부	온인		
정오품	통덕랑, 통선랑	과의, 충의교위	유인	상궁, 상의		영 통직랑, 병직랑	온인		
종오품	봉직랑, 봉훈랑	현신, 창신교위		상복, 상식	소훈	부령 근절랑, 신정랑	순인		
정육품	승의랑, 승훈랑	돈용, 진용교위		상침, 상공	이하계궁, 수규, 수칙	감 집순랑, 종순랑	순인		
종육품	선교랑, 선무랑	여절, 병절교위		상정, 상기					
정칠품	무공랑	적순부위		전빈, 전의, 전선					
종칠품	계공랑	분순부위		전설, 전언, 전제	장기, 장정				
정팔품	통사랑	승의부위			전찬, 전식, 전약				
종팔품	승사랑	수의부위		전등, 전채, 전정	장서, 장봉				
정구품	종사랑	효력부위		진궁, 진상, 진각					
종구품	장사랑	전력부위		진섭징, 진징, 진우, 진섭궁	장장, 장식, 장의				

7) 고금관작 대조표(古今官爵對照表)

※공무원 예규철에 없는 직은 관례에 따랐음.

<table>
<tr><th>직급</th><th>행정부</th><th>지자체</th><th>입법부</th><th>사법부</th><th>검찰</th><th></th><th></th><th></th><th>조선</th><th>품계</th></tr>
<tr><td>국가원수</td><td>대통령</td><td></td><td>국회의장</td><td></td><td></td><td></td><td></td><td></td><td></td><td></td></tr>
<tr><td>총리급</td><td>국무총리</td><td></td><td>국회부의장</td><td>대법원장</td><td>대법원장
헌법재판
소장</td><td></td><td></td><td></td><td>영의정
좌의정
우의정</td><td>정1품</td></tr>
<tr><td>부총리급</td><td>부총리
감사원장</td><td></td><td>국회의원
(중진)
국회사무처장</td><td>헌법재판
소장</td><td></td><td></td><td></td><td></td><td>좌찬성
우찬성</td><td>종1품</td></tr>
<tr><td>장관급</td><td>장관
국정원장
위원장</td><td>서울시장</td><td>국회의원
(신진)</td><td></td><td>대법관
헌법재판관</td><td>검찰
총장</td><td></td><td></td><td rowspan="2">판사
좌참찬
우참찬</td><td rowspan="2">정2품</td></tr>
<tr><td>차관급</td><td>차관청장</td><td>도지사
광역시장
서울부시장</td><td></td><td>대법관
헌법재판관</td><td>고등법원장
사법
연수원장</td><td>고검장</td><td>치안총감
(경찰청장)</td><td>대장</td></tr>
<tr><td>준차관급</td><td>차관보</td><td></td><td></td><td>고등법원장
사법연수원장</td><td>지방법원장</td><td>지검장
(검사장)</td><td></td><td>중장</td><td>참판
관찰사</td><td>종2품</td></tr>
<tr><td>1급
(관리관)</td><td>실장</td><td>도 부지사
광역부시장
시장(大)</td><td></td><td>지방법원장</td><td>부장판사
(고법수석)</td><td>차장
검사</td><td>치안정감
(경찰청
차장)</td><td>준장/소장</td><td>참의
목사
도호부사</td><td>당상관
정3품</td></tr>
<tr><td>2급
(이사관)</td><td>국장</td><td>도 실장
시장(中)</td><td></td><td>부장판사
(고법수석)</td><td>부장판사
(고등법원)</td><td>부장
검사</td><td>치안감</td><td>대령</td><td>집의
사관</td><td>종3품</td></tr>
<tr><td rowspan="2">3급
(부이사관)</td><td rowspan="2">과장
세무서장</td><td rowspan="2">도 국장
군수</td><td rowspan="2"></td><td rowspan="2">부장판사
(고등법원)</td><td rowspan="2">부장판사
(지방법원)</td><td rowspan="2">부부장
검사</td><td rowspan="2">경무관</td><td rowspan="2">준령</td><td>군수
사인
장령</td><td>정4품</td></tr>
<tr><td>경력
첨정</td><td>종4품</td></tr>
<tr><td rowspan="2">4급
(서기관)</td><td rowspan="2">고참계장</td><td rowspan="2">도 과장
부군수
구청장</td><td rowspan="2"></td><td rowspan="2">부장판사
(지방법원)</td><td rowspan="2">판사
(지방법원)</td><td rowspan="2">검사</td><td rowspan="2">총경
(경찰서장)</td><td rowspan="2">소령</td><td>현령
판관</td><td>정5품</td></tr>
<tr><td rowspan="2">정랑
교리</td><td rowspan="2">종5품</td></tr>
<tr><td rowspan="3">5급
(사무관)</td><td rowspan="3">계장</td><td rowspan="3">도 계장
시 과장
동(면)장</td><td rowspan="3"></td><td rowspan="3"></td><td rowspan="3" colspan="2">사법연수원생</td><td rowspan="3">경정</td><td rowspan="3">대위</td></tr>
<tr><td>과랑
감찰</td><td>정6품</td></tr>
<tr><td>현감
찰방</td><td>종6품</td></tr>
<tr><td>6급
(주무관)</td><td>주무관</td><td>도 차관
시 계장</td><td></td><td></td><td></td><td></td><td>경감</td><td>중위</td><td>박사</td><td>정7품</td></tr>
<tr><td>7급
(주사보)</td><td>실무자</td><td>실무자</td><td></td><td></td><td></td><td></td><td>경위/경사</td><td>소위/준위</td><td>직장
저작</td><td>종7품
정8품</td></tr>
<tr><td>8급
(서기)</td><td>실무자</td><td>실무자</td><td></td><td></td><td></td><td></td><td>경장</td><td>상사/중사</td><td>정사
훈도</td><td>정9품</td></tr>
<tr><td>9급
(서기보)</td><td>업무보조</td><td>업무보조</td><td></td><td></td><td></td><td></td><td>순경</td><td>하사</td><td>참봉</td><td>종9품</td></tr>
</table>

*출처: 인사혁신처

7. 조선시대 오십대 명가(五十大名家)

順位	性 氏	文科及第	上臣	文衡	王妃	武科及第
1	全州李氏	876	22	7		2719
2	安東權氏	359	8	3	1	909
3	坡平尹氏	331	11	2	4	934
4	南陽洪氏	329	9	3	1	833
5	安東金氏	315	19	6	3	716
6	清州韓氏	287	12	1	5	768
7	光山金氏	265	5	8	1	689
8	密陽朴氏	261	1	1		755
9	延安李氏	250	8	7		614
10	驪興閔氏	233	12	3	4	459
11	青松沈氏	224	13	2	3	567
12	晉州姜氏	219	5	1		510
13	潘南朴氏	215	7	2	2	282
14	慶州金氏	202	6		3	535
15	東萊鄭氏	198	17	2		484
16	韓山李氏	195	4	2		519
17	廣州李氏	188	5	2		376
18	豊壤趙氏	182	7	4	2	391
19	慶州李氏	178	8	3		517
20	平山申氏	172	7	2		561
21	全義李氏	165	4	1		431
22	延安金氏	163	6	2	1	271
23	豊川任氏	144	1			303
24	達城徐氏	140	9	6	1	393
25	宜寧南氏	138	6	6		376

順位	性 氏	文科及第	上臣	文衡	王妃	武科及第
26	昌寧成氏	134	5	2		317
27	晉州柳氏	132	2	1		283
28	豊山洪氏	129	8	1		298
29	文化柳氏	126	8	1		387
30	金海金氏	123	1			469
31	延日鄭氏	119	5	3		277
32	順興安氏	116	2			325
33	昌寧曺氏	113	1			202
34	青風金氏	110	8	3	2	240
35	海平尹氏	110	6	3	1	271
36	晉州崔氏	109	3	1		348
37	星州李氏	107	1			349
38	驪州李氏	107				240
39	礪山宋氏	106	2		1	226
40	德水李氏	105	7	5		275
41	義城金氏	96	1			256
42	江陵金氏	96	1			207
43	陽川許氏	93	5			231
44	全州柳氏	93				243
45	楊州趙氏	90	8	3	1	247
46	海州吳氏	89	2	3		302
47	漢陽趙氏	89	2	2		286
48	杞溪兪氏	85	3			284
49	高靈申氏	83	3	3		189
50	龍仁李氏	83	3	1		19

1) 명가록(名家錄)

113家 가나다 순

姓氏	本貫	始祖	名賢	文衡	上臣	大科及第	備考
姜	晉州	以式		2	5	227	姜邯贊. 姜宇奎
康	信川	候			1	20	康純. 康文用
權	安東	幸		3	8	359	權近. 權重輝
具	綾城	存裕			2	55	具致寬. 具鎔書. 具滋暻
奇	幸州	友誠			1	22	奇大升. 奇世勳
金	江陵	周元			1	96	金時習. 金振晩
	慶州	閼智		1	6	202	金正喜. 金一煥. 金貞烈
	光山	興光	長生. 集	8	5	265	金萬重. 金益熙 金容完. 金壽煥. 金宇中
	金海	首露			1	123	金馹孫. 金鍾泌. 金大中
	尙州	需		1	1	32	金貴榮. 金達鎬
	瑞興	寶	宏弼			9	金仁得
	善山	宣弓			1	60	金宗直. 金孝元. 金大植
	順天	摠		1	2	42	金宗瑞. 金鍾喜
	安東	宣平		6	19	315	金壽恒. 金尙憲. 金尙容 金玉均. 金九
	延安	暹(섬)漢		2	6	163	金悌男. 金元基
	蔚山	德摯(지)	麟厚			14	金性洙. 金炳魯
	原州	巨			2	11	
	義城	錫		1		91	金安國. 金誠一. 金昌淑
	淸風	大猷		3	8	110	金境. 金允植. 金奎植
南	宜寧	君甫		6	6	138	南九萬. 南悳祐
盧	光山	穗(수)		1	1	17	盧守愼
	交河	穗			2	11	盧思愼
孟	新昌	理			1	13	孟思誠
睦	泗川	孝基			1	33	睦來善
閔	驪興	稱道		3	12	244	閔泳煥. 閔復基
朴	高靈	彦成			1	56	朴文秀. 朴正熙
	密陽	彦忱(침)		1	1	261	朴承宗. 朴鍾和. 朴鍾鴻
	潘南	應珠	世采	2	7	215	朴趾源. 朴泳孝.
	順天	英規			1	35	朴彭年. 朴魯聖
	竹山	奇悟			2	39	朴元亨. 朴濟煥
	忠州	瑛		1	1	20	朴淳
裵	星山	位俊			1	9	裵克廉
卞	密陽	高迪(적)		1		6	卞季良. 卞榮泰
尙	木川	國珍			1	1	尙震
徐	達城	晉		6	9	140	徐居正. 徐載弼. 徐燉珏
薛	慶州	支德	聰			2	
成	昌寧	仁輔	渾	2	5	134	成三問. 成佐慶. 成昌煥

姓氏	本貫	始祖	名賢	文衡	上臣	大科及第	備考
蘇	晉州	伐		1		12	蘇世讓. 蘇宣奎
宋	礪山	惟翊			2	106	宋翼弼. 宋堯讃
	恩津	大原	俊吉.時烈	1	2	74	宋秉璿. 宋仁相
愼	居昌	修			2	33	愼承善. 愼道晟
申	高靈	成用		3	3	92	申叔舟.申采浩
	平山	崇謙		2	8	186	申欽. 申破. 申翼熙.申斗泳
沈	靑松	洪孚		2	13	194	沈溫. 沈興善
	豊山	滿升			2	14	沈貞.
安	順興	子美	裕	1	2	116	安重根
	耽津	元璘		1		3	安止
魚	咸從	化仁		1	1	24	魚世謙
呂	咸陽	御梅			1	36	呂聖齊. 呂運亨
吳	羅州	淑珪			1	11	吳謙.
	海州	賢輔		3	2	84	吳允謙. 吳達濟. 吳在暻
元	原州	3系派			2	63	元斗杓
柳	文化	車達		3	9	134	柳亮. 柳馨遠. 柳珍山
	全州	良梓			1	98	柳承慶. 柳崇祖.
	晉州	仁庇(비)		1	2	132	柳順汀. 柳承國
	豊山	資成		1	2	33	柳成龍. 柳泰夏
劉	杞溪	三宰			3	98	兪泓. 兪鎭午
尹	南原	莘(신)達		1		66	尹集. 尹塘
	茂松	良庇		1	1	13	尹淮(회). 尹世昌. 尹錫憲
	坡平	莘達		1	11	332	尹瓘.尹拯(증).尹奉吉. 尹天柱
	海平	君正		3	6	110	尹斗壽. 尹潽善. 尹日善
李	慶州	謁(알)平		3	8	178	李恒福. 李始榮. 李秉喆
	固城	璜(황)			1	36	李原. 李錫濟
	廣州	自成		2	5	188	李德馨. 李東旭
	丹陽	盃煥			1	18	李茂
	德水	敦守	珥	5	7	105	李舜臣. 李載瑞. 李鍾元
	星州	純由			1	107	李崇仁. 李孝祥. 李廷煥
	驪州	3系派	彦迪			107	李興烈
	延安	茂		7	9	250	李貴.李廷龜.李東寧.李恒寧
	龍仁	吉卷		1	3	83	李世白. 李漢彬
	牛峰	頭昌		1	1	40	李溫. 李丙燾
	全義	棹(도)		1	5	178	李行遠. 李熙昇. 李英燮
	全州	翰		7	22	873	李元翼. 李承晩
	眞城	碩	滉	1		58	李家源
	淸州	能希			1	9	李居易
	韓山	允卿		2	4	195	李穡.李山海.李商在.李弘植

姓氏	本貫	始祖	名賢	文衡	上臣	大科及第	備考
李	洪州	維城			1	8	李舒
林	羅州	庇			1	54	林白湖. 林炳稷
任	豊川	溫			1	144	任聖周. 任永信. 任文植
張	德水	舜龍		1	1	15	張維
	仁同	金用			1	55	張勉.張顯光.張澤相.張基榮
鄭	東萊	之遠		2	17	198	鄭光弼. 鄭寅普
	奉化	公美			1	8	鄭道傳
	瑞山	仁卿			1	5	鄭仁弘
	延日	襲明	夢周	3	5	119	鄭澈. 鄭求瑛
	溫陽	普天			2	43	鄭順明. 鄭樂勳. 鄭商熙
	晉州	8系派		1	1	59	鄭經世. 鄭一亨. 鄭在覺
	淸州	克卿			2	19	鄭述. 鄭載頀(호).
	河東	遜位	汝昌	1	1	58	.鄭麟趾. 鄭飛石. 鄭周永
趙	白川	之遴(린)	憲	1		68	趙永植
	楊州	岑		3	8	90	趙秉世. 趙重勳
	林川	天赫			1	38	趙之瑞. 趙容淳
	平壤	椿			1	25	趙浚
	豊壤	孟		4	7	182	趙萬永. 趙鼎九
	漢陽	之壽	光祖	2	2	89	趙炳玉. 趙鎭滿
曺	昌寧	繼龍			1	97	曺植. 曺萬植. 曺在千
蔡	平康	松年		1	1	41	蔡濟恭
崔	慶州	致遠	致遠			42	崔益鉉. 崔文煥
	朔寧	天老		1	2	32	崔恒 .崔世卿
	全州	彦撝(위)		2	3	109	崔鳴吉. 崔虎鎭. 崔致煥
	通川	景賢			1	4	崔潤德
	海州	溫		1	1	45	崔冲. 崔萬理. 崔潤模
河	晉州	拱辰			2	37	河崙. 河永基
韓	淸州	蘭		1	12	287	韓元震. 韓沁(심)錫
許	陽川	宣文			5	93	許穆
	河陽	康安			1	11	許稠
洪	南陽	天河		3	9	329	洪彦弼. 洪璡基. 洪鍾仁
	豊山	之慶		3	5	129	洪鳳漢. 洪升憙
	懷仁	天河			1	1	洪允成
	缶(부)溪	佐		1		8	洪貴達
黃	紆(우)州	旻(민)甫			1	3	黃憲
	長水	瓊(경)		2	2	40	黃喜. 黃山德
皇甫	永川	能長			1	4	皇甫仁

*註: 262姓. 797本貫中 文廟配享 18賢과 朝鮮朝에서 相臣(政丞). 大提學(文衡).
1人 以上 輩出한 46姓. 113本 만을 收錄 하였음

2) 대제학(大提學)

文★ 135名

NO	本貫別姓氏	數	王朝	姓名	王朝	姓名	王朝	姓名	王朝	姓名
1	光山金氏	7	孝宗	金益熙	顯宗	金萬基	肅宗	金萬重	肅宗	金鎭圭
			英祖	金陽澤	高宗	金尙鉉	高宗	金永壽		
2	延安李氏	7	宣祖	李廷龜	宣祖	李好閔	仁祖	李明漢	孝宗	李一相
			英祖	李鼎輔	英祖	李福源	純祖	李晩秀		
3	全州李氏	7	宣祖	李陽元	仁祖	李景奭	肅宗	李敏敍	肅宗	李觀命
			英祖	李眞望	英祖	李匡德	英祖	李徽之		
4	安東金氏	6	仁祖	金尙憲	憲宗	金壽恒	肅宗	金昌協	純祖	金祖淳
			純祖	金履喬	哲宗	金炳學				
5	宜寧南氏	6	中宗	南 袞	肅宗	南九萬	肅宗	南龍翼	英祖	南有容
			純祖	南公轍	哲宗	南秉哲				
6	達城徐氏	6	睿宗	徐居正	肅宗	徐宗泰	英祖	徐命膺	正祖	徐有臣
			純祖	徐榮輔	哲宗	徐箕淳				
7	德水李氏	5	中宗	李 荇	宣祖	李 珥	仁祖	李 植	肅宗	李端夏
			肅宗	李畬여						
8	豊壤趙氏	4	顯宗	趙復陽	英祖	趙文命	憲宗	趙寅永	憲宗	趙秉鉉
9	安東權氏	3	太祖	權 近	世宗	權踶제	肅宗	勸 諭		
10	淸風金氏	3	肅宗	金 楺	肅宗	金錫冑	正祖	金鍾秀		
11	驪興閔氏	3	肅宗	閔 點	肅宗	閔黯암	高宗	閔台鎬		
12	高靈申氏	3	世祖	申叔舟	中宗	申用漑	仁宗	申光漢		
13	海州吳氏	3	肅宗	吳道一	英祖	吳 瑗	正祖	吳載純		
14	海平尹氏	3	宣祖	尹根壽	孝宗	尹順之	英祖	尹 淳		
15	慶州李氏	3	宣祖	李恒福	肅宗	李寅燁	景宗	李光佐		
16	延日鄭氏	3	仁祖	鄭洪溟	英祖	鄭翬良	英祖	鄭宗실	翬휘	
17	楊州趙氏	3	景宗	趙泰億	英祖	趙觀彬	哲宗	趙斗淳		
18	南陽洪氏	3	明宗	洪暹섬	成宗	洪聖民	仁祖	洪瑞鳳		
19	豊山洪氏	3	正祖	洪樂純	正祖	洪良浩	純祖	洪奭周		
20	延安金氏	2	燕山	金 勘	中宗	金安老				
21	潘南朴氏	2	肅宗	朴泰尙	高宗	朴珪壽				
22	昌寧成氏	2	燕山	成俔현	中宗	成世昌				
23	平山申氏	2	仁祖	申 欽	顯宗	申在植				
24	靑松沈氏	2	純祖	沈喜壽	純祖	沈象奎				
25	坡平尹氏	2	英祖	尹鳳朝	純祖	尹行恁				
26	廣州李氏	2	宣祖	李德馨	光海	李爾瞻				

NO	本貫別 姓　氏	數	王朝別大提學姓名							
			王朝	姓　名	王朝	姓　名	王朝	姓　名	王朝	姓　名
27	韓山李氏	2	宣祖	李山海	英祖	李秉常				
28	東萊鄭氏	2	明宗	鄭士龍	明宗	鄭惟吉				
29	漢陽趙氏	2	仁祖	趙絅경	高宗	趙性敎				
30	全州崔氏	2	仁祖	崔鳴吉	肅宗	崔錫鼎				
31	長水黃氏	2	宣祖	黃廷彧	英祖	黃景源				
32	晉州姜氏	1	肅宗	姜鋧현						
33	尙州金氏	1	宣祖	金貴榮						
34	順天金氏	1	仁祖	金　瑬						
35	義城金氏	1	中宗	金安國						
36	光州盧氏	1	宣祖	盧守愼						
37	密陽朴氏	1	明宗	朴忠元						
38	忠州朴氏	1	宣祖	朴　淳						
39	密陽卞氏	1	太宗	卞季良						
40	晉州蘇氏	1	中宗	蘇世讓						
41	恩津宋氏	1	肅宗	宋相琦						
42	康津安氏	1	世宗	安　止						
43	咸從魚氏	1	成宗	魚世謙						
44	文化柳氏	1	中宗	柳　灌						
45	晉州柳氏	1	宣祖	柳　根						
46	豊山柳氏	1	宣祖	柳成龍						
47	茂松尹氏	1	世宗	尹淮회						
48	龍仁李氏	1	英祖	李宜顯						
49	全義李氏	1	英祖	李德壽						
50	中峯李氏	1	英祖	李　縡						
51	眞城李氏	1	宣祖	李　滉						
52	德水張氏	1	仁祖	張　維						
53	晉州鄭氏	1	仁祖	鄭經世						
54	河東鄭氏	1	世宗	鄭麟趾						
55	白川趙氏	1	孝宗	趙錫胤						
56	平康蔡氏	1	孝宗	蔡裕後						
57	朔寧崔氏	1	世祖	崔　恒						
58	海州崔氏	1	肅宗	崔奎瑞						
59	淸州韓氏	1	高宗	韓章錫						
60	缶溪洪氏	1	成宗	洪貴達						

3) 상신(相臣)

朝鮮朝 相臣現況

本貫姓氏	領議政	左議政	右議政	計
全州李氏	11	6	5	22
安東金氏	10	6	3	19
東萊鄭氏	5	7	5	17
青松沈氏	9	4		13
清州韓氏	6	2	4	12
驪興閔氏		7	5	12
坡平尹氏	4	2	5	11
達城徐氏	7	1	1	9
南陽洪氏	6	1	2	9
安東權氏	4	3	1	8
慶州李氏	4	3	1	8
文化柳氏	4	3	1	8
清風金氏	4	2	2	8
延安李氏	2	5	1	8
陽州趙氏	1	2	5	8
平山申氏	5	1	1	7
德水李氏	4	3		7
豊壤趙氏	2	2	3	7
潘南朴氏		5	2	7
延安金氏	5		1	6
宜寧南氏	4	2		6
海平尹氏	5		1	6
慶州金氏	2	3	1	6
光州李氏	3	2		5
光山金氏	3	1	1	5
昌寧成氏	2	2	1	5
豊山洪氏	2	2	1	5
延日鄭氏	1	2	2	5
陽川許氏	1	1	3	5
韓山李氏	1	2	1	4
全義李氏	1	1	2	4
晋州姜氏	1		3	4
全州崔氏	2	1		3
高靈申氏	1	1	1	3
龍仁李氏	1	2		3

本貫姓氏	領議政	左議政	右議政	計
杞溪兪氏	1	1	1	3
朔寧崔氏	2			2
晋州河氏	2			2
長水黃氏	2			2
綾城具氏	1	1		2
順天金氏	1	1		2
竹山朴氏	1	1		2
礪山宋氏	1	1		2
居昌愼氏	1	1		2
晋州柳氏	1	1		2
交河盧氏	1		1	2
豊山沈氏	1		1	2
海州吳氏	1		1	2
豊山柳氏	1		1	2
恩津宋氏		2		2
順興安氏		2		2
原州金氏		1	1	2
原州源氏		1	1	2
清州鄭氏		1	1	2
溫陽鄭氏			2	2
漢陽趙氏			2	2
信川姜氏	1			1
幸州奇氏	1			1
江陵金氏	1			1
光州盧氏	1			1
密陽朴氏	1			1
順天朴氏	1			1
忠州朴氏	1			1
星州裵氏	1			1
木川尙氏	1			1
咸陽呂氏	1			1
全州柳氏	1			1
茂松尹氏	1			1
星州李氏	1			1
清州李氏	1			1

本貫姓氏	領議政	左議政	右議政	計
洪州李氏	1			1
仁同張氏	1			1
奉化鄭氏	1			1
瑞山鄭氏	1			1
河東鄭氏	1			1
昌寧曺氏	1			1
平康蔡氏	1			1
海州崔氏	1			1
懷仁洪氏	1			1
永川皇甫氏	1			1
林川趙氏	1			1
善山金氏		1		1
新昌孟氏		1		1
泗川睦氏		1		1
高靈朴氏		1		1
咸從魚氏		1		1
禮安李氏		1		1
尙州金氏		1		1
平壤趙氏		1		1
通川崔氏		1		1
河陽許氏		1		1
紆州黃氏		1		1
衿川姜氏			1	1
金海金氏			1	1
羅州吳氏			1	1
同福吳氏			1	1
固城李氏			1	1
丹陽李氏			1	1
牛峯李氏			1	1
羅州林氏			1	1
豊川任氏			1	1
德水張氏			1	1
晋州鄭氏			1	1

朝 鮮 相 臣 錄

NO	本貫 姓氏	領議政		左議政		右議政	
		王朝	姓名	王朝	姓名	王朝	姓名
1	全州李氏	(6)端宗	首陽大君	(6)端宗	李思哲	(17)孝宗	李厚源
		(7)世祖	李浚	(14)宣祖	李憲國	(22)正祖	李徽之
		(14)宣祖	李陽元	(19)肅宗	李頤이命	(23)純祖	李書九
		(14)宣祖	李元翼	(19)肅宗	李健命	(24)憲宗	李止淵
		(16)仁祖	李弘胄	(21)英祖	李觀命	(25)哲宗	李憲球
		(16)仁祖	李聖求	(21)英祖	李昌誼		
		(16)仁祖	李敬輿				
		(16)仁祖	李景奭				
		(19)肅宗	李濡				
		(23)純祖	李相璜				
		(26)高宗	李最應				
2	安東金氏	(10)燕山君	金壽童	(1)太祖	金士衡	(16)仁祖	金尙容
		(16)仁祖	金自點	(7)世祖	金礩	(23)純祖	金達淳
		(18)顯宗	金壽恒	(16)仁祖	金尙憲	(23)純祖	金履喬
		(18)顯宗	金壽興	(22)正祖	金履素		
		(18)顯宗	金昌集	(24)憲宗	金弘根		
		(25)哲宗	金興根	(26)高宗	金炳德		
		(25)哲宗	金左根				
		(26)高宗	金炳學				
		(26)高宗	金炳國				
		(26)高宗	金炳始				
3	東萊鄭氏	(7)世祖	鄭昌孫	(10)燕山君	鄭佸괄	(14)宣祖	鄭大年
		(11)中宗	鄭光弼	(14)宣祖	鄭惟吉	(14)宣祖	鄭芝衍
		(16)仁祖	鄭太和	(15)光海君	鄭昌衍	(14)宣祖	鄭彦信
		(22)正祖	鄭存謙	(18)顯宗	鄭治和	(19)肅宗	鄭載嵩숭
		(24)憲宗	鄭元容	(18)顯宗	鄭知和	(22)正祖	鄭弘淳
				(21)英祖	鄭錫五		
				(26)高宗	鄭範朝		
4	靑松沈氏	(3)太宗	沈溫	(2)定宗	沈德符		
		(7)世祖	沈澮	(13)明宗	沈通源		
		(13)明宗	沈連源	(14)宣祖	沈喜壽		
		(16)仁祖	沈悅	(16)仁祖	沈器遠		
		(17)孝宗	沈之源				
		(21)英祖	沈壽賢				
		(22)正祖	沈煥之				
		(23)純祖	沈象奎				
		(26)高宗	沈舜澤				
5	淸州韓氏	(3)太宗	韓尙敬	(6)端宗	韓確	(9)成宗	韓伯倫
		(7)世祖	韓明澮	(15)光海君	韓孝純	(14)宣祖	韓應寅
		(10)燕山君	韓致亨			(17)孝宗	韓興一

NO	本貫 姓氏	領議政		左議政		右議政	
		王朝	姓名	王朝	姓名	王朝	姓名
5	淸州韓氏	(11)中宗 (21)英祖 (23)純祖	韓效元 韓翼謩모 韓用龜			(26)高宗	韓啓源
6	驪興閔氏			(3)太宗 (15)光海君 (19)肅宗 (19)肅宗 (19)肅宗 (21)英祖 (26)高宗	閔霽 閔夢龍 閔熙 閔鼎重 閔黯암 閔鎭遠 閔泳奎	(14)宣祖 (19)肅宗 (21)英祖 (21)英祖 (26)高宗	閔箕 閔鎭長 閔應洙 閔百祥 閔奎鎬
7	坡平尹氏	(9)成宗 (11)中宗 (13)明宗 (21)英祖	尹弼商 尹仁鏡 尹元衡 尹東度	(13)明宗 (19)肅宗	尹漑 尹趾善	(8)睿宗 (9)成宗 (9)成宗 (19)肅宗 (19)肅宗	尹士昐 尹士昕 尹壕 尹趾完 尹拯
8	達城徐氏	(19)肅宗 (19)肅宗 (21)英祖 (22)正祖 (23)純祖 (23)純祖 (26)高宗	徐文重 徐宗泰 徐志修 徐命善 徐龍輔 徐邁매修 徐堂輔	(21)英祖	徐命均	(16)仁祖	徐景雨
9	南陽洪氏	(11)中宗 (14)宣祖 (16)仁祖 (18)顯宗 (21)英祖 (26)高宗	洪彦弼 洪暹 洪瑞鳳 洪命夏 洪致中 洪淳穆	(8)睿宗	洪應	(7)世祖 (18)顯宗	洪達孫 洪重普
10	安東權氏	(3)太宗 (13)明宗 (19)肅宗 (24)憲宗	權仲和 權轍 權大運 權敦仁	(4)世宗 (7)世祖 (19)肅宗	權軫 權擥 權尙夏	(11)中宗	權鈞
11	慶州李氏	(14)宣祖 (20)景宗 (21)英祖 (26)高宗	李恒福 李光佐 李宗城 李裕元	(18)顯宗 (21)英祖 (23)純祖	李慶億 李台佐 李敬一	(18)顯宗	李浣
12	文化柳氏	(3)太宗 (10)燕山君 (14)宣祖 (19)肅宗	柳廷顯 柳洵 柳㙉전 柳尙運	(4)世宗 (12)仁宗 (21)英祖	柳寬 柳灌 柳鳳輝	(3)太宗	柳亮

NO	本貫 姓氏	領議政		左議政		右議政	
		王朝	姓名	王朝	姓名	王朝	姓名
13	淸風金氏	(17)孝宗 (21)英祖 (21)英祖 (21)英祖	金堉 金在魯 金尙魯 金致仁	(21)英祖 (22)正祖	金若魯 金鍾秀	(19)肅宗 (19)肅宗	金錫胄 金構
14	延安李氏	(17)孝宗 (22)正祖	李時白 李時秀	(16)仁祖 (21)英祖 (22)正祖 (22)正祖 (23)純祖	李廷龜 李㻐 李福源 李性源 李存秀	(21)英祖	李天輔
15	陽州趙氏	(25)哲宗	趙斗淳	(19)肅宗 (21)英祖	趙師錫 趙泰億	(15)光海君 (19)肅宗 (20)景宗 (21)英祖 (26)高宗	趙挺 趙泰采 趙泰耉 趙道彬 趙秉世
16	平山申氏	(16)仁祖 (16)仁祖 (19)肅宗 (21)英祖 (21)英祖	申欽 申景禛 申琓 申晩 申晦	(4)世宗	申槩	(26)高宗	申應朝
17	德水李氏	(13)明宗 (19)肅宗 (21)英祖 (22)正祖	李芑 李畬여 李殷 李秉模	(11)中宗 (19)肅宗 (21)英祖	李荇 李端夏 李㙫		
18	豊壤趙氏	(21)英祖 (24)憲宗	趙顯命 趙寅永	(17)孝宗 (21)英祖	趙翼 趙文命	(19)肅宗 (21)英祖 (22)正祖	趙相愚 趙載浩 趙璥
19	潘南朴氏			(3)太宗 (10)燕山君 (19)肅宗 (23)純祖 (24)憲宗	朴訔 朴崇質 朴世采 朴宗薰 朴晦壽	(22)正祖 (26)高宗	朴宗岳 朴珪壽
20	延安金氏	(11)中宗 (11)中宗 (11)中宗 (22)正祖 (23)純祖	金詮 金謹思 金安老 金翼 金載瓚			(26)高宗	金有淵
21	宜寧南氏	(3)太宗 (11)中宗 (19)肅宗 (23)純祖	南在 南袞 南九萬 南公轍	(4)世宗 (16)仁祖	南智 南以雄		

NO	本貫 姓氏	領議政		左議政		右議政	
		王朝	姓名	王朝	姓名	王朝	姓名
22	海平尹氏	(11)中宗 (14)宣祖 (14)宣祖 (16)仁祖 (26)高宗	尹殷輔 尹斗壽 尹承勳 尹 昉 尹容善			(22)正祖	尹蓍시東
23	慶州金氏	(21)英祖 (26)高宗	金興慶 金弘集	(14)宣祖 (23)純祖 (24)憲宗	金命元 金思穆 金道喜	(23)純祖	金觀柱
24	光州李氏	(9)成宗 (13)明宗 (14)宣祖	李克培 李浚慶 李德馨	(7)世祖 (10)燕山君	李仁孫 李克均		
25	光山金氏	(11)中宗 (21)英祖 (21)英祖	金克成 金相福 金陽澤	(8)睿宗	金國光	(22)正祖	金 熹
26	昌寧成氏	(10)燕山君 (11)中宗	成 俊 成希顔	(3)太宗 (12)仁宗	成石璘 成世昌	(9)成宗	成奉祖
27	豊山洪氏	(21)英祖 (22)正祖	洪鳳漢 洪樂性	(22)正祖 (23)純祖	洪樂純 洪奭周	(21)英祖	洪麟漢
28	延日鄭氏	(21)英祖	鄭 澔	(14)宣祖 (21)英祖	鄭 澈 鄭翬휘良	(18)顯宗 (21)英祖	鄭維城 鄭羽良
29	陽川許氏	(18)顯宗	許 積	(14)宣祖	許 頊욱	(9)成宗 (10)燕山君 (19)肅宗	許 琮 許 琛심 許 穆
30	韓山李氏	(14)宣祖	李山海	(11)中宗 (21)英祖	李惟淸 李思觀	(26)高宗	李景在
31	全義李氏	(14)宣祖	李 鐸	(26)高宗	李根命	(16)仁祖 (19)肅宗	李行遠 李尙眞
32	晉州姜氏	(7)世祖	姜孟卿			(10)燕山君 (14)宣祖 (26)高宗	姜龜孫 姜士尙 姜 渃
33	全州崔氏	(16)仁祖 (19)肅宗	崔鳴吉 崔錫鼎	(20)景宗	崔錫恒		
34	高靈申氏	(7)世祖	申叔舟	(11)中宗	申用漑	(19)肅宗	申翼相
35	龍仁李氏	(21)英祖	李宜顯	(19)肅宗 (21)英祖	李世白 李在協		
36	杞溪兪氏	(21)英祖	兪拓基	(14)宣祖	兪 泓	(22)正祖	兪彦鎬
37	朔寧崔氏	(7)世祖 (14)宣祖	崔 恒 崔興源				
38	晉州河氏	(3)太宗 (4)世宗	河 崙 河 演				

NO	本貫 姓氏	領議政		左議政		右議政	
		王朝	姓名	王朝	姓名	王朝	姓名
39	長水黃氏	(4)世宗 (7)世祖	黃喜 黃守身				
40	綾城具氏	(7)世祖	具致寬	(17)孝宗	具仁垕		
41	順天金氏	(16)仁祖	金瑬	(5)文宗	金宗瑞		
42	竹山朴氏	(7)世祖	朴元亨	(15)光海君	朴弘耈		
43	礪山宋氏	(11)中宗	宋軼질	(21)英祖	宋寅明		
44	居昌愼氏	(9)成宗	愼承善	(10)燕山君	愼守勤		
45	晉州柳氏	(11)中宗	柳順汀	(11)中宗	柳溥		
46	交河盧氏	(9)成宗	盧思愼			(4)世宗	盧閈
47	豊山沈氏	(11)中宗	沈貞			(14)宣祖	沈守慶
48	海州吳氏	(16)仁祖	吳允謙			(21)英祖	吳命恒
49	豊山柳氏	(14)宣祖	柳成龍			(26)高宗	柳厚祚
50	恩津宋氏			(18)顯宗 (26)高宗	宋時烈 宋近洙		
51	順興安氏			(11)中宗 (13)明宗	安瑭 安玹		
52	原州金氏			(14)宣祖	金應南	(19)肅宗	金德遠
53	原州源氏			(17)孝宗	元斗杓	(16)仁祖	元仁孫
54	淸州鄭氏			(14)宣祖	鄭琢탁	(4)世宗	鄭擢탁
55	溫陽鄭氏					(13)明宗 (23)純祖	鄭順明 鄭晩錫
56	漢陽趙氏					(3)太宗 (4)世宗	趙英茂 趙涓연
57	信川姜氏	(7)世祖	康純				
58	幸州奇氏	(14)宣祖	奇自獻				
59	江陵金氏	(21)英祖	金尙喆				
60	光州盧氏	(14)宣祖	盧守愼				
61	密陽朴氏	(15)光海君	朴承宗				
62	順天朴氏	(11)中宗	朴元宗				
63	忠州朴氏	(14)宣祖	朴淳				
64	星州裵氏	(1)太祖	裵克廉				
65	木川尙氏	(13)明宗	尙震				
66	咸陽呂氏	(19)肅宗	呂聖齊				
67	全州柳氏	(14)宣祖	柳永慶				
68	茂松尹氏	(8)睿宗	尹子雲				
69	星州李氏	(3)太宗	李稷				
70	淸州李氏	(3)太宗	李居易				
71	洪州李氏	(3)太宗	李舒				
72	仁同張氏	(11)中宗	張順孫				
73	奉化鄭氏	(1)太祖	鄭道傳				

NO	本貫 姓氏	領議政		左議政		右議政	
		王朝	姓名	王朝	姓名	王朝	姓名
74	瑞山鄭氏	(15)光海君	鄭仁弘				
75	河東鄭氏	(6)端宗	鄭麟趾				
76	昌寧曺氏	(7)世祖	曺錫文				
77	平康蔡氏	(22)正祖	蔡濟恭				
78	海州崔氏	(20)景宗	崔奎瑞				
79	懷仁洪氏	(7)世祖	洪允成				
80	永川皇甫氏	(4)世宗	皇甫仁				
81	林川趙氏	(26)高宗	趙秉鎬				
82	善山金氏			(11)中宗	金應箕		
83	新昌孟氏			(4)世宗	孟思誠		
84	泗川睦氏			(19)肅宗	睦來善		
85	高靈朴氏			(25)哲宗	朴永元		
86	咸從魚氏			(10)燕山君	魚世謙		
87	禮安李氏			(13)明宗	李蓂		
88	尙州金氏			(14)宣祖	金貴榮		
89	平壤趙氏			(1)太祖	趙浚		
90	通川崔氏			(4)世宗	崔潤德		
91	河陽許氏			(4)世宗	許稠		
92	紆州黃氏			(13)明宗	黃憲		
93	衿川姜氏					(14)宣祖	姜碩期
94	金海金氏					(19)肅宗	金宇杭
95	羅州吳氏					(14)宣祖	吳謙
96	同福吳氏					(19)肅宗	吳始壽
97	固城李氏					(4)世宗	李原
98	丹陽李氏					(3)太宗	李茂
99	牛峯李氏					(19)肅宗	李翻숙
100	羅州林氏					(23)純祖	林漢浩
101	豊川任氏					(26)高宗	任百經
102	德水張氏					(16)仁祖	張維
103	晉州鄭氏					(6)端宗	鄭苯

總 103氏族에서 365名輩出 (領議政-165名 左議政-112名 右議政-88名)

10名 以上 輩出 7氏族- 全州李氏(22) 安東金氏(19) 東萊鄭氏17 靑松沈氏((13)
淸州韓氏(12) 驪興閔氏(12) 坡平尹氏(11)

※ 輩出人員別現況

輩出人員	22	19	17	13	12	11	9	8	7	6	5	4	3	2	1
氏族數	1	1	1	1	2	1	2	6	4	4	6	3	4	20	47

NO	本貫別 姓氏	數	王朝別大提學姓名							
			王朝	姓名	王朝	姓名	王朝	姓名	王朝	姓名
1	光山金氏	7	孝宗	金益熙	顯宗	金萬基	肅宗	金萬重	肅宗	金鎭圭
			英祖	金陽澤	高宗	金尙鉉	高宗	金永壽		
2	延安李氏	7	宣祖	李廷龜	宣祖	李好閔	仁祖	李明漢	孝宗	李一相
			英祖	李鼎輔	英祖	李福源	純祖	李晩秀		
3	全州李氏	7	宣祖	李陽元	仁祖	李景奭	肅宗	李敏敍	肅宗	李觀命
			英祖	李眞望	英祖	李匡德	英祖	李徽之		
4	安東金氏	6	仁祖	金尙憲	憲宗	金壽恒	肅宗	金昌協	純祖	金祖淳
			純祖	金履喬	哲宗	金炳學				
5	宜寧南氏	6	中宗	南 袞	肅宗	南九萬	肅宗	南龍翼	英祖	南有容
			純祖	南公轍	哲宗	南秉哲				
6	達城徐氏	6	睿宗	徐居正	肅宗	徐宗泰	英祖	徐命膺	正祖	徐有臣
			純祖	徐榮輔	哲宗	徐箕淳				
7	德水李氏	5	中宗	李 荇	宣祖	李 珥	仁祖	李 植	肅宗	李端夏
			肅宗	李畬여						
8	豊壤趙氏	4	顯宗	趙復陽	英祖	趙文命	憲宗	趙寅永	憲宗	趙秉鉉
9	安東權氏	3	太祖	權 近	世宗	權踶제	肅宗	勸 諭		
10	淸風金氏	3	肅宗	金衤유	肅宗	金錫冑	正祖	金鍾秀		
11	驪興閔氏	3	肅宗	閔 點	肅宗	閔黯암	高宗	閔台鎬		
12	高靈申氏	3	世祖	申叔舟	中宗	申用漑	仁宗	申光漢		
13	海州吳氏	3	肅宗	吳道一	英祖	吳 瑗	正祖	吳載純		
14	海平尹氏	3	宣祖	尹根壽	孝宗	尹順之	英祖	尹 淳		
15	慶州李氏	3	宣祖	李恒福	肅宗	李寅燁	景宗	李光佐		
16	延日鄭氏	3	仁祖	鄭洪溟	英祖	鄭翬良	英祖	鄭宲실	翬휘	
17	楊州趙氏	3	景宗	趙泰億	英祖	趙觀彬	哲宗	趙斗淳		
18	南陽洪氏	3	明宗	洪暹섬	成宗	洪聖民	仁祖	洪瑞鳳		
19	豊山洪氏	3	正祖	洪樂純	正祖	洪良浩	純祖	洪奭周		
20	延安金氏	2	燕山	金 勘	中宗	金安老				
21	潘南朴氏	2	肅宗	朴泰尙	高宗	朴珪壽				
22	昌寧成氏	2	燕山	成俔현	中宗	成世昌				
23	平山申氏	2	仁祖	申 欽	顯宗	申在植				
24	靑松沈氏	2	純祖	沈喜壽	純祖	沈象奎				
25	坡平尹氏	2	英祖	尹鳳朝	純祖	尹行恁				
26	廣州李氏	2	宣祖	李德馨	光海	李爾瞻				

NO	本貫別 姓氏	數	王朝別大提學姓名							
			王朝	姓名	王朝	姓名	王朝	姓名	王朝	姓名
27	韓山李氏	2	宣祖	李山海	英祖	李秉常				
28	東萊鄭氏	2	明宗	鄭士龍	明宗	鄭惟吉				
29	漢陽趙氏	2	仁祖	趙絅경	高宗	趙性敎				
30	全州崔氏	2	仁祖	崔鳴吉	肅宗	崔錫鼎				
31	長水黃氏	2	宣祖	黃廷彧	英祖	黃景源				
32	晉州姜氏	1	肅宗	姜鋧현						
33	尙州金氏	1	宣祖	金貴榮						
34	順天金氏	1	仁祖	金 瑬						
35	義城金氏	1	中宗	金安國						
36	光州盧氏	1	宣祖	盧守愼						
37	密陽朴氏	1	明宗	朴忠元						
38	忠州朴氏	1	宣祖	朴 淳						
39	密陽卞氏	1	太宗	卞季良						
40	晉州蘇氏	1	中宗	蘇世讓						
41	恩津宋氏	1	肅宗	宋相琦						
42	康津安氏	1	世宗	安 止						
43	咸從魚氏	1	成宗	魚世謙						
44	文化柳氏	1	中宗	柳 灌						
45	晉州柳氏	1	宣祖	柳 根						
46	豊山柳氏	1	宣祖	柳成龍						
47	茂松尹氏	1	世宗	尹淮회						
48	龍仁李氏	1	英祖	李宜顯						
49	全義李氏	1	英祖	李德壽						
50	中峯李氏	1	英祖	李 縡						
51	眞城李氏	1	宣祖	李 滉						
52	德水張氏	1	仁祖	張 維						
53	晉州鄭氏	1	仁祖	鄭經世						
54	河東鄭氏	1	世宗	鄭麟趾						
55	白川趙氏	1	孝宗	趙錫胤						
56	平康蔡氏	1	孝宗	蔡裕後						
57	朔寧崔氏	1	世祖	崔 恒						
58	海州崔氏	1	肅宗	崔奎瑞						
59	淸州韓氏	1	高宗	韓章錫						
60	缶溪洪氏	1	成宗	洪貴達						

4) 청백리록(淸白吏錄)

청백리록(淸白吏錄)은 관리(官吏)들 중에 청렴(淸廉) 결백(潔白)한 자(者)를 의정부(議政府) 육조(六曹) 경조(京兆)의 2품(品) 이상(以上) 당상관(堂上官)과 사헌부(司憲府) 사간원(司諫院)의 수직(守直)들이 추천(推薦)하여 임금의 재가(裁可)를 얻어 록선(錄選)한 청렴(淸廉)한 관리로 후세(後世)에 귀감(龜鑑)으로 삼기 위(爲)해 마련되었던 관비숙정(官紀肅正)의 제도(制度)이다.

이에 록선(錄選)되어 청백리록(淸白吏錄)에 오르면 자손(子孫)들은 부조(父祖)의 음덕(蔭德)으로 출사(出仕)의 특전(特典)이 부여(附與)되었으며 숙종조(肅宗朝) 이후(以後)에는 청백리(淸白吏)의 후손(後孫)들이 많아서 의정부(議政府) 3정승(政丞)의 추천(推薦)을 받아 5명 정도(程道)의 청백리(淸白吏) 자손(子孫)이 특채(特採)되었다.

청백리(淸白吏)는 총(總) 44성씨에서 218명이 배출(輩出) 되었는데 여러 기록(記錄)들에서 본관별(本貫別)로 6명 이상(以上)을 배출(輩出)한 가문(家門)은 전주이씨(全州李氏) 연안이씨(延安李氏) 진주강씨(晉州姜氏) 안동김씨(安東金氏) 파평윤씨(坡平尹氏) 전의이씨(全義李氏) 양천허씨(陽川許氏) 남양홍씨(南陽洪氏) 등(等) 8씨족(氏族)이며 그 다음으로 순위(順位)로 5명을 배출(輩出)한 성씨는 광산김씨(光山金氏) 창녕성씨(昌寧成氏) 문화유씨(文化柳氏) 광주이씨(廣州李氏) 한산이씨(漢山李氏) 등(等)이 있다.

王祖別 選定 人員

王朝	計	太祖	太宗	世宗	世祖	成宗	中宗	明宗	宣祖	仁祖	肅宗	景宗	英祖	正祖	純祖
人員	218	5	8	15	7	20	34	45	28	13	22	6	9	2	4

氏族別 人員 (3人以上)

10 人	7 人	6 人	5 人	4 人	3 人
全州李氏	延安李氏	晉州姜氏	光山金氏	慶州金氏	延安金氏
		安東金氏	昌寧成氏	晉州柳氏	驪興閔氏
		坡平尹氏	文化柳氏	東萊鄭氏	順興安氏
		全義李氏	廣州李氏	全州崔氏	德水李氏
		陽川許氏	韓山李氏	淸州韓氏	晉州鄭氏
		南陽洪氏			

朝鮮淸白吏錄 (王朝別)

王朝	人員	姓名－貫鄕－官職		
太祖	5	安　省－廣州－觀察使	禹玄寶－丹陽－贊成使	柳　珣－晉州－提學
		吉　再－海平－門下主書	徐　甄－利川－掌令	
太宗	8	慶　儀－淸州－節度使	李之直－廣州－參議	金若恒－光山－大司成
		李伯持－龍仁－觀察使	崔有慶－全州－參贊	李　原－固城－左議政
		朴瑞生－比安－大司憲	崔士儀－慶州－判敦寧	
世宗	15	鄭　陟－晉州－大提學	崔萬理－海州－副提學	黃　喜－長水－領議政
		柳　寬－文化－領議政	孟思誠－新昌－左議政	柳　謙－晉州－左參贊
		李石根－全州－益平君	閔不貪－驪興－主簿	洪桂芳－南陽－參議
		朴彭年－順天－承旨	李廷俌－慶州－觀察使	李　知－慶州－判官
		黃孝源－尙州－左議政	柳㻶섬－晉州－吏判	金　薔－光山－掌令
世祖	7	盧叔仝－豊川－大司憲	鄭文炯－奉化－右議政	朴　彊－潘南－判中樞
		李堰언－興陽－府尹	奇虔건－幸州－大司憲	郭安邦－玄風－郡守
		金從舜－慶州－判尹		
成宗	20	鄭誠謹－晉州－直提學	林　整－利安－禮判	李約東－昌寧－大提學
		許　琮－陽川－左參贊	許　琛－陽川－右議政	朴　說－密陽－贊成
		尹碩輔－漆原－直提學	具致寬－綾城－領議政	李　塤 －韓山－左參贊
		李賢輔－永川－判中樞	金謙光－光山－右參贊	安彭命－廣州－司成
		梁　灌－南原－知敦寧	朴處綸－高靈－副提學	趙之瑞－林川－輔德
		閔　暉－驪興－大司憲	李愼孝－全義－觀察使	李　淳－牛峯－參判
		李約東－碧珍－知中樞	柳塤훈－文化－判書	
中宗	35	鄭梅臣－晉州－判官	趙士秀－楊州－吏判	崔命昌－開城－參判
		權　璸－安東－典籍	金　硡－安東－工判	曺致虞－昌寧－府使
		吳世翰－羅州－兵使	宋　欽－新平－判中樞	金　銓－延安－領議政
		姜叔突－衿川－司諫	李善長－韓山－郡守	柳　軒－全州－大司諫
		李　樺－全義－兵判	金宗直－善山－刑判	鄭甲孫－東萊－贊成
		鄭昌孫－東萊－領議政	柳　濱－晉州－判書	李崇元－延安－吏判
		柳希轍－文化－執義	金　訢－延安－參判	孫仲暾－慶州－參贊
		表　斌－新昌－是正	趙元紀－漢陽－判書	梁芝孫－南原－禮判
		金延壽－安東－僉　正	朴　祥－忠州－吏　判	尹思翼－茂松－判書
		李鐵均－星州－大司成	李彦迪－驪州－左贊成	金　淨－慶州－判書
		兪　僨－川寧－水使	韓亨允－淸州－刑判	申公濟－高靈－吏判
		金楊震－豊山－判書	魚泳濬－咸從－舍人	
明宗	44	鄭　淵－東萊－郡守	尹　釜－坡平－參判	李世璋－全州－觀察使
		鄭宗榮－草溪－贊成	安　玹－順興－左議政	朴守良－泰仁－判書
		金　洵－慶州－正郞	任虎臣－豊川－知敦寧	任輔臣－豊川－參議
		洪暹섬－南陽－領議政	李　蓂－禮安－左議政	李夢弼－全州－參判
		洪曇담－南陽－判書	成世章－昌寧－戶判	尹　鉉－坡平－贊成
		尹春年－坡平－判書	柳　渾－文化－副正	朴永俊－高靈－判書
		禹世謙－丹陽－副正	金彭齡－慶州－司勇	姜允權－晉州－司宰正
		吳　祥－海州－吏判	申　潛－高靈－牧使	金　雨－未詳－府使

王朝	人員	姓名－貫鄉－官職		
明宗	44	李重慶－廣州－領議政	安從琠－竹山－郡守	金　擴－延安－府使
		兪彥謙－昌原－正郎	卞勳男－草溪－縣令	朴民獻－咸陽－參判
		李增榮－德山－牧使	金夢佐－金海－直長	李浚慶－廣州－參判
		周世鵬－尙州－贊成	金　鎧－光山－判書	李　滉－眞城－右贊成
		宋　贊－鎭川－判中樞	許世麟－陽川－左尹	安　瑨－順興－別坐
		金若默－道康－執義	盧　禛－豊川－判書	辛士衡－寧越－牧使
		金就文－善山－大司諫	宋翼璟－礪山－右議政	
宣祖	27	沈守慶－豊山－右議政	許　潛－陽川－吏判	李　墍－韓山－吏判
		李友直－驪州－禮判	李元翼－全州－領議政	柳成龍－豊山－領議政
		李恒福－慶州－領議政	李直彥－全州－右贊成	白仁傑－水原－參贊
			崔興源－朔寧－左議政	張弼武－求禮－兵使
		安自裕－順興－吏判	李濟臣－全義－兵使	鄭崑壽－草溪－領中樞
		金睟수－安東－領中樞	李光庭－延安－參贊	李後白－延安－吏判
		沈喜壽－靑松－右議政	成　泳－昌寧－判書	許頊욱－陽川－左議政
		李有中－德水－大司憲	崔汝霖－全州－承旨	金長生－光山－參判
		李基卨－延安－掌令	吳億齡－同福－判書	金　行－江陵－牧使
		趙彥秀－楊州－判書		
仁祖	13	金尙憲－安東－左議政	金時讓－安東－判中樞	閔汝任－驪興－參判
		李安訥－德水－吏判	金德諴－尙州－大司憲	李命俊－全義－參判
		成夏宗－昌寧－兵使	崔震立－慶州－水使	李時白－延安－領議政
		洪命夏－南陽－領議政	辛慶晉－寧越－大司憲	具坤源－綾城－郡守
		金藎國－淸風－領中樞		
肅宗	22	李尙眞－全義－右議政	趙　絅－漢陽－判中樞	姜栢年－晉州－參贊
		趙錫胤－白川－大提學	柳慶昌－全州－參判	朴信圭－密陽－參贊
		崔　寬－全州－知中樞	李之馧－公州－左尹	成以性－昌寧－府使
		李后定－延安－參知	趙涑속－豊陽－判書	洪　茂－南陽－正郎
		洪宇亮－南陽－水使	姜　說－晉州－副使	李泰英－全州－府使
		李世華－富平－判書	姜世龜－晉州－大司憲	尹　推－坡平－掌令
		姜裕後－晉州－觀察使	崔慶昌－海州－府使	尹趾仁－坡平－兵判
		李　濟－全州－右尹		
景宗	6	柳尙運－文化－領議政	宋廷奎－礪山－觀察使	姜錫範－晉州－都正
		李明俊－延安－府使	金斗南－安東－掌令	李夏源－廣州－判書
英祖	9	許　晶－陽川－水使	李秉泰－韓山－副提學	尹　容－坡平－兵判
		韓德弼－淸州－參判	鄭亨復－東萊－刑判	崔有賢－朔寧－洗馬
		尹得載－海平－兵判	李台重－韓山－判書	李謙鎭－德水－大司憲
正祖	2	李義弼－全州－參判	李端錫－全州－參判	
純祖	4	南履炯－宜寧－府使	徐箕淳－達城－大提學	韓益相－淸州－觀察使
		沈宜臣－靑松－觀察使		
總計		44氏族 217名		

朝鮮清白吏錄(本貫別)

NO	本貫姓氏	王朝	姓名	職位
1	晉州姜氏	明宗	姜允權	司宰正
2		肅宗	姜栢年	參贊
3		肅宗	姜說	府使
4		肅宗	姜世龜	大司憲
5		肅宗	姜裕後	觀察使
6		景宗	姜錫範	都正
7	衿川姜氏	中宗	姜叔突	司諫
8	清州慶氏	太宗	慶儀	節道使
9	玄風郭氏	世祖	郭安邦	郡守
10	綾城具氏	成宗	具致寬	領議政
11		仁祖	具坤源	正郎
12	安東權氏	中宗	權璸	典籍
13	幸州奇氏	世祖	奇虔건	判書
14	江陵金氏	宣祖	金行	直提學
15	慶州金氏	世祖	金從舜	判尹
16		中宗	金淨	判書
17		明宗	金洵	正郎
18		明宗	金彭齡	司勇
19	光山金氏	太宗	金若恒	大司成
20		世宗	金薔	掌令
21		成宗	金謙光	判書
22		宣祖	金長生	參判
23		明宗	金鎧	判書
24	金海金氏	明宗	金夢佐	直長
25	道康金氏	明宗	金若默	執義
26	商山金氏	仁祖	金德誠	大司憲
27	善山金氏	中宗	金宗直	刑判
28		明宗	金就文	大司諫
29	安東金氏	中宗	金磩	工判
30		中宗	金延壽	僉正
31		宣祖	金晬수	判中樞
32		仁祖	金時讓	判中樞
33		仁祖	金尙憲	左議政
34		景宗	金斗南	獻納
35	延安金氏	中宗	金銓	領議政
36		中宗	金訢	工參
37		明宗	金擴	府使
38	清風金氏	仁祖	金藎國	領中樞
39	豊山金氏	中宗	金楊震	工參
40	未詳金氏	明宗	金雨	府使
41	海平吉氏	太祖	吉再	門下注書
42	宜寧南氏	純祖	南履炯	府使
43	豊川盧氏	世祖	盧叔仝	大司憲
44	豊川盧氏	明宗	盧禛	判書
45	新昌孟氏	世宗	孟思誠	左議政
46	驪興閔氏	世宗	閔不貪	主簿
47		仁祖	閔汝任	參判
48		成宗	閔暉	大司憲
49	高靈朴氏	成宗	朴處綸	副提學
50		明宗	朴永俊	大司憲
51	密陽朴氏	成宗	朴說	贊成
52		肅宗	朴信圭	參贊
53	潘南朴氏	世祖	朴彊	判中樞
54	比安朴氏	太宗	朴瑞生	大司憲
55	順天朴氏	世宗	朴彭年	承旨
56	忠州朴氏	中宗	朴祥	吏判
57	泰仁朴氏	明宗	朴守良	參判
58	咸陽朴氏	明宗	朴民獻	參判
59	水原白氏	宣祖	白仁傑	參贊
60	草溪卞氏	明宗	卞勳男	縣令
61	達城徐氏	純祖	徐箕淳	大提學
62	利川徐氏	太祖	徐甄	掌令
63	昌寧成氏	成宗	成俔현	參贊
64		明宗	成世章	戶判
65		宣祖	成泳	吏判
66		仁祖	成夏宗	兵使
67		肅宗	成以性	府使
68	慶州孫氏	中宗	孫仲暾	參贊
69	礪山宋氏	明宗	宋翼璟	右議政
70		景宗	宋廷奎	觀察使
71	鎭川宋氏	明宗	宋贊	判中樞
72	新平宋氏	中宗	宋欽	判中樞
73	高靈申氏	中宗	申公濟	吏判
74		明宗	申潛	牧師

NO	本貫姓氏	王朝	姓　名	職　位
75	寧越辛氏	仁 祖	辛慶晉	大司憲
76		明 宗	辛士衡	縣 監
77	靑松沈氏	宣 祖	沈喜壽	左議政
78		純 祖	沈宜臣	觀察使
79	豊山沈氏	宣 祖	沈守慶	右議政
80	廣州安氏	太 祖	安 省	參 贊
81		成 宗	安彭命	司 成
82	順興安氏	明 宗	安 玹	左議政
83		宣 祖	安自裕	吏 判
84		明 宗	安 潛	別 坐
85	竹山安氏	明 宗	安從琠	郡 守
86	南原梁氏	成 宗	梁 灌	知敦寧
87		中 宗	梁芝孫	禮 判
88	咸從魚氏	中 宗	魚泳濬	舍 人
89	羅州吳氏	中 宗	吳世翰	兵 使
90	海州吳氏	明 宗	吳 祥	吏 判
91	同福吳氏	宣 祖	吳億齡	判 書
92	丹陽禹氏	太 祖	禹玄寶	丹陽伯
93		明 宗	禹世謙	副 正
94	文化柳氏	世 宗	柳 寬	左議政
95		中 宗	柳希轍	執 義
96		明 宗	柳 渾	副 正
97		成 宗	柳塤훈	判 書
98		景 宗	柳尙運	領議政
99	全州柳氏	中 宗	柳 軒	大司諫
100		肅 宗	柳慶昌	參 判
101	晉州柳氏	太 祖	柳 珣	提 學
102		世 宗	柳 謙	左參贊
103		世 宗	柳掞섬	吏 判
104		中 宗	柳 濱	吏 判
105	豊山柳氏	宣 祖	柳成龍	領議政
106	昌原兪氏	明 宗	兪彦謙	正 郎
107	川寧兪氏	中 宗	兪 僐	水 使
108	茂松尹氏	中 宗	尹思翼	判中樞
109	漆原尹氏	成 宗	尹碩輔	直提學
110	坡平尹氏	明 宗	尹 釜	兵 參
111		明 宗	尹 鉉	贊 成

NO	本貫姓氏	王朝	姓　名	職　位
112	坡平尹氏	明 宗	尹春年	判 書
113		肅 宗	尹 推	掌 令
114		肅 宗	尹趾仁	兵 判
115		英 祖	尹 容	刑 判
116	海平尹氏	英 祖	尹得載	兵 判
117	慶州李氏	世 宗	李廷俌	觀察使
118		宣 祖	李恒福	領議政
119	固城李氏	太 宗	李 原	左議政
120	公州李氏	肅 宗	李之韞	左 尹
121	廣州李氏	太 宗	李之直	參 議
122		世 宗	李 知	判 官
123		明 宗	李浚慶	領議政
124		明 宗	李重慶	吏 參
125		景 宗	李夏源	判 書
126	德水李氏	宣 祖	李有中	大司憲
127		仁 祖	李安訥	吏 判
128		英 祖	李謙鎭	府 使
129	碧珍李氏	成 宗	李約東	知中樞
130	富平李氏	肅 宗	李世華	判 書
131	星州李氏	中 宗	李鐵均	大司成
132	驪州李氏	中 宗	李彦迪	贊 成
133		宣 祖	李友直	禮 判
134	延安李氏	中 宗	李崇元	吏 判
135		宣 祖	李光庭	參 贊
136		宣 祖	李後白	吏 判
137		宣 祖	李基卨	掌 令
138		仁 祖	李時白	領議政
139		肅 宗	李后定	參 知
140		景 宗	李明俊	府 使
141	永川李氏	成 宗	李賢輔	知中樞
142	禮安李氏	明 宗	李 蓂	左議政
143	龍仁李氏	太 宗	李伯持	觀察使
144	牛峯李氏	成 宗	李 淳	參 判
145	全義李氏	成 宗	李愼孝	觀察使
146		中 宗	李 樺	兵 判
147		宣 祖	李濟臣	兵 使
148		明 宗	李增榮	正 郎

NO	本貫姓氏	王朝	姓名	職位
149	全義李氏	仁祖	李命俊	參判
150		肅宗	李尙眞	右議政
151	全州李氏	世宗	李石根	益安大君子
152		明宗	李夢弼	吏參
153		明宗	李世璋	觀察使
154		宣祖	李直彦	贊成
155		宣祖	李元翼	領議政
156		宣祖	李時彦	贊成
157		肅宗	李泰英	府使
158		肅宗	李濟	右尹
159		正祖	李義弼	參判
160		正祖	李端錫	參判
161	眞城李氏	明宗	李滉	贊成
162	韓山李氏	成宗	李損	參贊
163		中宗	李善長	郡守
164		宣祖	李堅	吏判
165		英祖	李秉泰	副提學
166		英祖	李台重	提學
167	興陽李氏	世祖	李堰인	府尹
168	利安林氏	成宗	林整	禮判
169	豊川任氏	明宗	任虎臣	知敦寧
170		明宗	任輔臣	參議
171	求禮張氏	宣祖	張弼武	兵使
172	東萊鄭氏	中宗	鄭甲孫	贊成
173		中宗	鄭昌孫	領議政
174		明宗	鄭淵	郡守
175		英祖	鄭亨復	刑判
176	奉化鄭氏	世祖	鄭文炯	右議政
177	晉州鄭氏	世宗	鄭陟	判尹
178		成宗	鄭誠謹	直提學
179		中宗	鄭梅臣	判官
180	草溪鄭氏	宣祖	鄭곤壽	領中樞
181		明宗	鄭宗榮	贊成
182	白川趙氏	肅宗	趙錫胤	大提學
183	楊州趙氏	中宗	趙士秀	吏判
184	林川趙氏	成宗	趙之瑞	輔德
185	豊壤趙氏	肅宗	趙涑속	進善
186	楊州趙氏	宣祖	趙彦秀	判書
187	漢陽趙氏	中宗	趙元紀	判中樞
188		肅宗	趙絅	判中樞
189	昌寧曺氏	中宗	曺致虞	贊成
190	尙州周氏	明宗	周世鵬	贊成
191	開城崔氏	中宗	崔命昌	刑參
192	慶州崔氏	仁祖	崔震立	工參
193	朔寧崔氏	宣祖	崔興源	領議政
194		英祖	崔有賢	洗馬
195	全州崔氏	太宗	崔有慶	參贊
196		太宗	崔士儀	判敦寧
197		宣祖	崔汝霖	承旨
198		肅宗	崔寬	知中樞
199	海州崔氏	世宗	崔萬理	副提學
200		肅宗	崔慶昌	府使
201	新昌表氏	中宗	表斌	府使
202	淸州韓氏	中宗	韓亨允	刑判
203		英祖	韓德弼	參判
204		純祖	韓益相	觀察使
205	陽川許氏	成宗	許琮	右議政
206		成宗	許琛	右議政
207		宣祖	許潛	吏判
208		宣祖	許頊욱	左議政
209		英祖	許晶	水使
210		明宗	許世麟	左尹
211	南陽洪氏	世宗	洪桂芳	參議
212		明宗	洪暹섬	領議政
213		明宗	洪曇담	判書
214		仁祖	洪命夏	領議政
215		肅宗	洪茂	正郎
216		肅宗	洪宇亮	水使
217	長水黃氏	世宗	黃喜	領議政
218	尙州黃氏	世宗	黃孝源	左議政

5) 공신록(功臣錄)

공신구분 (功臣區分)	책봉일자 (冊封日子)	내 용 (內 容)	등급(等級)					비고 (備考)
			계	1	2	3	4	
개국공신 (開國功臣)	태조 원년 (太祖 元年) 1392.8.20	조선(朝鮮) 개국(開國) 기여	39	15	9	15		1,2차 왕자(王子)의 난(亂) 이후
정사공신 (定社功臣)	정종 원년 (定宗 元年) 1398.9.5	1차 왕자(王子)의 난 (亂) 주도(主導), 정종(定宗)이 즉위(卽位)	18	8	10			태종이후 (太宗以後)
좌명공신 (佐命功臣)	태종 원년 (太宗 元年) 1400.12	태종이 회안대군(懷安大君) 박포(朴苞)의 난(亂)을 진압(鎭壓)	46	9	3	12	22	태종이후 (太宗以後)
정난공신 (靖難功臣)	단종 1년 (端宗 1年) 1453.10.16	수양대군(首陽大君)이 황보인(皇甫仁) 김종서(金宗瑞) 안평대군(安平大君)을 제거(除去)한 계유정난(癸酉靖難)	43	12	11	20		
좌익공신 (佐翼功臣)	세조 1년 (世祖 1年)	금성대군과 혜빈양씨를 숙청, 세조 즉위에 기여	41	7	12	22		사육신사건 (死六臣事件) 이후
적개공신 (敵愾功臣)	세조 13년 (世祖 13年)	이시애의 난(李施愛亂) 평정	41	8	22	11		
익재공신 (翊載功臣)	예종 원년 (睿宗元年) 1468.10.18	유자광(柳子光)이 남이(南怡)를 역모(逆謀)로 제거(除去)	39	9	10	24		
좌리공신 (佐理功臣)	성종 2년 (成宗 2年) 1471.3.27	성종즉위(成宗卽位) 주역공신(主役功臣)	73	11	18	35		
정국공신 (靖國功臣)	중종 1년 (中宗 1年) 1506.9.8	박원종(朴元宗) 성희안(成希顔) 유순정(柳順汀) 중종반정	97	8	13	30		

공신구분 (功臣區分)	책봉일자 (册封日子)	내 용 (內 容)	등급(等級)					비고 (備考)
			계	1	2	3	4	
정난공신 (定難功臣)	중종 2년 (中宗 2年) 1507.9.12	견성군(甄城君)을 추대한 이과(李顆)의 난(亂)을 평정	22	5	5	23		노영손(盧永孫) 제외 전원 삭제
위사공신 (衛社功臣)	명종 원년 (明宗 元年) 1545.9.15	소윤(小尹) 윤원형(尹元衡) 일당(一黨)이 대윤(大尹) 윤임(尹任) 일당(一黨)을 제거(除去)	27	4	7	16		선조(宣祖) 10년 전원(全員) 삭제(削除)
광국공신 (光國功臣)	선조 22년 (宣祖 22年) 1589.11.22	명(明)의 대명회전(大明會典)에 태조(太祖) 이성계(李成桂) 종계변무(宗系辨誣) 기여	19	3	7	9		
평난공신 (平難功臣)	선조 23년 (宣祖 23年) 1590.1	정여립(鄭汝立)의 역모평정	22	3	12	7		
호성공신 (扈聖功臣)	선조 37년 (宣祖 37年) 1604.6.25	임진왜란(壬辰倭亂) 중 임금 호종	86	2	31	53		
선무공신 (宣武功臣)	선조 37년 (宣祖 37年) 1604.6.25	임진왜란(壬辰倭亂) 중 3대첩(大捷) 승리 주역	18	3	5	10		
청난공신 (淸難功臣)	선조 37년 (宣祖 37年) 1604.6.25	이몽학(李夢鶴)의 난(亂) 평정	5	1	2	2		
위성공신 (衛星功臣)	광해군 5년 (光海君 5年) 1613.6.25	임진왜란(壬辰倭亂) 중 광해군(光海君) 扈從(호종) 및 보좌	80	10	17	53		인조반정(仁祖反正) 후 삭제(削除)
정운공신 (定運功臣)	광해군 5년 (光海君 5年) 1613.5	유영경(柳永慶)이 광해군(光海君) 전위제지(轉位制止) 및 세자교체 기도	10	2	5	3		인조반정(仁祖反正) 후 삭제(削除)
익사공신 (翊社功臣)	광해군5년 (光海君5年) 1613.3.12	임해군(臨海君)을 역모(逆謀)로 제거(除去)	48	5	15	28		인조반정(仁祖反正) 후 삭제(削除)

공신구분 (功臣區分)	책봉일자 (冊封日子)	내 용 (內 容)	등급(等級)					비고 (備考)
			계	1	2	3	4	
형난공신 (亨難功臣)	광해군 5년 (光海君 5年) 1613.5	김직재(金直載) 모반 평정	24	2	12	10		인조반정(仁祖反正) 후 삭제(削除)
정사공신 (靖社功臣)	인조 1년 (仁祖 1年) 1623.10월	인조반정(仁祖反正)의 주역공신(主役功臣)	50	8	14	28		
진무공신 (振武功臣)	인조 2년 (仁祖 2年) 1624.3.8	이괄(李适)의 난(亂) 평정	28	3	9	16		
소무공신 (昭武功臣)	인조 5년 (仁祖 5年) 1627.11.26	이인거(李仁居)가 화친론자(和親論者)를 제거(除去)하기 위한 역모 평정	6	1	2	3		
영사공신 (寧社功臣)	인조 6년 (仁祖 6年) 1628.3.15	윤효립(尹孝立)이 광해군(光海君)을 복위(復位)하기 위한 역모 평정	11	1	5	5		
영국공신 (寧國功臣)	인조 22년 (仁祖 22年) 1644.6	심기원(沈器遠)이 회은군(덕인)(懷恩君(德仁))을 추대	8	2	3	3		
보사공신 (保社功臣)	숙종 6년 (肅宗 6年) 1680.5.18	허견(許堅)이 복선군(염)을 추대 남인대출척(南人大黜陟) 서인집권(西人執權)	5	2	1	2		
부사공신 (扶社功臣)	경종 3년 (景宗 3年) 1723.3.12	남인(南人) 김일경(金一鏡)이 노론(老) 4대신(大臣)을 제거(除去)한 임인옥사(壬寅獄事)	3	1	1	1		영조즉위(英祖卽位) 후 삭제
분무공신 (奮武功臣)	英祖4年 영조4년 1728.4.26	소현세자증손(昭顯世子曾孫) 밀풍군(탄)(蜜豊君(坦))을 추대한 이인좌의 난 평정	15	1	7 (6)	7 (8)		2등→3등 김중만

8. 과거제도(科擧制度)

과거(科擧)란 중국(中國)과 우리나라에서 시행한 관리 채용시험 제도를 말하며 기원은 일찍이 한(漢)나라 때부터 시작된 것이었다.

과거제도(科擧制度)가 우리나라에 들어온 것은 788년(신라 원성왕 4)에 실시한 독서출신과(讀書出身科)로서 우리나라 과거제도(科擧制度)의 시초로 보고 있다. 이는 독서력(讀書力)을 시험하여 상(上) · 중(中) · 하(下)의 3품(品)으로 나누어 등용하였으므로 독서삼품과(讀書三品科)라고도 한다.

그러나 과거제도(科擧制度)는 고려초기부터 시작된 것으로, 그 뒤 조선조 말기까지 과거제도(科擧制度)가 이 나라의 정치(政治) · 문화(文化)에 미친 영향(影響)은 컸다.

과거제도(科擧制度)는 중국후주(中國後周) 사람으로서 고려에 귀화(歸化)해 온 쌍기(雙冀)의 건의에 따라 958년(광종 9) 당(唐)나라 제도(制度)를 모방하여 비로소 과거(科擧)의 법을 마련하였다.

1) 고려시대(高麗時代)의 과거제도

고려조 초기(初期)의 과거시험은 제술과(製述科)(진사과(進士科)라고도 하였다) · 명경과(明經科) 및 의(醫) · 복(卜)과를 두었으며, 1136년(인종 14)에 이르러서 정비를 보게 되었는데 그 내용은 도표와 같다.

문관(文官) 등용시험(登用試驗)으로 제술과와 명경과가 있었는데 제술과(製述科)를 더욱 중요시하여 고려시대를 통하여 제술(製述)과의 합격자(合格者) 수가 6,000여 명이나 되는데 비해 명경과(明經科)는 450명 정도였다.

이 밖의 과거에는 승과(增科: 교종시와 선종시)가 있었으며, 무신(武臣)의 등용을 위한 무과(武科)는 1390년(공양왕 2)에 실시하였기 때문에 고려시대에는 거의 없었다고 보는 편이 좋겠다. 과거의 응시자격은 양인(良人) 이상이면 응시할 수 있었다고 하나 농민은 사실상 응시하지 못하였다.

응시절차는 3차에 걸쳐 시험을 보게 하였다. 처음에는 매년 과거를 실시했으나 성종(成

宗) 때에는 3년 식년시(式年試)에 한 번씩 실시하였고, 현종(顯宗)때에는 격년으로, 그 후에는 매년 또는 격년으로 실시하였다.

1차 시험에서는 중앙(개경)에서 선발한 자를 상공(上貢), 지방에서 선발한 자를 향공(鄕貢), 외국인 중에서 선발한 자를 빈공(賓貢)이라고 하였다. 2차 시험은 1차 시험에 합격한 삼공(三貢: 상공 · 향공 · 빈공)들을 국자감(國子監)에서 다시 선발, 이에 합격한 자와 국자감에서 3년 이상 수학한 학생, 벼슬에 올라 300일 이상 경과한 자들이 최종시험인 3차 시험 동당감시(東堂監試)를 보게 하였다

합격자에 정원은 없었으나 중기 이후 대체로 33명이었다. 이와 같은 과거는 예부에서 관장하였고, 시험관을 지공거(知貢擧)라고 하였다. 그리고 최종 시험에서 1등을 장원(壯元), 2등을 아원(亞元), 3등을 탐화(探花)라고 하였고, 빈공에서 합격한 자를 별두(別頭)라고 하였다.

성종조에는 동당감시에 합격한 사람을 임금이 다시 시(時) · 부(賦) · 논(論)으로 친히 시험을 보게 하여 등급을 정하는 복시(覆試) 제도가 있었으나 상례적인 제도는 아니었다. 최종시험에 합격한 자에게 홍패(紅牌)를 주었는데 이것이 곧 합격증이었다. 이와 같은 과거제도는, 지공거와 합격자가 좌주(座主)와 문생(門生)의 관계를 맺어 일생을 통하여 그 예(禮)가 부자간(父子間)과 같았기 때문에, 그들 사이에 학벌이 형성되어 출세의 배경이 되었다.

고려조 의종(毅宗) 이후 과거제도는 문란해져 1369년 공민왕 때 이색(李穡)은 지공거 이인복(李仁復)과 논의하여 원나라의 제도를 모방하여 향시(鄕試) · 감시(監試: 會試) · 전시(殿試)의 3단계의 제도를 확정하고 시험관인 지공거도 시험 하루 전에 임명토록 한 일이 있었다.

과거 이외의 5품 이상의 관리의 자제에게는 (1인에 한함) 정치적 특혜를 인정하여 과거시험을 거치지 않고 관리에 채용한 음서제도(蔭敍制度)가 있었다.

과거명	시 험 내 용
제술과	시(時) · 부(賦) · 송(頌) · 책(策) · 논(論) 등의 한문학 시험
명경과	상서(尙書: 서경) · 모시(毛詩) · 예기(禮記) · 춘추(春秋) 등의 유교 경전으로 시험
잡과	명법업(明法業) · 명책업(明策業) · 의업(醫業) · 주금업(呪噤業: 복업) · 지리업(地理業) · 하론업(何論業) 등 기술관 등용을 위한 시험

2) 조선시대(朝鮮時代)의 과거제도

이조시대의 과거제도(科擧制度)는 대체로 고려시대와 비슷했다.

관리(官吏)의 등용(登用)을 위한 과거시험(科擧試驗)은 이조에 그 중요성이 더하여져 과거(科擧)를 통하지 않고는 출세의 길이 거의 없었다.

1392년(태조 1)에 과거(科學)의 법을 제정하여 서울은 성균관, 지방은 각 도에서 경서(經書)에 정통한 자들을 추려 성균관에서 시험을 보도록 하였다.

과거의 응시자격은 수공업자 · 상인 · 무당 · 승려 · 노비 · 서얼(庶蘖)을 제외하고는 누구나 응시할 수 있었으나 차차 가문을 중시하는 경향이 나타났다. 양반의 자제들은 어릴 때 서당(書堂)에서 한문의 기초과정을 배운 뒤 8세가 되면 중앙의 사학(四學)과 지방의 향교(鄉校)에 진학하여 수학한 유생들의 소과(생원과 · 진사과)에 응시하여 합격하면 생원 · 진사가 되었다.

생원과 진사는 다시 서울의 최고 학부인 성균관(成均館)에 진학하였고, 이 성균관의 유생들이 대과에 응시하여 3차에 걸쳐 시험을 보아 갑(甲) · 을(乙) · 병(丙) 3과로 나누어 그 등급이 결정 되었는데, 갑과의 장원 급제자는 종6품 이상의 삼상관(參上官)으로 임명되고 병과 합격자는 정9품 이상의 관리로 임명되었다.

무과는 궁술(弓術) · 기창(騎槍) 등의 무예와 경서(經書) · 병서(兵書) 등을 시험과목으로 하였다. 잡과는 사역원(司譯院) · 전의감(典醫監) · 관상감(觀象監) · 형조(刑曹) 등에 근무하는 중인(中人)의 자제 중에서 그 분야에 소양이 있는 자들을 해당 관청에서 선발하였다.

과거시험의 시기는 3년마다 보는 정기시험인 식년시(式年試)가 원칙이었으나 1401년(태종 1)부터 실시된 증광시(增廣試: 나라에 큰 경사가 있을 때 보던 과거시험), 1457년(세조 3)의 별시(別試), 1492년 세종대왕이 성균관에 가서 시험하는 알성문과(謁聖文科) 등이 있었다. 후기에는 빈번한 과거로 인하여 과거에 합격되고도 보직을 받지 못한 자가 많아지자 당파의 소속이나 뇌물과 정실에 의하여 좌우되는 등 과거의 폐단이 심하였다. 이와 같은 과거제도는 갑오경장(甲午更張) 때 폐지되고 새로운 관리등용법이 채용되어 종래의 신분구별 등도 없어지게 되었다.

3) 과거(科擧)의 종류(種類)

(1) 소과초시(小科初試)

조선조(朝鮮朝) 소과의 제1단계. 일명 감시(監試) · 감시초시(監試初試) · 초시 · 생진시(生進試) · 독서(讀書)하면 선비들이 처음으로 응시하는 국가시험(國家試驗)으로 식년시(式年試)의 경우에는 식년 전년의 가을인 8월에 한성부(漢城府) 및 8도에서 지역별로 관찰사 주재 하에 시행하였다.

제술과(製述科)는 부(賦) 1편과 고시(古詩) · 명(銘) · 잠(箴) 중의 1편을 짓게 하고, 생원과(生員科)인 명경과(明經科)는 오경(五經)의 의(義) 1편과 사서(四書)의 의(疑) 1편을 짓게 하되 각 도의 정수에 따라 전국에서 각 700명(후에는 540명)을 선발하였다.

(2) 소과복시(小科覆試)

조선조 소과(小科)의 제2차 시험(試驗), 일명 회시(會試) · 감시복시(監試覆試) · 생진복시 · 소과초시 합격자를 식년(式年) 봄인 2월에 한성(漢城)에서 예조(禮曹)의 주재(主宰)하에 시행하는데 복시(覆試) 전에 〈소학(小學)〉 〈가례(家禮)〉의 강(講)으로서 녹명(錄名)을 한 뒤 초시와 동일한 과목을 내려 생원(生員)과 진사(進士) 각 과에 100명을 선발한다. 합격자에는 자패(自牌)를 주며 제술(製述)의 합격자를 진사 명경(明經)의 합격자를 생원(生員)이라 한다.

이로써 대과(大科)인 문과(文科)에 응시할 자격과 성균관상제생(成均館上齋生)할 자격을 얻었고 관직을 원하면 하급관리로 등용될 수도 있고 선비로서의 사회적 지위를 인정받고, 하급 관료에 취직할 자격을 갖는다.

(3) 감시(監試)

고려조 국자감(國子監)에서 진사(進士)를 뽑던 시험(試驗). 예부시(禮部試)의 예비시험으로 1032년(덕종 1)에 두었다. 조선조에서는 소과(少科)에 해당하는 시험(試驗)으로 남성시(南省試) 또는 성균관시(成均館試)라고도 하였으며 별칭(別稱)으로 사마시(司馬試)라 하여 생원(生員)과 진사(進士)를 뽑았다.

(4) 별시(別試)

조선조에 나라에 경사가 있으면 임시(臨時)로 보던 과거(科擧). 이 시험(試驗)은 곧장 전시(殿試)까지 보는 것으로 서울에만 한한다.

1576년 별시에서 문과(文科)에서 19인과 무과(武科) 22인을 선발하였다. 초시(初試)에는 300명 내지 1,000명까지 뽑아 초시 합격자(合格者)가 많이 생기는 경향이 있었다.

(5) 사마시(司馬試)

생원(生員)과 진사(進士)를 뽑는 소과(小科)를 이른 말로 생진과(生進科) 또는 감시(監試)라고도 한다.

(6) 식년시(式年試)

자(子)·오(午)·묘(卯)·유(酉) 등의 간지(干支)가 들어 있는 해. 예를 들면 갑자(甲子)·병오(丙午)·정묘(丁卯)·계유(癸酉)년 등이며, 소과(小科)의 생원(生員)·진사과(進士科), 문과(文科)의 복시(覆試)·전시(殿試), 무과(武科)의 복시(覆試)·전시(殿試)의 역과(譯科)·의과(醫科)·음양과(陰陽科), 률과(律科)의 복시(覆試)에 식년과(式年科)가 있다.

(7) 알성시(謁聖試)

조선조 과거제도의 하나. 임금이 문묘(文廟)에 참배할 때 성균관(成均館)에서 실시하는 시험으로 1414년(태종 14)에 처음으로 시행하였다. 알성시에는 문과와 무과의 구별이 있는데 알성문과는 대과전시(大科殿試)에 해당하는 단일단계(單一段階)이며 책(策)·표(表)·전(箋)·잠(箴)·송(頌)·제(制)·조(詔) 중의 1편을 시험, 당일에 합격자를 발표하였으며 일정한 정원은 없었다. 알성무과는 초시(初試)와 전시(殿試)의 구별이 있었는데 초시는 2개의 시험소에서 각각 50명을 선발하고 전시는 임금이 참석한 가운데 목전(木箭)·철전(鐵箭)·유엽전(柳葉箭)·편전(片箭)·기추(騎芻)·관혁(貫革)·격구(擊毬)·기창(騎槍)·조총(鳥銃)·편추(鞭芻)·강서(講書) 등을 시험하였으며 합격자(合格者)의 정원은 일정치 않았다.

(8) 전시(鍵誠)

임금이 친임(親臨)하여 보이던 과거제도(科擧制度). 공민왕 때 처음으로 원(元)나라의 향시·회시(會試)·전시의 3단계 고시제도를 시행하였던 것인데, 이것이 조선조에 계승되어 완전히 제도(制度)화되었다. 문과시험에는 소과(小科)와 대과(大科)가 있고 대과는 다시 초시(初試)·복시(覆試)·전시(殿試)로 나누어졌는데 전시는 이 중에서 최종(最終)시험이었다. 규정된 전시의 종류를 보면 식년문과전시·증광문과전시·별시문과전시·정시문과전시 등과 이 밖에 무과(武科)에도 전시가 있었다. 이 중 식년문과전시(式年文科殿試)는 복시 입격자 33명과 직부전시인(直赴殿試人: 초시 · 복시를 거치지 않고 달리 응시자격을 얻은 자)을 전정(殿庭)에 모아 시행하였는데, 시험 전에 조판(朝販)을 입은 독권관(讀券官) · 대독관(對讀官)과 흰옷에 흑두건(黑頭巾)을 한 응시자들이 국왕(國王)에게 국궁사배(鞠躬謝拜)하는 것으로 시작되는 문과전시의(文科殿試儀)라는 의식을 거행하였다.

시험은 의정(議政) 1명을 명관(命官), 종2품 이상 2명을 독권관, 정3품 이하 3명을 대독관, 승지(承旨) 1명을 감시관(監試官)으로 하여 시행하였는데 고시과목은 표(表) · 책(策) · 전(箋) · 잠(箴) · 송(頌) · 제(制) · 조(詔) · 논(論) · 부(賦) · 명(銘) 등 10과 중의 1편을 고시하였으나 그중 책이 가장 많이 출제되었다. 전시는 33명의 등급을 정하는 데 불과하여 부정이 없는 한 떨어뜨리는 일이 없었으며, 성편(成篇)하지 못하였거나 전연 문리(文理)를 이루지 못한 답안이 있더라도 다음 식년전시에 다시 응시하게 하였다. 분등(分等)은 1466년(세조 12)부터 갑과 3명, 을과 7명, 병과 23명으로 나누고, 직부전시인은 정원외로 취급되어 성적에 관계없이 방말(榜末: 병과)에 붙여서 발표하였다. 초기에는 고려에서와 같이 10회 이상 떨어진 십거불중자(十擧不中者)에게 출신(出身)을 주는 은사급제(恩賜及第)가 있었으나 1438년(세종 20)에 폐지되었다. 합격자 중 갑과 1등은 종6품, 2 · 3등에게는 정7품, 을과 전원에게는 정8품, 병과 전원에게는 정9품의 품계(品階)를 주었으나 갑과 3명에게만 실직(實職)을 주고 나머지는 사관(四館)에 권지(權知: 시보(試補))로서 두었다가 자리가 나는 것을 기다려 실직을 주었다. 증광문과전시도 고시과목이 식년과 같고 정원도 33명으로 같았으나 큰 경사가 있을 때 하던 대증광시(大增廣試)때에는 40명을 뽑았다. 별시문과전시의 정원은 때에 따라 달라 많을 때가 30명, 적을 때는 3명이 가장 적었다. 알성문과전시는 초 · 복시가 없이 전시 한 번의 시험에 의하여 뽑고, 응시자격도 처음에는 성균관유생(成均館儒生)에게만 주던 것을 제한을 두지 않고, 다른 시험과는 달리 사전에 등록을 하지 않아도 누구나 입장하여 응시할 수 있었기 때문에 요행을 바라는 무리들이 심지어 맹인(盲人)까지 모여들어 1694년(숙종 20)에는 만여 명, 1739년(영조 15)에는 1만 8,000명 정도나 되었다. 이렇게 응시자가 많고, 발표도 당일로 하기 때문에 시험관도 30명이 넘었으며, 고시과목도 채점을 하는 데 시간이 걸리는 책을 피하고 표(表)를 많이 출제하였는데, 입격 정원은 그때그때 달랐다. 중시문과전시는 당하관에게 10년마다 보였던 승진시험으로, 표 · 책 중의 1편을 고시하였는데, 정원은 일정치 않아 많을 때가 19명, 적을 때가 3명이었는데 등급은 을과 제1등, 을과 제2등, 을과 제3등으로 나누어 을과 제1등의 제1인은 4계급, 제2 · 3인은 3계급, 을과 제2등은 모두 2계급, 을과 제3등은 모두 1계급씩을 승진시키되 정3품의 당하관까지를 한도로 하였으며 참외(參外: 정7품 이하의 벼슬)는 모두 6품으로 승진시켜 주었다. 식년무과전시는 의정(議政) 1명을 명관(命官), 2품 이상의 문관 및 무관 각 1명, 3품 이하의 문관 및 무관 각 2명을 시관(試官)으로 하여 복시 입격자 28명을 시험하여 등급을 정하였는데, 고시과목은 처음에는 기격구(騎擊毬) · 보격구(步擊毬)로 하고 뒤에는 11기(技) 중에서 1~2기로 하여 성적에 따라 갑과 3명, 을과 5명, 병과 20명으로 분등하였다. 별시무과전시도 위와 같으나 정원은 두지 않고 입격하는 대로 뽑았다. 알성무과전시는 초시에서 넘어온 100명을 복시를 거치지 않고 다른 무과전시와는 달리 임금의 친임(親臨) 아래 시행하였다. 중시무과전시는 10년에 한 번 당하무관(堂下武官)과 과거에 급제하고도 벼슬길에 오르지 못한 사람 등을 초시에서 100명을 뽑아 역시 복시를 거치지 않고 다른 무과전시(武科殿試)와 같은 방식에 의해 뽑았다.

(9) 중시(重試)

과거(科擧)에 급제한 사람을 계속하여 격려하는 뜻으로 실시한 특별시험(特別試驗)이다.

고려 예종 17년에 왕이 사루(紗樓)에서 문신에게 모란시(牧丹詩)를 짓게 하여 등급을 정한 것이 중시(重試)의 시초이다.

증시는 10년에 1번씩 실시 당하관(堂下官)에게 응시함을 허락하였으며 정원(定員)과 과목은 일정치 않았다.

(10) 증광시(增廣試)

조선조 나라의 경사(慶事)가 있을 때 보이던 임시 과거제도.

즉위경(即位慶)이나 30년 등극경(登極慶)과 같은 나라의 큰 경사가 있을 때 임시로 보이던 과거로서 소과(小科) · 문과(文科) · 무과(武科) · 잡과가 있었다. 1401년(태종 1)에 처음으로 실시, 본래 임금의 등극을 축하하는 의미로 즉위년 또는 그 이듬해에 실시하였으나 선조(宣祖) 때부터 이것이 확대되었다. 그 후 1589년(선조 22) 종계변무경(宗系辨誣慶), 1590년의 종계변무 및 상존호경(上尊號慶), 1605년의 공신책훈(功臣册勳) · 상존호경, 이듬해의 즉위 40년경, 1612년(광해 4)의 창덕궁(昌德宮) 낙성 및 세자가례경(世子嘉禮慶) 등으로 그 시행이 잦아졌다.

1652년(효종 3)의 왕세자가례 · 입학(入學) · 김자점토역(金自點討逆) 등 합삼경(合三慶), 1662년(현종 3)의 효종(孝宗) 부묘 · 양대비존숭(兩大妃尊崇) · 왕비 책례(册禮) · 원자(元子) 탄생을 축하하기 위한 합오경(合五慶) 같은 증광시가 실시되었다.

증광시는 식년시(式年試)와 같이 그 절차가 생원(生員) · 진사(進士)의 초시(初試) · 복시(覆試) · 문과초시(文科初試) · 문과전시(文科殿試)의 <u>5단계로 나누어지며</u> 시 과목도 같았다. 때로는 대증광(大增廣)이라 하여 대과의 합격자에 7명을 더하여 선발하는 일이 있었다.

(11) 생원진사(生員進士)의 초시정수(初試定數)

한성부(漢城府)	268명
충청도(忠淸道)	90명
경상도(慶尙道)	100명
전라도(全羅道)	90명
강원도(江原道)	45명
황해도(黃海道)	35명
평안도(平安道)	45명
함경도(咸境道)	35명
경승보(京陞補)	30명
합 제(合 製)	48명

(12) 식년문과(式年文科)의 초시정수(初試定數)

한성부(漢城府)	108명
충청도(忠淸道)	25명
경상도(慶尙道)	38명
전라도(全羅道)	25명
강원도(江原道)	15명
황해도(黃海道)	10명
평안도(平安道)	13명
함경도(咸境道)	10명
통 독(通 讀)	10명

과거의 내용을 보면 도표와 같으며 과거와는 구별된 취재(取材)·음직제도(蔭職職制度: 음서(蔭敍)·남행(南行))에 의한 문음(門蔭)·이과(吏科)·도시(都試) 등이 있었으나 문과가 가장 어렵고 중시되었다.

<table>
<tr><td rowspan="7">문과
(文科)</td><td rowspan="2">소과
(小科)</td><td>생원과(生員科)…사서오경(四書五經)으로 시험…100명</td><td colspan="3" rowspan="2">합격된 생원·진사에게 백패(白牌)를 줌</td></tr>
<tr><td>진사과(進士科)…문예(文藝: 시(時)·부(賦)·송(頌)·책(策))로 시험…100명</td></tr>
<tr><td rowspan="5">대 과
(大科)</td><td colspan="4">초시(初試: 제1차 시험) … 서울·지방에서 생원·진사·성균관 유생 중에서 선발…340명(후에 223명)</td></tr>
<tr><td colspan="4">복시(覆試: 제2차 시험) … 서울에서 초시 합격자 중에서 선발함…33명</td></tr>
<tr><td rowspan="3">전시(殿試: 판정 시험)
어전에서 복시 합격자의 등급을 결정함</td><td>갑과(甲科) 3명</td><td rowspan="3">홍패
(紅牌)를
줌</td></tr>
<tr><td>을과(乙科) 7명</td></tr>
<tr><td>병과(丙科) 23명</td></tr>
</table>

<table>
<tr><td rowspan="3">무과
(武科)</td><td>초시(初試: 제1차 시험)…서울 각도 병영에서 선발함…200명</td></tr>
<tr><td>복시(覆試: 제2차시험)…서울·병조에서 초시 합격자 중에서 선발함…28명 → 홍패(紅牌)를 줌</td></tr>
<tr><td>전시(殿試: 판정시험)…어전에서 복시 합격자 28명의 등급을 결정함</td></tr>
</table>

<table>
<tr><td rowspan="4">잡과
(雜科)</td><td>역과(譯科)…통역관 시험, 초시를 거쳐 한어(漢語) 23명, 몽고·여진·왜어 각 4명을 등용함</td></tr>
<tr><td>의과(醫科)…의무관 시험, 초시…18명, 복시…9명을 선발함.</td></tr>
<tr><td>음양과(陰陽科)…관상관 시험, 초시…14명, 복시…7명을 선발함.</td></tr>
<tr><td>율과(律科)…법무관 시험, 초시…18명, 복시…9명을 선발함.</td></tr>
</table>

(13) 과거급제(科擧及第)의 특권(特權)

과거에 급제한 사람에게는 다음과 같은 특권(特權)이 부여된다.

첫째, 각도(各道)의 감영(監營)에서 행하는 향시(鄕試)나 중앙(中央)에서 실시하는 생진과(生進科)의 초시(初試)에 합격하면 이초시(李初試) · 김초시(金初試) · 박초시(朴初試)라 부르며 우대(優待)하였고,

둘째, 중앙에서 실시하는 생진과(生進科)에 합격하면 이생원(李生員) · 김생원(金生員) · 박생원(朴生員)이라 하여 살인죄(殺人罪)를 제외하고는 체포(逮捕)나 감금(監禁)도 되지 않았다. 그리고 과거에 급제한 사람이 살고 있는 부락(部落) 앞에는 소도(蘇塗) 나무를 높다랗게 세워 과거에 급제한 사람이 살고 있다는 표시를 하고 그 부락을 지나가는 일반인의 경의(敬意)를 표하며, 말을 타고 가는 사람은 말에서 내렸다고 한다.

(14) 과거의 팔폐(科擧八弊)

1818년 순조 18년 5월, 성균관 사성(司成) 이영하가 지적한 과거의 8가지 폐단. 인재등용의 관문이었던 과거제도는 조선 말엽에 이르러 차차 문란하기 시작하여 여러가지 폐단이 발생하였으므로 이를 시정하기 위하여 상소하는 글에 8가지 폐를 들었는데,

1. 정권분탑(呈券分遝: 시험지를 바꾸어 내는 일)
2. 외장서업(外場書入: 밖에서 써내는 일)
3. 차술차작(借述借作: 남의 글을 빌어쓰는 일)
4. 수종협책(隨從挾冊: 책을 과장에 가지고 들어가는 일)
5. 입문유린(入門蹂躪: 과장에 아무나 들어가는 일)
6. 혁제공행(赫蹄公行: 과거 제목을 미리 알게 하는 일)
7. 이졸환면출입(吏卒換面出入: 이졸이 바꾸어 출입하는 일)
8. 자축자의환롱(字軸恣意幻弄: 시권(試券)을 농간하는 일)

이었다. 이 상소를 계기로 하여 과장구폐절목(科場捄弊節目)이 나오게 되었다.

(15) 과방(科榜)

조선조에 과거에 급제한 사람의 성명을 적은 방목. 채점과 등급이 결정되면 응시자가 쓴 답안지인 본초(本草)와, 시관(試官)의 채점용으로 만든 본초의 사본인 주초(朱草)와 대조하여 이상 유무를 확인한 다음, 입격시권(入格試券)의 피봉(皮封)을 가져와 그 안에 있는 응시

자 및 사조(四祖)의 이름이 씌어있는 부분을 본초에 붙인 다음, 본초에는 점수, 주초에는 성명을 기입하였다. 이를 감합(勘合)이라 하는데 피봉과 시권을 잘못 붙여서 떨어져야 할 사람이 붙고 붙어야 할 사람이 떨어지는 수가 흔히 있었다.

감합이 끝나면 사준((查準): 사정(查定))하여 등제(等第)를 정하고 초방(草榜)을 작성한 다음 사관원(四館員)을 시켜 초방을 청서(淸書)하였는데 이를 입격방목(入格榜目)이라 하였으며 따로 방(榜)을 만들어 발표하는 것을 과방(科榜) 또는 괘방(掛榜) · 방방(放榜) · 출방(出榜)이라고 하였다.

(16) 과장역서의 법(科場易書法)

과거 응시자의 글씨를 고시관(考試官)이 알면 사정(私情)을 둔다고 하여 이를 사전에 막고자 거자(擧子: 응시자)의 시권(試券: 시험지)을 다른 사람을 시켜 다른 종이에 쓰게 하던 법으로 차작(借作) · 남작(濫作)의 폐단이 있어 폐지하자는 의론이 있었으나 고려 말기부터 조선 고종 때까지 사용되었다.

4) 전주 이씨 과거 급제자(全州李氏 科擧 及第者)

순번	파명	문과(무과)	무과	잡과	합계	순번	파명	문과(무과)	무과	잡과	합계
1	시 중 공	81(고려9, 조선21)	49		130	26	순 평 군	16(2)			60
2	평장사공	9(고려1, 조선2)	1		10	27	선 성 군	92(28)	25		117
3	주 부 공	9(4)	5		14	28	종 의 군	2			2
4	안천대군	8(2)			8	29	진 남 군	14(4)	3		17
5	안원대군	39(25)	4		43	30	수 도 군	32(10)	10		42
6	안풍대군	17(4)	6		23	31	임 언 군	5(1)	5		10
7	안창대군	3	1		4	32	석 보 군	8(2)	2		10
8	안흥대군	1	1		2	33	덕 천 군	244(57)	68		312
9	함녕대군		3		3	34	임 성 군	5(1)			5
10	함창대군				0	35	도 평 군	5	5		10
11	함원대군	2			2	36	장 천 군	11(1)	6	70	87
12	함천대군				0	37	정 석 군	1			1
13	함릉대군	4			4	38	무 림 군	23(3)	53		76
14	함양대군	4(1)	3		7	39	양녕대군	168(52)	11	1	180
15	함성대군	2			2	40	**효령대군**	**381**	**75**		**456**
16	완창대군	15(4)	15	298	328	41	성녕대군	15(3)	4		19
17	완원대군	5(1)			5	42	경 녕 군	104(27)	21		125
18	완천대군	1			1	43	함 녕 군				0
19	완성대군				0	44	온 녕 군	25(6)	13		38
20	완풍대군	39(7)	20		59	45	근 녕 군	32(4)	4		36
21	의안대군	16(5)	8		24	46	혜 령 군	1	3	26	30
22	진안대군	12(2)	2		14	47	희 령 군	10(1)			10
23	익안대군	39(14)	42		81	48	후 령 군	7(1)	1		8
24	회안대군	8(2)	3		11	49	익 녕 군	30(5)	7		37
25	의 평 군	12(3)	3		15	50	임영대군	80(18)	39	11	130

순번	파명	문과(무과)	무과	잡과	합계	순번	파명	문과(무과)	무과	잡과	합계
51	광평대군	335(114)	24		359	80	해 안 군	5(1)	8		13
52	금성대군		6		6	81	금 원 군	8(2)	2		10
53	영응대군	16(7)	13		29	82	영 양 군	11(2)	2		13
54	화 의 군	11(2)	28		39	83	덕 양 군	65(18)	41		106
55	계 양 군	23(6)			23	84	봉 성 군	2	2		4
56	의 창 군	12(2)			12	85	덕흥대원군	64(15)	37		101
57	한 남 군	6(1)	1		7	86	임 해 군	5			5
58	밀성군 · 의안대군	140(44)	32		172	87	신 성 군	11(6)			11
59	수 춘 군	9(1)	2		23	88	순 화 군	10(3)	6		16
60	익 현 군	10(2)	4		14	89	인 성 군	36(5)	3		39
61	영 해 군	63(26)	6		69	90	경 창 군	18(10)	7		25
62	담 양 군	108(25)	8		118	91	흥 안 군				0
63	덕 원 군	22(7)	7		29	92	경 평 군	8(4)	4		12
64	창 원 군	9(2)	3		12	93	인 흥 군	21(6)	5		26
65	월산대군	7	3		10	94	영 성 군	30(9)	5		35
66	계 성 군	14(2)	40		54	95	능원대군	13(6)	14		27
67	안 양 군	9	4		13	96	소현세자	2(2)	2		4
68	완 원 군	22(8)	12		34	97	인평대군	20(7)	2		22
69	회 산 군	2	1		3	98	용성대군	9(4)	2		11
70	봉 안 군	2(1)	1		3	99	숭 선 군	2			2
71	견 성 군	5(1)	4		9	100	낙 선 군	2	1		3
72	익 양 군	23(7)	4		27	101	연 령 군	6(6)			6
73	이 성 군	2	1		3	102	은 언 군	2(2)			2
74	경 명 군	14(4)	22		36	103	은 전 군	2(1)			2
75	전 성 군	2			2	104	파미분류자	386(33)	27	94	507
76	무 산 군	41(11)	7		48	총 계		3,332(837)	950	514	4,796
77	영 산 군	11(3)	4		15						
78	운 천 군	3(1)	12		15						
79	양 원 군	21(6)	10		31						

출처: 국조방목, 전주이씨 과거급제자(全州李氏 科擧 及第者) 총람

5) 효령대군파 과거급제자

단위: 명

구분	사마시과	사마시/(대과)	대과	문과(계)	무과	잡과	총계
의성군	85	(7)	14	99	22	–	121
서원군	100	(19)	10	110	6	–	116
보성군	111	(24)	41	152	44	–	196
낙안군	7	(4)	–	11	–	–	11
영천군	1	(1)	–	2	–	–	2
안강도정	6	(1)	–	7	3	–	10

보성군댁 문과 과거급제자

즙	한	충양	직양	협	연	계	천익	원양	정린	전로	윤	천기	치	특양	율
흡	덕양	상곤	건	역	익빈	정구	진빈	상원	봉령	영한	형달	위달	기효	기종	정우
윤수	종청	긍수	홍수	승우	경의	정우	인우	세우	승의	표	희용	용우	용의	현정	현도
종문	우달	경	일형	현득	명	주	만형	석재	봉화	소	현묵	원달	희순	승우	회정
덕우	석우	호달	제달	회무	만하	만성	춘양군(내)	유령	용의	몽오	유정	귀수	순수	인우	긍우
혁의	철의	회영	위	원룡	경주	창형	문주	태수	한기	건우	달우	경운	규일	서태	행일
서복	태병	태정	원의	광진	상신	중계	필달	몽익	회일	집일	시익	서표	태승	용관	명락
석달	진일	태석	태량	상번	도삼	유춘	욱형	사번	경율	심	진영	계	진철	동완	두기
진보	성	광호	용구	회숙	의구	회원	상우	상백	성	광진	수	기완	용	원의	잠
회면															

*파미분류자에 따라 다를 수 있음

물거군 과거급제자

4세 — 5세 — 6세 — 7세 — 8세 — 9세 — 10세

- **고안군 (정)**
  - **중호** (이소제·지평)
    - **경승** (진사)
      - 유심 (진사)
        - 정기
          - 이정
            - 내현 (진사)
            - 춘재 —
          - 이관 (무과)
        - 정석
          - 이풍
            - 삼인 —
            - 삼걸 —
  - **계호** (생원)
    - **귀승** (무과)
      - 우란
        - 망남
          - 수윤
            - 영도
            - 시흥 (무과·주부)
          - 원립 (무과·현감)
        - 인후 (무과·우후)
      - 우백 (영장)
    - **윤승** (군수)
- **양록정 (수)**
  - **인흥** (종묘서령)
    - **소**
      - 장무
        - 계.우민 (생원, 부사과)
          - 원형
            - 세필 —
          - 태형
            - 도창 —
      - 장화
        - 요민
          - 간
            - 진창 —
    - **영**
      - 완
        - 상준
          - 수동 (무과)
    - **방**
      - 계.여길
        - 위 (1610.식.진 진사)
          - 장형
            - 현주 —
    - **운** (감찰)
      - 여필
        - 회
          - 시형
            - 경주 (2666.식.진 진사)
          - 창형 (1633.식.문 교리)
            - 문주 (1651.식.진 진사) —
    - **흠**
      - 계.여흘
        - 계.유정 (한성판관)
          - 수남 (병사)
            - 성운 (부장) —

11세	12세	13세	14세	15세	16세	17세	18세
진휘 진사					진우 무과·부사과		
국태	덕흥	경린	언오	만재	원우 무과·부사과		
세상	모길	대붕	흥갑	병순 무과	영우 무과·부사과		
만진	세덕	도득	성범	회종	연우 무과		
덕주 무과·부사							
언수	용기	인립	치운 무과·훈련원·판관				
만년	한경	익징	세영	진업	홍우	찬의 무과·영장	기승 진사
				회수 진사 도정	성우	규의 무과·시종	
					명우 음죽현감	혁의 1873.식.진 현감	
					시우 부사	철의 1873.식.생 형좌	
				회기	정우 무과	풍의 진사.한성판사	
		복징	세우	계.회준	병우 무과·중군		
대년	동량	익섭	의배	회영 1882.증.문 장령			
형	응상	명조	세양	영조	원룡 1819.식.생		
서갑	형	중태 부응교					
대형 진주병사·병판	선장	만응	익희	상진	두영	응의	기덕 무과.천추

물거군 과거급제자

명	혁의赫儀	철의喆儀	회영會英	위蕤	원룡元龍	경주慶冑	창형昌馨	문주文冑
생년	1854	1859	1827	1578	1791	1643	1602	1628
졸년		1935	1893	1610	1851		1637	1702
향년	77	77	67	33	61		36	75
자	성윤 聖允	성문 聖文		화백 華伯	맹길 孟吉	장길 長吉	형중 馨仲	사장 士章
거주지	경 京	경 京	진천 鎭川	경 京	함창 咸昌	경 京		경 京
부명	명우 明宇	명우 明宇	의배 義培	여길 汝佶	영조 寧祖	시형 時馨	희 喜	창형 昌馨
조부명	회수 會壽	회수 會壽	익섭 益燮	봉 諱	세양 世陽	희 喜	여필 汝佖	희 喜
증조명	세영 世榮	세영 世榮	동량 東樑	이홍 仁弘	명조 鳴朝	여필 汝佖	운 韻	여필 汝佖
외조부명	광산光山 김응택	광산光山 김응택	은진恩津 임석지	성주星州 이안인	동래東萊 정춘희	청주淸州 한순경	현풍玄風 곽지선	진주晉州 강정문
처부명	의령宜寧 남직화	초계草溪 정석영	경주慶州 이광묵	함양咸陽 박영선	월성月城 손유경	남원南原 양응면	진주晉州 강정준	수성隋城 최홍질
사마시	1873 (고종10) 계유.식. 진사 3/209	1873 (고종10) 계유.식. 생원 3/136	–	1610 (광해2) 경술.식. 진사 3/85	1819 (순조19) 기묘.식. 생원 2/16	1666 (현종7) 병오.식 진사 2/30		1651 (효종2) 신묘.식. 진사 3/58
대과			1882 (고종19) 임오.증. 을5				1633 (인조11) 계유.식. 을3	
관직	현감 縣監	형좌 刑佐	장령 掌令				교리 校理	
전거	파보 3지6 210 (사 2390)	파보 3지6 210 (사 2270)	파보 3지 778 (방1769 484)	파보 수 520 (사 313)	파보 3지6 361 (사 1809)	파보 수 526 (사 2738)	파보 수 524 (방 730193)	파보 수 524 (사557)

6) 조선 500년 장원 급제자(壯元 及第者)

家門	名單		
전주 이씨 (66)	영순군 이부(永順君 李溥: 광평대군의 독자)		
	이목(李穆)	이현당(李賢讜)	이현충(李顯忠)
	이건(李楗)	이수철(李壽鐵)	이정빈(李廷賓)
	이충원(李忠元)	이호의(李好義)	이식립(李植立)
	이은로(李殷老)	이민구(李敏求)	
	이경석(李景奭: 덕천군의 6대손)		
	이만(李曼)	이상질(李尙質)	이만영(李晚榮)
	이익한(李翊漢)	이민적(李敏迪)	이덕령(李德齡)
	이익(李榏)	이사명(李師命)	이태동(李泰東)
	이사상(李師尙)	이야(李壄)	이제(李濟)
	이익한(李翊漢)	이진망(李眞望)	이정소(李廷熽)
	이시희(李時熙)	이재춘(李載春)	이창수(李昌壽)
	이관섭(李觀燮)	이득종(李得宗)	이유수(李惟秀)
	이양천(李亮天)	이존중(李存中)	이명환(李明煥)
	이현옥(李鉉玉)	이빈(李贇)	이시민(李時敏)
	이태정(李台鼎)	이종령(李宗齡)	이한경(李漢慶)
	이상암(李商巖)	이회수(李會遂)	이겸환(李謙煥)
	이면긍(李勉兢)	이의강(李義綱)	이덕승(李德升)
	이경윤(李卿尹)	이재기(李在璣)	이동사(李東師)
	이동영(李東永)	이시원(李是遠)	이인석(李寅奭)
	이인동(李仁東)	이응려(李應呂)	이후선(李後善)
	이규영(李珪永)	이연수(李演壽)	이몽제(李蒙濟)
	이재만(李載晚)	이용원(李容元)	이동연(李東淵)
	이면상(李冕相)	이인창(李寅昌)	
안동 권씨 (28)	권극중(權克中)	권제(權踶)	권람(權擥)
	권건(權建)	권경희(權景禧)	권세형(權世衡)
	권홍(權弘)	권복(權福)	권홍(權弘)
	권성(權晟)	권용(權容)	권수(權遂)
	권득기(權得己)	권계(權啓)	권집(權諿)

안동 권씨 (28)	권오(權悟)	권진한(權震翰)	권열(權說)
	권성(權惛)	권집(權緝)	권세항(權世恒)
	권세구(權世矩)	권극(權極)	권이강(權以綱)
	권준(權晙)	권상신(權常愼)	권복(權馥)
	권연(權沇)		
여흥 민씨 (20)	민이(閔頤)	민시중(閔時中)	민덕봉(閔德鳳)
	민인백(閔仁伯)	민유부(閔有孚),	민광훈(閔光勳)
	민우(閔愚)	민정중(閔鼎重)	민주면(閔周冕)
	민중로(閔重魯)	민시중(閔蓍重)	민홍도(閔弘道)
	민진장(閔鎭長)	민원(閔瑗)	민홍열(閔弘烈)
	민태혁(閔台赫)	민영위(閔泳緯)	민치량(閔致亮)
	민두현(閔斗顯)	민치은(閔致殷)	
연안 이씨 (20)	이석형(李石亨)	이숭원(李崇元)	이홍로(李弘老)
	이경의(李景義)	이도(李裪)	이봉징(李鳳徵)
	이인징(李麟徵)	이만영(李萬榮)	이명곤(李命坤)
	이인원(李仁源)	이성원(李性源)	이지회(李之晦)
	이연년(李延年)	이조원(李肇源)	이상우(李尙愚)
	이재수(李在秀)	이진익(李晉翼)	이태익(李泰翼)
	이심재(李心宰)	이병룡(李炳龍)	
청주 한씨 (20)	한혜(韓惠)	한훈(韓訓)	한충(韓忠)
	한복(韓輹)	한기백(韓紀百)	한태동(韓泰東)
	한항(韓沆)	한명상(韓命相)	한세량(韓世良)
	한재회(韓在誨)	한세필(韓世弼)	한광회(韓光會)
청주 한씨	한광조(韓光肇)	한종찬(韓宗纘)	한상신(韓商新)
	한치응(韓致應)	한홍교(韓弘敎)	한계원(韓啓源)
	한석동(韓奭東)	한백규(韓白奎)	
반남 박씨 (15)	박소(朴紹)	박동열(朴東說)	박세모(朴世模)
	박세당(朴世堂)	박태상(朴泰尙)	박태보(朴泰輔)
	박사수(朴師洙)	박사유(朴師游)	박필철(朴弼哲)
	박필리(朴弼理)	박창원(朴昌源)	박종정(朴宗正)
	박종휴(朴宗休)	박선수(朴瑄壽)	박정수(朴鼎壽)

대구 서씨 (15)	서문중(徐文重)	서호수(徐浩修)	서유린(徐有隣)
	서유신(徐有臣)	서영보(徐榮輔)	서장보(徐長輔)
	서능보(徐能輔)	서헌보(徐憲輔)	서만순(徐萬淳)
	서경보(徐耕輔)	서응순(徐膺淳)	서유훈(徐有薰)
	서우순(徐友淳)	서공순(徐公淳)	서상우(徐相雨)
파평 윤씨 (15)	윤사윤(尹士昀)	윤희손(尹喜孫)	윤현(尹鉉)
	윤희성(尹希聖)	윤담휴(尹覃休)	윤계선(尹繼善)
	윤헌주(尹憲柱)	윤심형(尹心衡)	윤제홍(尹濟弘)
	윤돈(尹墩)	윤태건(尹泰健)	윤상현(尹相賢)
	윤영수(尹英秀)	윤영식(尹榮植)	윤호섭(尹皞燮)
남양 홍씨 (15)	홍응(洪應)	홍춘경(洪春卿)	홍명형(洪命亨)
	홍명구(洪命耉)	홍습(洪霫)	홍석기(洪錫箕)
	홍우기(洪宇紀)	홍수점(洪受㴐)	홍호인(洪好人)
	홍계희(洪啓禧)	홍억(洪檍)	홍종해(洪宗海)
	홍찬해(洪纘海)	홍중섭(洪重燮)	홍병일(洪炳一)
[신]안동 김씨 (14)	김수항(金壽恒)	김성시(金盛始)	김창협(金昌協)
	김노순(金魯淳)	김문순(金文淳)	김이익(金履翼)
	김근순(金近淳)	김난순(金蘭淳)	김정균(金鼎均)
	김석순(金錫淳)	김옥균(金玉均)	김원규(金元圭)
	김낙진(金洛鎭)	김병흡(金炳翕)	
청송 심씨 (14)	심광언(沈光彦)	심통원(沈通源)	심충겸(沈忠謙)
	심우정(沈友正),	심연(沈演)	심선(沈譔)
	심악(沈鍏)	심국현(沈國賢)	심이지(沈履之)
	심익운(沈翼雲)	심낙수(沈樂洙)	심의승(沈宜升)
	심기택(沈琦澤)	심상필(沈相弼)	
풍양 조씨 (14)	조세영(趙世英)	조수인(趙守寅)	조경명(趙景命)
	조진형(趙鎭衡)	조재준(趙載俊)	조정(趙靖)
	조진관(趙鎭寬)	조항진(趙恒鎭)	조득영(趙得永)
	조기영(趙冀永)	조인영(趙寅永)	조구하(趙龜夏)
	조운경(趙雲卿)	조창화(趙昌和)	

진주 강씨 (13)	강희맹(姜希孟)	강자평(姜子平)	강안중(姜安重)
	강태수(姜台壽)	강전(姜銓)	강숭덕(姜崇德)
	강신(姜紳)	강백년(姜栢年)	강세구(姜世龜)
	강영(姜楧)	강백(姜栢)	강이정(姜彛正)
	강세황(姜世晃)		
광산 김씨 (13)	김극성(金克成)	김홍윤(金弘胤)	김상빈(金尙賓)
	김만중(金萬重)	김진규(金鎭圭)	
	김일경(金一鏡: 신임사화의 무고로 탄핵을 받아 참형)		
	김일경(金一鏡)	김상정(金相定)	김상휴(金相休)
	김재전(金在田)	김공현(金公鉉)	김기현(金琦鉉)
	김양현(金亮鉉)		
경주 이씨 (13)	이문좌(李文佐)	이을규(李乙奎)	이경억(李慶億)
	이인병(李寅炳)	이광좌(李光佐)	이석표(李錫杓)
	이영철(李永喆)	이규팽(李圭祊)	이회영(李晦榮)
	이호형(李好亨)	이주영(李胄榮)	이용태(李龍泰)
	이종익(李鍾翊)		
의령 남씨 (12)	남계영(南季瑛)	남근(南瑾)	남이공(南以恭)
	남용익(南龍翼)	남세운(南世雲)	남수현(南壽賢)
	남운로(南雲老)	남강로(南絳老)	남로(南潞)
	남광철(南光轍)	남정호(南廷皓)	남광희(南光熙)
해주 오씨 (12)	오운기(吳雲驥)	오달제(吳達濟)	오핵(吳翮)
	오두인(吳斗寅)	오명준(吳命峻)	오원(吳瑗)
	오찬(吳瓚)	오상현(吳尙顯)	오치순(吳致淳)
	오종흡(吳鍾翕)	오춘영(吳春泳)	오영(吳英)
평산 신씨 (11)	신효(申曉)	신영(申瑛)	신계화(申啓華)
	신수(申修)	신익(申熤)	신사찬(申思贊)
	신대승(申大升)	신엄(申曮)	신헌조(申獻朝)
	신봉조(申鳳朝)	신봉조(申鳳朝)	
동래 정씨 (11)	정광세(鄭光世)	정사룡(鄭士龍)	정대년(鄭大年)
	정유길(鄭惟吉)	정지화(鄭知和)	정동후(鄭東後)
	정형익(鄭亨益)	정언섭(鄭彦燮)	정완(鄭浣)
	정기일(鄭基一)	정한조(鄭漢朝)	

청풍 김씨(10)	김길통(金吉通)	김식(金湜)	김육(金堉)
	김시번(金始蕃)	김석주(金錫胄)	김구(金構)
	김치후(金致垕)	김치인(金致仁)	김광묵(金光默)
	김동원(金東元)		
한산 이씨(10)	이영은(李永垠)	이봉(李封)	이자(李耔)
	이출(李秫)	이정기(李廷夔)	이기성(李基聖)
	이유춘(李囿春)	이거원(李巨源)	이우재(李愚在)
	이승구(李承九)		
영일 정씨(10)	정회(鄭淮)	정철(鄭澈)	정종명(鄭宗溟)
	정승명(鄭承明)	정시대(鄭始大)	정도성(鄭道成)
	정식(鄭栻)	정원달(鄭遠達)	정극환(鄭克煥)
	정해관(鄭海觀)		
[구]안동 김씨(9)	김익정(金益精)	김수령(金壽寧)	김주(金澍)
	김홍도(金弘度)	김시헌(金時獻)	김주우(金柱宇)
	김경(金憬)	김수신(金秀臣)	김정호(金正浩)
밀양 박씨(9)	박호(朴篪)	박안제(朴安悌)	박진량(朴震亮)
	박대후(朴大厚)	박첨(朴詹)	박한규(朴漢奎)
	박문원(朴聞遠)	박유환(朴猷煥)	박내만(朴來萬)
고령 신씨(9)	신준(申浚)	신종호(申從濩)	신종호(申從濩)
	신석간(申石澗)	신유(申濡)	신필청(申必淸)
	신처수(申處洙)	신상권(申尙權)	신광수(申光洙)
해평 윤씨(9)	윤은필(尹殷弼)	윤택휴(尹澤休)	윤득경(尹得敬)
	윤득우(尹得雨)	윤득성(尹得聖)	윤치정(尹致鼎)
	윤치겸(尹致謙)	윤승구(尹升求)	윤횡선(尹弦善)
광주 이씨(9)	이수공(李守恭)	이준인(李遵仁)	이민각(李民覺)
	이이첨(李爾瞻)	이대엽(李大燁)	이후징(李厚徵)
	이희태(李喜泰)	이명희(李命熙)	이만영(李晩榮)
덕수 이씨(9)	이이(李珥)	이경증(李景曾)	이탄(李坦)
	이택진(李宅鎭)	이항(李沆)	이노집(李魯集)
	이양신(李亮信)	이조신(李肇信)	이민규(李敏奎)

<table>
<tr><td rowspan="4">풍산 홍씨(9)</td><td>홍인상(洪麟祥)</td><td>홍천경(洪千璟)</td><td>홍보(洪霶)</td></tr>
<tr><td colspan="3">홍만용(洪萬容: 모친은 선조의 딸인 정명공주)</td></tr>
<tr><td>홍만용(洪萬容)</td><td>홍현보(洪鉉輔)</td><td>홍중효(洪重孝)</td></tr>
<tr><td colspan="2">홍낙임(洪樂任: 1741~1801)</td><td>홍우길(洪祐吉)</td></tr>
<tr><td rowspan="4">연안 김씨(8)</td><td>김흔(金訢)</td><td>김전(金詮)</td><td></td></tr>
<tr><td colspan="3">김안로(金安老: 김흔의 아들, 김전의 조카)</td></tr>
<tr><td>김운장(金雲長)</td><td>김상옥(金相玉)</td><td>김필(金韠)</td></tr>
<tr><td>김민수(金民秀)</td><td>김의수(金懿秀)</td><td></td></tr>
<tr><td rowspan="3">진주 유씨(8)</td><td>유자한(柳自漢)</td><td>유자빈(柳自濱)</td><td>유순정(柳順汀)</td></tr>
<tr><td>유근(柳根)</td><td>유명천(柳命天)</td><td>유명현(柳命賢)</td></tr>
<tr><td>유택하(柳宅夏)</td><td>유성한(柳星漢)</td><td></td></tr>
<tr><td rowspan="3">전의 이씨(8)</td><td>이부(李頫)</td><td>이효충(李效忠)</td><td>이명준(李命俊)</td></tr>
<tr><td>이운근(李雲根)</td><td>이정작(李庭綽)</td><td>이기경(李基敬)</td></tr>
<tr><td>이기경(李基敬)</td><td>이문회(李文會)</td><td></td></tr>
<tr><td rowspan="3">경주 김씨(7)</td><td>김천령(金千齡)</td><td>김정(金淨)</td><td>김만균(金萬鈞)</td></tr>
<tr><td>김경원(金慶元)</td><td>김종일(金宗一)</td><td>김노영(金魯永)</td></tr>
<tr><td>김영삼(金永三)</td><td></td><td></td></tr>
<tr><td rowspan="3">여산 송씨(7)</td><td>송영(宋瑛)</td><td>송식(宋軾)</td><td>송세림(宋世琳)</td></tr>
<tr><td>송겸(宋㻩)</td><td>송준(宋駿)</td><td>송내백(宋來栢)</td></tr>
<tr><td>송상순(宋祥淳)</td><td></td><td></td></tr>
<tr><td rowspan="3">하동 정씨(7)</td><td>정인지(鄭麟趾)</td><td>정지담(鄭之澹)</td><td>정인지(鄭麟趾)</td></tr>
<tr><td>정희안(鄭希顔)</td><td>정희적(鄭熙績)</td><td>정동혁(鄭東赫)</td></tr>
<tr><td>정최성(鄭最成)</td><td></td><td></td></tr>
<tr><td rowspan="3">창녕 조씨(7)</td><td>조상치(曺尙治)</td><td>조광익(曺光益)</td><td>조탁(曺倬)</td></tr>
<tr><td>조한영(曺漢英)</td><td>조정(曺珽)</td><td>조효창(曺孝昌)</td></tr>
<tr><td>조하망(曺夏望)</td><td></td><td></td></tr>
<tr><td rowspan="2">김해 김씨(6)</td><td>김극검(金克儉)</td><td>김기손(金驥孫)</td><td>김유신(金庾信)</td></tr>
<tr><td>김명악(金命岳)</td><td>김세진(金世鎭)</td><td>김경준(金敬濬)</td></tr>
<tr><td rowspan="2">창녕 성씨(6)</td><td>성삼문(成三問)</td><td>성진(成晉)</td><td>성몽열(成夢說)</td></tr>
<tr><td>성이민(成以敏)</td><td>성덕윤(成德潤)</td><td>성유열(成有烈)</td></tr>
<tr><td rowspan="2">여주 이씨(6)</td><td>이광헌(李光軒)</td><td>이이존(李以存)</td><td>이성환(李星煥)</td></tr>
<tr><td>이맹휴(李孟休)</td><td>이노신(李魯新)</td><td>이승구(李承九)</td></tr>
<tr><td rowspan="2">풍천 임씨(6)</td><td>임원준(任元濬)</td><td>임영로(任榮老)</td><td>임성지(任性之)</td></tr>
<tr><td>임한백(任翰伯)</td><td>임상원(任相元)</td><td>임종주(任宗周)</td></tr>
<tr><td rowspan="2">전주 최씨(6)</td><td>최경신(崔敬身)</td><td>최응룡(崔應龍)</td><td>최철견(崔鐵堅)</td></tr>
<tr><td>최후현(崔後賢)</td><td>최준형(崔俊衡)</td><td>최봉명(崔鳳命)</td></tr>
</table>

양천 허씨(6)	허관(許寬)	허경(許坰)	허균(許筠)
	허직(許稷)	허색(許穡)	허윤(許玧)
선산 김씨(5)	김효원(金孝元)	김세렴(金世濂)	김진구(金振久)
	김준(金準)	김학로(金學魯)	
순흥 안씨(5)	안숭선(安崇善)	안복준(安復駿)	안극효(安克孝)
	안재린(安在麟)	안정간(安廷侃)	
기계 유씨(5)	유성증(俞省曾)	유성환(俞星煥)	유진옥(俞鎭沃)
	유치익(俞致益)	유구환(俞龜煥)	
전주 유씨(5)	유영길(柳永吉)	유담(柳潭)	유경립(柳經立)
	유경(柳炅)	유복명(柳復明)	
용인 이씨(5)	이사경(李士慶)	이진은(李震殷)	이교악(李喬岳)
	이세면(李世勉)	이재협(李在協)	
함평 이씨(5)	이만영(李萬榮)	이장영(李長榮)	이휘항(李彙恒)
	이희겸(李喜謙)	이윤신(李潤身)	
나주 임씨(5)	임상덕(林象德)	임도호(林道浩)	임안철(林顔喆)
	임긍수(林肯洙)	임기수(林基洙)	
강릉 김씨(4)	김충렬(金忠烈)	김기종(金起宗)	김상성(金尙星)
	김상구(金尙耈)		
은진 송씨(4)	송흠익(宋欽翼)	송민수(宋敏洙)	송종오(宋鍾五)
	송병찬(宋秉瓚)		
거창 신씨(4)	신승선(愼承善)	신해익(愼海翊)	신이익(愼爾益)
	신종익(愼宗翼)		
남원 윤씨(4)	윤기(尹箕)	윤길(尹梭)	윤행리(尹行履)
	윤병정(尹秉鼎)		
성주 이씨(4)	이함령(李咸寧)	이유함(李惟諴)	이직(李稙)
	이가우(李嘉遇)		
진성 이씨(4)	이이송(李爾松)	이효순(李孝淳)	이만덕(李晩德)
	이만도(李晩燾)		
배천 조씨(4)	조정견(趙庭堅)	조석윤(趙錫胤)	조몽언(趙夢鷗)
	조규현(趙圭鉉)		
양주 조씨(4)	조말생(趙末生)	조지석(趙祉錫)	조영로(趙榮魯)
	조중필(趙重弼)		
임천 조씨(4)	조지서(趙之瑞)	조형기(趙亨期)	조덕성(趙德成)
	조덕성(趙德成)		
창원 황씨(4)	황치성(黃致誠)	황신(黃愼)	황합(黃柙)
	황익수(黃益秀)		

제주 고씨(3)	고태정(高台鼎)	고영석(高永錫)	고운정(高雲程)
상산 김씨(3)	김충(金冲)	김개(金闓)	김우해(金宇海)
순천 김씨(3)	김여물(金汝岉)	김진표(金震標)	김성(金聲)
충주 박씨(3)	박형문(朴衡文)	박상(朴祥)	박순(朴淳)
남원 양씨(3)	양응락(梁應洛)	양곡(梁穀)	양정호(梁廷虎)
풍산 유씨(3)	유경심(柳景深)	유광목(柳光睦)	유진한(柳進翰)
고성 이씨(3)	이교연(李皎肰)	이륙(李陸)	이여(李膂)
우봉 이씨(3)	이승건(李承健)	이만성(李晩成)	이호익(李鎬翼)
평창 이씨(3)	이창현(李昌炫)	이양(李瀁)	이인채(李仁采)
나주 정씨(3)	정윤희(丁胤禧)	정윤희(丁胤禧)	정호서(丁好恕)
온양 정씨(3)	정두경(鄭斗卿)	정뇌경(鄭雷卿)	정사효(鄭思孝)
초계 정씨(3)	정문익(鄭文翼)	정시망(鄭時望)	정계주(鄭啓周)
한양 조씨(3)	조빈(趙贇)	조경(趙絅)	조덕순(趙德純)
전주 주씨(3)	주형리(朱炯离)	주형질(朱炯質)	주중순(朱重純)
여양 진씨(3)	진지(陳祉)	진식(陳植)	진복창(陳復昌)
경주 최씨(3)	최경지(崔敬止)	최관(崔灌)	최벽(崔璧)
해주 최씨(3)	최유연(崔有淵)	최수옹(崔粹翁)	최국현(崔國鉉)
장수 황씨(3)	황혁(黃赫)	황위(黃暐)	황명한(黃明漢)
능성 구씨(2)	구득로(具得魯)	구영석(具齡錫)	
언양 김씨(2)	김자(金赭)	김석(金晳)	
영동 김씨(2)	김수온(金守溫)	김수온(金守溫)	
의성 김씨(2)	김정국(金正國)	김낙례(金樂澧)	
풍산 김씨(2)	김수현(金壽賢)	김윤기(金潤起)	
광주 노씨(2)	노수신(盧守愼)	노성중(盧聖中)	
성주 도씨(2)	도하(都夏)	도석훈(都錫壎)	
사천 목씨(2)	목행선(睦行善)	목만중(睦萬中)	
영산 신씨(2)	신계거(辛季琚)	신희계(辛喜季)	
광주 안씨(2)	안종록(安宗祿)	안욱(安旭)	
제주 양씨(2)	양응정(梁應鼎)	양상기(梁相器)	
함양 여씨(2)	여계선(呂繼先)	여증제(呂曾齊)	
동복 오씨(2)	오시만(吳始萬)	오대관(吳大觀)	
보성 오씨(2)	오준근(吳濬根)	오대곤(吳大坤)	
문화 유씨(2)	유옥(柳沃)	유혼(柳渾)	
벽진 이씨(2)	이언영(李彦英)	이정주(李挺周)	
부평 이씨(2)	이섭원(李燮元)	이경삼(李敬參)	

성산 이씨(2)	이규진(李奎鎭)	이구상(李龜相)	
양성 이씨(2)	이승소(李承召)	이극형(李克亨)	
덕수 장씨(2)	장운익(張雲翼)	장지면(張至冕)	
인동 장씨(2)	장주(張澍)	장용규(張龍逵)	
광주 정씨(2)	정인인(鄭麟仁)	정수준(鄭壽俊)	
진양 정씨(2)	정흔(鄭昕)	정재춘(鄭再春)	
청주 정씨(2)	정즙(鄭楫)	정곤수(鄭崑壽)	
인천 채씨(2)	채수(蔡壽)	채사흠(蔡思欽)	
평강 채씨(2)	채유후(蔡裕後)	채동식(蔡東寔)	
강화 최씨(2)	최호(崔灝)	최지성(崔之聖)	
진양 하씨(2)	하위지(河緯地)	하숙산(河叔山)	
하양 허씨(2)	허부(許溥)	허식(許栻)	
평해 황씨(2)	황서(黃瑞)	황하겸(黃夏謙)	
금천 강씨(1)	강숙돌(姜叔突)	진주 소씨(1)	소두산(蘇斗山)
수안 계씨(1)	계덕해(桂德海)	홍주 송씨(1)	송개신(宋介臣)
안동 고씨(1)	고한운(高翰雲)	아주 신씨(1)	신달도(申達道)
장흥 고씨(1)	고경명(高敬命)	영광 신씨(1)	신광업(辛光業)
청주 곽씨(1)	곽치섭(郭致燮)	삼척 심씨(1)	심희전(沈希佺)
행주 기씨(1)	기준격(奇俊格)	풍산 심씨(1)	심수경(沈守慶)
가흥 김씨(1)	김윤정(金胤鼎)	[구]죽산 안씨(1)	안광우(安光宇)
당악 김씨(1)	김여욱(金汝旭)	충주 안씨(1)	안양생(安良生)
부령 김씨(1)	김현(金灦)	중화 양씨(1)	양현망(楊顯望)
삼척 김씨(1)	김병수(金秉洙)	함종 어씨(1)	어변갑(魚變甲)
안산 김씨(1)	김필(金珌)	영월 엄씨(1)	엄경운(嚴慶運)
영광 김씨(1)	김성유(金聖猷)	함양 오씨(1)	오응(吳凝)
울산 김씨(1)	김대명(金大鳴)	화순 오씨(1)	오성유(吳聖兪)
진주 김씨(1)	김우진(金遇辰)	단양 우씨(1)	우제일(禹濟一)
해풍 김씨(1)	김희성(金希聖)	개성 왕씨(1)	왕성협(王性協)
금성 나씨(1)	나세찬(羅世纘)	원주 원씨(1)	원경하(元景夏)
나주 나씨(1)	나만영(羅晩榮)	장흥 위씨(1)	위익원(魏翼源)
고성 남씨(1)	남수문(南秀文)	고흥 유씨(1)	유몽인(柳夢寅)
영양 남씨(1)	남술의(南述毅)	영광 유씨(1)	유자광(柳子光)
교하 노씨(1)	노직(盧稙)	인동 유씨(1)	유면(兪勉)
경주 박씨(1)	박인환(朴寅煥)	창원 유씨(1)	유만원(兪晩源)
비안 박씨(1)	박징빈(朴徵賓)	양주 윤씨(1)	윤장(尹璋)
상주 박씨(1)	박세희(朴世熹)	여주 윤씨(1)	윤달신(尹達莘)

순천 박씨(1)	박승현(朴升鉉)	해주 윤씨(1)	윤치후(尹致後)
초계 변씨(1)	변계량(卞季良)	고부 이씨(1)	이희맹(李希孟)
부여 서씨(1)	서정훈(徐鼎勳)	광산 이씨(1)	이발(李潑)
이천 서씨(1)	서백윤(徐百倫)	동성 이씨(1)	이정(李楨)
보성 선씨(1)	선세휘(宣世徽)	수안 이씨(1)	이승열(李升烈)
영천 이씨(1)	이재영(李再榮)	원주 최씨(1)	최진경(崔晉慶)
영해 이씨(1)	이상빈(李尙馪)	통천 최씨(1)	최립(崔岦)
익흥 이씨(1)	이시정(李時楨)	신창 표씨(1)	표빙(表憑)
임강 이씨(1)	이철(李喆)	태인 허씨(1)	허사문(許斯文)
재령 이씨(1)	이맹현(李孟賢)	영천 황보씨(1)	황보량(皇甫良)
함안 이씨(1)	이인형(李仁亨)	상주 황씨(1)	황효원(黃孝源)
부안 임씨(1)	임원배(林原培)	본관 미상(1)	최서(崔湑)
울진 임씨(1)	임익빈(林益彬)		
조양 임씨(1)	임기(林기芑)		
평택 임씨(1)	임득열(林得說)		
풍덕 장씨(1)	장옥(張玉)		
과천 전씨(1)	전처경(田處坰)		
나주 전씨(1)	전명조(全命肇)		
담양 전씨(1)	전가식(田可植)		
평강 전씨(1)	전유형(全有亨)		
경주 정씨(1)	정효상(鄭孝常)		
나주 鄭씨(1)	정상(鄭詳)		
창원 정씨(1)	정창협(丁昌夾)		
해주 정씨(1)	정도인(鄭度仁)		
강진 조씨(1)	조주(趙注)		
순창 조씨(1)	조시겸(趙時謙)		
횡성 조씨(1)	조식(趙湜)		
웅천 주씨(1)	주덕원(朱德元)		
연안 차씨(1)	차운로(車雲輅)		
영양 천씨(1)	천광록(千光祿)		
강릉 최씨(1)	최세절(崔世節)		
능주 최씨(1)	최해령(崔海寧)		
삭녕 최씨(1)	최항(崔恒)		

9. 성씨별 관향(본관)일람표(姓氏別 貫鄕 一覽表)

가(賈): 가산, 소주, 양주, 해평, 태안, 초락, 태원
간(簡): 가평(加平), 서산, 양양
갈(葛): 대구, 남양(南陽), 청주, 성주, 충주, 화산, 함창, 녕해, 무주, 단천, 개성, 경산, 양성, 청산
감(甘): 창원, 거창, 부녕, 충주, 창녕, 합포, 회산(檜山)
강(江): 압해
강(剛): 괴산
강(康)
강(强): 충주, 괴산
강(姜): 진주, 진양, 진산, 금주, 금천, 서울
강(康): 신천, 곡산, 안릉, 영강, 재녕, , 진주
개(介): 여주
견(堅): 해주, 여주, 천녕
견(甄): 전주, 남원, 남양, 청양, 경주, 선산, 황간
경(慶): 청주
경(京): 금화, 황간
경(耿): 사천
경(景): 시산, 태인, 해주
계(桂): 수안
고(顧): 한양
고(高): 제주, 장흥, 창평, 장택, 개성, 횡성, 청주, 안동, 봉황
곡(曲): 용궁
곡(谷): 서화
공(孔): 김포
곽(廓)
곽(槨)
곽(郭): 현풍, 청주, 선산, 해미, 포산
관(關): 미농
관(管): 고죽
교(橋): 진주
교(喬):
구(丘): 평해
구(邱): 운잔
구(仇): 창원, 회산
국(鞠): 담양
국(麴): 고창
국(菊): 담양, 영광
국(國): 담양, 양지, 풍천
군(君): 남원
궁(弓): 토산
궁(宮): 함열
궉(鴌): 선산, 순창
권(權): 안동, 예천,
권(勸)
권(擢)
권(劵)
근(斤): 청주
금(琴): 봉화, 봉성
금(禁): 길림
금(芩)
기(奇): 행주
기(箕): 덕양, 평양
기(紀): 산성
길(吉): 해평, 선산
김(金): 김해, 경주, 월성, 광산, 광주, 김녕, 금릉, 안동, 의성, 문소, 강릉, 강능, 선산, 선상, 청풍, 상산, 상주, 삼척, 삼섭, 연안, 청도, 전주, 부안, 순천, 전주, 신 안동, 장동, 언양, 나주, 일선, 울산, 영광, 서흥, 청주, 도강, 도광, 함창, 영산, 영동, 개성, 진주, 경기광주, 수원, 안산, 부령, 부영, 부안, 분성, 금산, 고령, 예안, 풍산, 원주, 용궁, 고성, 함녕, 하령, 함영, 해풍, 충주, 밀양, 영양, 우록, 양근,

공주, 해주, 사천, 통천, 수안, 당악, 한양, 함박, 강진, 해평, 영덕, 야성, 낙안, 양주, 김제, 금성, 덕수, 우봉, 선성, 희천, 창원, 무장, 영천, 양산, 태원, 영암, 연일, 무주, 대구, 정주, 남양, 풍천, 설상, 진천, 강화, 성주, 화순, 해남, 파평, 진도, 배천, 백천, 진위, 안성, 평산, 교하, 안악, 완산, 청송, 몽골, 서생

나(那): 고려

나(蘿): 연변

나(邏): 수성

나(罗): 한양

나(羅): 나주, 금성, 안정, 수성

난(欒): 충주

남(男): 치두

남(南): 의녕, 의령, 의영, 선녕, 선영, 영양, 고성

남궁(南宮): 함열

낭(浪): 양주

내(乃): 개성

내(奈): 나주

노(努): 수전

노(路): 개성

노(蘆): 경주

노(卢): 범양

노(魯): 함평, 함풍, 강화

노(盧): 광주, 광산, 교하, 풍천, 장연, 경주, 만경, 안동, 신창, 해주, 곡산

뇌(雷): 교동

뇌(賴): 영천

누(樓): 용궁

누(婁): 선산

다(多): 구주

단(單): 한양

단(段): 강음, 연안, 강릉, 대흥, 서촉

담(譚): 등주

당(唐): 밀양

대(大): 밀양

대(代): 대주

대(戴): 박주

도(都): 성주, 성산, 팔거, 팔궁

도(道): 성주

도(度): 산양

도(覩): 중산

도(到)

도(桃)

도(陶): 순천, 경주, 밀양, 병양, 유곡, 죽청, 청주, 풍양

독(獨): 단성

독고(獨孤): 남원

돈(頓): 목천

동(董): 광천, 광주, 남원

동(童): 덕천

동(東): 동장

동방(東方): 청주, 진주

두(杜): 두릉, 만경

등(滕): 산동

등(鄧): 해주

등정(藤井): 산성

마(麻): 상곡

마(馬): 장흥, 목천, 관산

만(萬): 강화

망절(網切): 도간

매(梅): 충주

맹(孟): 신창, 온양

명(明): 연안, 서촉

모(牟): 함평

모(毛): 광주

모(慕): 모봉

목(睦): 사천

목(穆): 여남

묘(苗): 성산

무(武): 산동

무본(武本)

묵(墨): 광녕, 광영, 요동

문(門): 인천

문(文): 남평, 단성, 강성, 남원, 김천

미(米): 재녕, 재령, 재영
민(閔): 려흥, 여흥, 영흥, 여주
민(民): 동한
민(敏): 감남
민(珉): 남창
민(旻): 하남
민(悶)
박(博): 왕장
박(朴): 밀양, 밀성, 반남, 번남, 함양, 순천, 무안, 죽산, 고령, 충주, 진원, 녕해, 영해, 울산, 월성, 상주, 경주, 춘천, 강릉, 음성, 창원, 의흥, 상산, 면성, 구산, 영암, 태안, 삼척, 고성, 문의, 면천, 금성, 비안, 진주, 전주, 승평, 한양, 운봉, 군위, 평산, 순창, 철성, 학성, 여주, 안양
반(班): 창원, 진주
반(潘): 광주, 기성, 거제, 남평
방(方): 온양, 군위, 상주, 신창
방(龐): 개성
방(邦): 무안
방(防): 장사
방(芳): 천진
방(房): 남양, 남원
배9輩): 청주
배(培): 천주
배(背): 하남
배(配)
배(裵): 성주, 성산, 분성, 김해, 대구, 달성, 논산, 순창, 흥해, 곡강, 경주, 곤양, 밀양
백(伯): 산서
백(柏): 서평
백(百)
백(白): 수원, 남포, 대흥, 부여, 청도, 태인, 임천, 직산, 해미
번(樊)
범(范): 금성, 나주
범(範): 부천

변(邉): 황주
변(變)
변(卞): 초계, 팔계, 밀양
변(邊): 원주, 장연
보(寶): 조양
보(甫): 공주
보(保): 송강
복(卜): 면천
봉(奉): 하음, 강화
봉(鳳): 경주, 제주
부(夫): 제주
부(付): 청하
부(傅): 한양, 양근
부(富): 고양
비(伾): 농서
빈(彬): 대구
빈(賓): 수성
빈(濱): 미농
빈(貧): 수성, 대구, 달성, 담양
빙(氷): 경주
사(史): 청주
사(司): 길림
사(謝): 한산
사(舍): 태안
사(沙): 영현
사공(司空): 효령, 군위,
사공(司公)
산(山): 한성
삼(森): 부여, 삼가
삼(杉): 화천
상(尙): 목천
상(常): 하남
상(商)
서(西): 충주, 진주
서(書)
서(緖)
서(徐): 달성, 이천, 장성, 대구, 부여, 연산, 남양, 당성, 절강
서(徐): 달성

서(西): 서문, 안음
석(昔): 월성, 경주
석(釋): 수원, 한양
석(席): 충원
석(石): 충주, 홍주, 결성, 해주, 조주, 성주, 광주
선(宣): 보성
선(鮮): 남안
선(善): 강소
선우(鮮于): 태원
선우(鮮宇): 태원
선우(薛于):
설(偰): 경주
설(卨)
설(雪): 북경
설(薛): 순창, 경주, 순천, 옥천
설(설)
성(成): 창녕
성(盛): 절강
성(宬): 여수
성(星): 선평
성(城): 월후
소(蘇): 진주, 진양, 익산, 제주
소(邵): 평산
소(蕭): 강소
소(昭): 하남, 옥계
소(所): 길림
소(簫): 의춘
소(小)
소봉(小峰)
손(遜): 궁성
손(損):
손(蓀)
손(孫): 밀양, 밀성, 경주, 월성, 일직, 안동, 평해, 구례, 청주
송(松): 화순
송(送)
송(宋): 여산, 려산, 은진, 진천, 야성, 회덕, 신평, 연안, 남양, 홍주, 청주, 용성, 은율, 문경, 예산, 치성, 서산, 김해, 양덕
수(隋): 한양
수(水): 강남, 김해, 고산, 운제
수(洙): 달성
순(荀): 홍산, 연곡
순(舜): 파주, 순흥 임천
순(淳): 임천, 금구
순(順): 영변
순(旬): 순읍
승(承): 연일, 광산
승(昇): 남원
시(施): 절강
시(柴): 태인
시(時): 안주
신(愼): 거창
신(莘): 풍덕
신(新): 북경
신(信): 하남
신(伸): 봉황
신(辛): 영산, 령산, 영월
신(申): 평산, 고령, 아주, 영해, 구리
심(沁): 하남
심(深): 태원
심(心)
심(沈): 청송, 삼척, 풍산, 부유
아(阿): 나주. 양주. 영평. 익산. 진주.
안(顔): 산동
안(案): 도동
안(安): 순흥, 죽산, 광주, 강진, 탐진, 경주, 태원
암(巖):
앙(仰): 연일
애(艾): 전주
야(夜): 직산
양(梁): 남원, 남양, 청주, 제주
양(揚): 천수
양(陽): 롱서, 농서
양(洋): 해룡

양(樣): 중화
양(楊): 청주, 남원, 중화, 밀양, 밀성, 안악
양(梁): 남원
어(魚): 함종, 충주, 경흥.
어(漁): 어금, 청도
엄(嚴): 영월
엄(儼): 영월
여(余): 의령
여(汝): 안산
여(黎): 부산
여(呂): 함양, 성주, 성산
연(連): 나주
연(延): 곡산
연(燕): 전주
연(涎):
염(簾)
염(廉): 파주, 파평, 용담
염(閻): 파주
엽(葉): 경주
영(榮): 영천
영(影): 선천
예(禮): 평원
예(芮): 의흥, 부계
예(藝): 전주
예(倪): 천승
예(乂): 전주
오(伍): 가평
오(吾): 천금
오(晤): 건지화리
오(五): 롱서
오(吳): 해주, 동복, 보성, 함양, 군위, 고창, 나주, 금성, 낙안, 장흥, 화순, 함평, 울산, 흥양, 평해
옥(玉): 의령, 의영, 선녕, 선영, 의춘
온(溫): 봉성, 거야, 경주, 단양, 서원, 온양, 이성. 전주, 진주, 청주, 평호, 금강, 금구
옹(雍): 파평
옹(邕): 옥천, 순창
완(阮): 광남
왕(王): 개성
왕(汪): 신안
요(姚): 휘주
요(廖): 광주
용(龍): 홍천
우(禹): 단양
우(于): 목천
우(寓): 원주
우(宇): 청주
우(愚): 회계
우(牛): 영산
우(偶): 회남
우(遇): 성주
우(尤): 조주
운(雲): 함흥
운(芸): 전주
원(元): 원주
원(袁): 비안
원(原): 갑비
원(苑): 진양
원(院): 이집
원(圓)
위(韋): 강화
위(衛): 한양
위(偉): 하남
위(魏): 장흥, 관산, 수녕, 수령
유(杻):
유(柳): 문화, 진주, 진양, 전주, 고흥, 서산, 서령, 풍산, 흥양, 선산, 영광
유(抑)
유(有): 담성
유(楡): 유림(楡林)
유(由): 산동(山東)
유(裕): 하남(河南)
유(庾): 무송(茂松), 평산
유(劉): 강릉(江陵), 거창, 배천, 백천, 경주, 충주
유(兪): 기계(杞溪), 창원, 무안, 경주, 인동

육(陸): 옥천, 관성
윤(允): 대마도(對馬島)
윤(潤): 삼계(三溪)
윤(尹): 파평(坡平), 파주, 해남, 칠원, 남원, 해평, 무송, 함안, 예천
은(殷): 행주(幸州), 고부, 나주, 달성, 덕산, 진주, 태인
은(銀): 산동(山東)
은(恩): 고부(古阜)
은(慇)
음(陰): 괴산(槐山), 죽산

이(李): 전주, 완산, 경주, 월성, 성주, 전의, 예안, 선성, 광주, 연안, 해주, 함평, 함풍, 한산, 합천, 강양, 섬천, 협천, 영천, 영양, 영주, 성산, 벽진, 고성, 철성, 여주, 여강, 여흥, 원주, 인천, 평창, 재녕, 재령, 재영, 덕수, 양성, 진성, 함안, 광산, 청주, 보은, 신평, 용인, 공주, 학성, 울산, 진성, 우봉, 고부, 영주, 홍양, 영천(전북), 녕천, 우계, 옥천, 수안, 안성, 단양, 홍주, 안평, 청안, 장수, 장천, 하빈, 아산, 청해, 안악, 가평, 공주, 사천, 동성, 봉산, 금구, 덕산, 부평, 경산, 광평, 선산, 선상, 진위, 수원, 롱서, 농서, 진주, 태안, 개성, 강진, 대흥, 양산, 나주, 한양, 창녕, 서천, 평산, 충주, 안산, 상주, 순천, 진안, 함안, 파산, 덕은, 정선, 단성, 영해, 차성, 기장, 익산, 장흥, 김해, 온양, 고흥, 하음, 정주, 밀양, 홍천, 화산, 고령, 서산, 고양, 행주, 옥구, 독일, 성남
이(利): 하남
이(異): 밀양
이(伊): 경주
이(怡): 부평
인(印): 교동, 연안
임(壬): 산동
임(恁)
임(任): 풍천, 장흥, 관산, 진주, 곡성
임(林): 나주, 평택, 임천, 부안, 예천, 밀양, 안의, 조양, 보성, 울진, 선산, 은진, 상산, 진천, 안동, 장흥, 금성, 회진, 충주, 경주, 전주, 진주, 옥야, 익산
자(慈): 요양
장(蔣): 아산, 아산(將氏) 포함
장(章): 거창
장(莊): 금천
장(長): 장촌
장(藏): 중산
장(場): 장곡
장(臧): 한양
장(壯): 목도
장(庄): 하남
장(裝)
장(葬)
장(漿)
장(張): 인동, 옥산, 옥구, 옥성, 흥덕, 흥성, 단양, 안동, 울진, 결성, 덕수, 봉성, 구례, 목천, 순천, 창녕, 하산, 절강, 부안, 예산, 나주, 진천, 한양
장곡(長谷): 산성
저(邸): 죽산
전(錢): 문경
전(戰): 한양
전(田): 담양, 연안, 남양, 단양, 하음, 의령, 나주
전(全): 천안, 정선, 선선, 옥천, 용궁, 축산, 전주, 완산, 경산, 옥산, 죽산, 성산, 감천, 성주, 안동, 평강, 나주, 경주
점(占): 괴산, 한산
정(政): 가정
정(定): 무창
정(正): 공주
정(情): 안심
정(桯)
정(程): 하남, 한산

정(丁): 나주, 영광, 영성, 창원, 금성, 의성
정(鄭): 동래, 연일, 영일, 오천, 정일, 경주, 월성, 진주, 진양, 하동, 초계, 팔계, 청주, 해주, 나주, 온양, 봉화, 광주, 광산, 서산, 금성, 함평, 장기, 청산, 조천, 영덕, 야성, 정주, 연백, 공산, 고성, 전주
제(諸): 칠원.
제(齊): 한양.
제갈(諸渴): 남양
제갈(諸葛): 칠원, 대구, 다원, 남원, 충주
조(曺): 창녕, 창령, 창영, 창원, 창산, 하성, 하산
조(調): 하기
조(造): 사천
조(赵): 강서
조(朝): 영천
조(刁): 하서
조(趙): 한양, 함안, 풍양, 배천, 백천, 옥천, 평양, 순창, 양주, 김제, 임천, 횡성, 직산, 평산, 함양, 남원, 밀양
종(鐘). 영암
종(宗): 전주
좌(左): 제주, 청주
좌(佐): 대정
주(主): 희화
주(珠): 청해
주(株)
주(朱): 신안, 능성, 능주, 웅천, 나주
주(周): 상주, 초계, 함안, 풍기, 철원, 장흥, 삼계, 안의
준(俊): 청주
즙(汁): 성진, 성진 십(辻)
증(增): 연일
증(曾): 강화
지(智): 봉산, 봉주
지(地): 산동
지(遲): 태원
지(池): 충주, 단양, 청주, 광주, 무주
진(蔯)
진(進)
진(珍)
진(晋): 남원
진(陣): 여양, 수원
진(眞): 한양
진(秦): 풍기, 남원, 진주, 연안
진(陳): 여양, 강릉, 나주, 영양, 예양, 진산, 홍주, 삼척, 경주, 신광, 광동, 여주, 양산
차(車): 연안, 수원, 정안
차(次): 발해
창(昌): 거창, 창녕
창(倉): 아산
채(菜): 진주
채(采): 여산
채(蔡): 평강, 인천
천(千): 영양, 화산, 여양, 예양
천(天): 충주
천(川): 영천
초(楚): 성주
초(肖): 제주
초(初): 마산
총(叢): 산동
최(最): 임성
최(催): 경주, 전주
최(崔): 경주, 월성, 전주, 해주, 청송, 강릉, 탐진, 강진, 나주, 수성, 삭녕, 화순, 초계, 영천, 랑주, 흥해, 곡강, 충주, 철원, 동주, 수원, 강화, 통천, 양천, 밀양, 양주, 완산, 영양, 진주, 죽산, 광주, 황주, 원주, 정주, 태원, 영암, 용궁, 직산
추(秋): 추계, 전주, 나주, 양지, 초계
추(鄒): 범양
춘(椿): 남양
쾌(快): 전주
탁(卓): 광산, 광주
탄(彈): 해주, 진주

탕(湯): 중산
태(太). 영순, 남원, 협계
태(泰): 태국
판(判): 해주
팽(彭): 절강, 용강
편(片): 절강
평(平): 충주
포(包): 풍덕
표(表): 신창
표(俵)
풍(馮): 임구
피(皮): 홍천, 단양, 괴산
필(弼): 대흥
필(畢): 한양
하(夏): 달성
하(何): 곽동
하(賀): 소사
하(荷): 석백
하(河): 진주, 진양, 강화, 안음, 영도
한(漢): 충주
한(汗): 서평
한(恨)
한(韓): 청주, 금계, 금산, 제주, 곡산
함(咸): 강릉, 양근
해(海): 김해
해(解): 부여
허(許): 양천, 김해, 양주, 분성, 하양, 태인, 시산
허(许): 몽한
현(玄): 연주
현(賢): 무양
형(邢): 진주, 진양, 장흥
형(刑): 괴산,
형(形): 영천
호(胡): 파릉, 악양, 가평
호(鎬): 백천
호(虎): 산서
호(湖): 호남
호(扈): 신평, 가평, 숭안, 평산, 길주, 악양, 아산, 전주, 보안
홍(弘): 남양
홍(紅): 평창
홍(洪): 남양, 풍산, 부계, 부림, 남원, 당성, 홍주
화(化): 진양
환(桓): 평양
황(皇): 오군
황(晃); 중경
황(煌): 광주
황(荒)
황(簧)
황(潢)
황(黃): 창원, 회산, 제안, 창영, 장수, 평해, 우주, 회덕, 상주, 평양, 덕산, 항주
황목(荒木): 동문
황보(皇甫): 영천, 황주
후(侯): 한양
후(候): 충주
후(后): 청도, 당인, 회양

성씨 누계: 497
본관 누계: 1,324

* 출처: 2015년 통계청 자료

10. 보사관련 주요 한자

(두 가지 이상의 음을 가진 자)

字	訓	音	用 例	字	訓	音	用 例
閒	틈	간	閒諜(간첩)	洞	마을	동	洞里(동리)
	한가할	한	閒職(한직)		통할	통	洞察(통찰)
降	내릴강	강	降雨量(강우량)	屯	진칠	둔	屯營(둔영)
	항복할	항	降伏(항복)		어려울	준	屯險(준험)
更	다시	갱	更生(갱생)	樂	즐길	락	苦樂(고락)
	고칠	경	更張(경장)		풍류	악	音樂(음악)
見	볼	견	見聞(견문)		좋아할	요	樂山(요산)
	드러날	현	見齒(현치)	率	비율	률	能率(능률)
句	글귀	구	句管(구관)		거느릴	솔	統率(통솔)
	귀절	귀	句節(귀절)	復	회복할	복	回復(회복)
龜	땅이름	구	龜浦(구포)		다시	부	復活(부활)
	거북	귀	龜鑑(귀감)	否	아니	부	否決(부결)
	터질	균	龜裂(균열)		막힐	비	否運(비운)
金	쇠	금	金屬(금속)	北	북녘	북	南北(남북)
	성	김	金氏(김씨)		달아날	배	敗北(패배)
矜	자랑할	긍	矜持(긍지)	不	아닐	불	不良(불량)
	홀아비	환	矜寡(환과)		아닐	부	不度(부도)
奈	어찌	내	奈何(내하)	妃	왕비	비	妃嬪(비빈)
	나락	나	奈落(나락)		배필	배	妃耦(배우)
茶	차	다	茶果(다과)	殺	죽일	살	殺生(살생)
	차	차	茶禮(차례)		감할	쇄	相殺(상쇄)
度	법도	도	制度(제도)	參	석	삼	參萬(삼만)
	헤아릴	탁	度地(탁지)		참여할	참	參席(참석)
讀	읽을	독	讀書(독서)	狀	형상	상	狀態(상태)
	구절	두	句讀點(구두점)		문서	장	賞狀(상장)

字	訓音		用例	字	訓音		用例
塞	변방	**새**	要塞(요새)	著	지을	**저**	著作權(저작권)
	막을	**색**	塞源(색원)		붙을	**착**	著想(착상)
索	찾을	**색**	思索(사색)	切	끊을	**절**	切斷(절단)
	쓸쓸할	**삭**	索莫(삭막)		모두	**체**	一切(일체)
說	말씀	**설**	說明(설명)	辰	별	**진**	辰時(진시)
	달랠	**세**	遊說(유세)		낳을	**신**	生辰(생진)
	기쁠	**열**	說乎(열호)	車	수레	**차**	車庫(차고)
省	살필	**성**	反省(반성)		수레	**거**	車馬費(거마비)
	덜	**생**	省略(생략)	則	법	**칙**	規則(규칙)
屬	붙일	**속**	屬國(속국)		곧	**즉**	然則(연즉)
	이을	**촉**	屬望(촉망)	兌	바꿀	**태**	兌管(태관)
數	셀	**수**	數學(수학)		날카로울	**예**	兌利(예리)
	자주	**삭**	數數(삭삭)		기뻐할	**열**	兌康(열강)
拾	주을	**습**	拾得(습득)	罷	그만둘	**파**	罷業(파업)
	열	**십**	參拾(삼십)		고달플	**피**	罷露(피로)
識	알	**식**	知識(지식)	便	편할	**편**	便利(편리)
	기록할	**지**	標識(표지)		오줌	**변**	便所(변소)
沈	성씨	**심**	沈氏(심씨)	暴	사나울	**폭**	暴徒(폭도)
	잠길	**침**	沈沒(침몰)		사나울	**포**	暴惡(포악)
惡	악할	**악**	善惡(선악)	行	다닐	**행**	行路(행로)
	미워할	**오**	憎惡(증오)		항렬	**항**	行列(항렬)
易	바꿀	**역**	交易(교역)	亨	형통할	**형**	亨通(형통)
	쉬울	**이**	容易(용이)		삶을	**팽**	亨人(팽인)
倭	왜국	**왜**	倭亂(왜란)	畫	그림	**화**	圖畫(도화)
	두를	**위**	倭遲(위지)		그을	**획**	畫順(획순)
刺	찌를	**자**	刺客(자객)	活	살	**활**	活躍(활약)
	찌를	**척**	刺草(척초)		물소리	**괄**	活活(괄괄)

11. 2019년도 묘·단·릉·궁·전·원 제향일 일람표

묘단 릉호	내 용	주기	월·일	요일	소재지
온 릉	단경왕후 신씨 (중종대왕비)	462	음12.07 (1.12)	토	양주시 장흥면 호국로 255-41 (온릉:사적 210호)
홍 릉	고종태황제	100	1.21	월	남양주시 홍유릉로 352-1 (홍·유릉:사적 207호)
선 릉	성 종 대 왕	524	음12.24 (1.29)	화	서울시 강남구 선릉로100길 1 (선·정릉:사적 199호)
혜 릉	단의왕후 심씨 (경종대왕비)	301	3.08	금	구리시 동구릉로 197 (동구릉:사적 193호)
목 릉	선 조 대 왕 의인왕후 박씨 인목왕후 김씨	411 419 387	3.16	토	구리시 동구릉로 197 (동구릉:사적 193호)
경 릉	헌종성황제 효현성황후 김씨 효정성황후 홍씨	170 176 116	3월 제3 일요일 (3.17)		구리시 동구릉로 197 (동구릉:사적 193호)
광해군묘	광 해 주 비 문화유씨	378 396	3.22	금	남양주시 진건면 송릉리 산59
희 릉	장경왕후 윤씨 (중종대왕계비)	504	3.26	화	고양시 덕양구 서삼릉길 233-126 (서삼릉:사적 200호)
연산군묘	연 산 주 비, 거창신씨	513 482	4.02	화	서울시 도봉구 방학동 산77
홍 릉	정성왕후 서씨 (영조대왕비)	262	4.03	수	고양시 덕양구 서오릉로 334-32 (서오릉:사적 198호)
청 완 예초의	태조고황제	한식 제향	4.06	토	구리시 동구릉로 197 (동구릉:사적 193호)
강 릉	명 종 대 왕 인순왕후 심씨	452 444	4월 제1 일요일 (4.07)		노원구 화랑로 681 (태·강릉:사적 201호)
영 릉	세 종 대 왕	569	4.08	월	여주시 능서면 영릉로 269-50 (영릉:사적 195호)
조경단 대 제	시조 사공공 시조비 경주김씨	/	4.10	수	전주시 덕진구 덕진동1가 산28 (조경단:전북도기념물 3호)
영휘원	순헌귀비 영월엄씨 (영왕 사친)	108	4.13	토	동대문구 홍릉로 90 (영휘원:사적 361호)
융 릉	장조의황제 헌경의황후 홍씨	257 204	4월 제2 일요일 (4.14)		화성시 효행로 481번길 21 (융·건릉:사적 206호)
창 릉	예 종 대 왕 안순왕후 한씨	550 521	4.16	화	고양시 덕양구 서오릉로 334-32 (서오릉:사적 198호)

묘단 릉호	내 용	주 기	월·일	요일	소 재 지
준경묘	양무장군공	/	4.20	토	삼척시 미로면 준경길 333-360 (준경묘:사적 524호)
영경묘	양무장군공비 이씨	/	4.20	토	삼척시 미로면 하사전리 산53 (영경묘:사적 524호)
수 릉	문조익황제 신정익황후 조씨	189 129	4월 제3 일요일 (4.21)		구리시 동구릉로 197 (동구릉:사적 193호)
원 릉	영조대왕 정순왕후 김씨	243 214	4.22	월	구리시 동구릉로 197 (동구릉:사적 193호)
유 릉	순종효황제 순명효황후 민씨 순정효황후 윤씨	93 115 53	4.25	목	남양주시 홍유릉로 352-1 (홍·유릉:사적 207호)
소령원	숙빈 해주최씨 (영조대왕 사친)	301	4월 제4 토요일 (4.27)		파주시 광탄면 소령원길 41-65 (소령원:사적 358호)
수길원	정빈 함성이씨 (진종소황제 사친)	298	4월 제4 토요일 (4.27)		파주시 광탄면 소령원길 41-65 (수길원)
영 릉	소헌왕후 심씨 (세종대왕비)	573	4.28	일	여주시 능서면 영릉로 269-50 (영릉:사적 195호)
종묘대제 (어가행렬)	열 성 조 (정전·영녕전·공신당)	/	5월 제1 일요일 (5.05)		서울시 종로구 종로 157 (종묘:사적 125호)
영 원	의민황태자 영왕 의민황태자비 이씨	49 30	5.10	금	남양주시 홍유릉로 352-1 (홍·유릉 역내)
건 릉	정조선황제 효의선황후 김씨	219 198	5월 제2 일요일 (5.12)		화성시 효행로481번길 21 (융·건릉:사적 206호)
명 릉	숙종대왕 인현왕후 민씨 인원왕후 김씨	299 318 262	5.13	월	고양시 덕양구 서오릉로 334-32(서오릉:사적 198호)
숭모제전	세종대왕 탄신다례	622	5.15	수	여주시 능서면 영릉로 269-50 (영릉:사적 195호)
태 릉	문정왕후 윤씨 (중종대왕계비)	454	5.16	목	서울시 노원구 화랑로 681 (태·강릉:사적 201호)
순 릉	공혜왕후 한씨 (성종대왕비)	545	음4.15 (5.19)	일	파주시 조리읍 삼릉로 89 (공·순·영릉:사적 205호)
사 릉	정순왕후 송씨 (단종대왕비)	498	5.20	월	남양주시 진건읍 사릉로 180 (사릉:사적 209호)
소경원 (영회원)	소현세자(인조대왕 1자) (민회빈 강씨)	373 (374)	5.21	화	고양시 덕양구 서삼릉길 233-126 (광명시 노온사동 산141-20)
예 릉	철종장황제 철인장황후 김씨	156 141	5월 제4 토요일 (5.25)		고양시 덕양구 서삼릉길 233-126 (서삼릉:사적 200호)

묘단 릉호	내 용	주기	월·일	요일	소재지
휘경원	현목수비 반남박씨 (순조숙황제 사친)	197	5월 제4 일요일 (5. 26)		남양주시 진접읍 부평리 267 (휘경원:사적 360호)
헌 릉	태 종 대 왕	597	6.08	토	서울시 서초구 헌인릉길 36-10(헌·인릉:사적 194호)
현 릉	문 종 대 왕 현덕왕후 권씨	567 578	6.10	월	구리시 동구릉로 197 (동구릉:사적 193호)
장 릉	인 조 대 왕 인열왕후 한씨	370 384	6.17	월	파주시 탄현면 장릉로 90 (장릉:사적 203호)
영 릉	효 종 대 왕 인선왕후 장씨	360 345	6.23	일	여주시 능서면 영릉로 269-50 (녕릉)
건원릉 (친향례)	태조고황제	611	6.27	목	구리시 동구릉로 197 (동구릉:사적 193호)
회인원	회은황세손	14	7.16	화	남양주시 홍유릉로 352-1 (홍·유릉 부속림 영원 내)
후 릉	정안왕후 김씨 (정종대왕비)	607	8.11	일	구리시 동구릉로 197 (동구릉 내 건원릉 정자각)
헌 릉	원경왕후 민씨 (태종대왕비)	599	8.27	화	서울시 서초구 헌인릉길 36-10(헌·인릉:사적 194호)
숭 릉	현 종 대 왕 명성왕후 김씨	345 336	9.17	화	구리시 동구릉로 197 (동구릉:사적 193호)
효 릉	인 종 대 왕 인성왕후 박씨	474 442	9월 제3 수요일 (9.18)		고양시 덕양구 서삼릉길 233-126 (서삼릉:사적 200호)
선 릉	정현왕후 윤씨 (성종대왕 계비)	489	음8.22 (9.20)	금	서울시 강남구 선릉로100길 1 (선·정릉:사적 199호)
영 릉	진종소황제 효순소황후 조씨	291 268	9월 제3 토요일 (9.21)		파주시 조리읍 삼릉로 89 (공·순·영릉:사적 205호)
수경원	영빈 이씨 (장조의황제 사친)	255	9월 제4 일요일 (9.22)		고양시 덕양구 서오릉로 334-32 (서오릉 내)
정 릉	신덕고황후 강씨 (태조고황제계후)	623	9.23	월	서울시 성북구 아리랑로19길 116 (정릉:사적 208호)
휘 릉	장열왕후 조씨 (인조대왕계비)	331	음8.26 (9.24)	화	구리시 동구릉로 197 (동구릉:사적 193호)
사직대제 (어가행렬)	태사·후토·태직·후직	/	9월 제4 토요일 (9.28)		종로구 사직로 89 (사직단:사적 121호)
장 릉	단 종 대 왕	562	10.03	목	영월군 영월읍 단종로 190 (장릉:사적 196호)
장 릉	원 종 대 왕 인헌왕후 구씨	400 393	10.05	토	김포시 장릉로 79 (장릉:사적 202호)

묘단 릉호	내 용	주기	월·일	요일	소재지
광 릉	세조대왕 정희왕후 윤씨	551 536	음 9. 8 (10. 06)	일	남양주시 진접읍 광릉수목원로 354(광릉:사적 197호)
조경묘	시조동비김씨신판봉안묘 (중양절 음9.9)		10.07	월	전북 전주시 완산구 태조로 44 (조경묘:전북유형문화재 16호)
경기전	태조고황제수용봉안전 (중양절 음9.9)		10.07	월	전북 전주시 완산구 태조로 44 (경기전:사적 339호)
홍 릉	명성태황후 민씨 (고종태황제후)	124	10.08	화	남양주시 홍유릉로 352-1 (홍·유릉:사적 207호)
의 릉	경종대왕 선의왕후 어씨	295 289	10.11	금	성북구 화랑로32길 146-20 (의릉:사적 204호)
환구대제	황천상제·황지기 대명·야명지신 외	/	10.12	토	서울시 중구 소공로 106 (환구단 내 황궁우, 사적 157호)
공 릉	장순왕후 한씨 (예종대왕비)	558	10월 제2 일요일 (10.13)		파주시 조리읍 삼릉로 89 (공·순·영릉:사적 205호)
순창원	순회세자 (명종대왕 일자)	456 427	음9.20 (10.18)	금	고양시 덕양구 서오릉로 334-32(서오릉 내)
경 릉	덕종대왕 소혜왕후 한씨	562 515	10월 제3 토요일 (10.19)		고양시 덕양구 서오릉로 334-32(서오릉:사적 198호)
인 릉	순조숙황제 순원숙황후 김씨	185 162	10.20	일	서울시 서초구 헌인릉길 36-10(헌·인릉:사적 194호)
칠 궁	제 왕 사 친	/	10월 제3 월요일 (10.21)		서울시 종로구 창의문로 12 (칠궁:사적 149호)
후 릉	정 종 대 왕	600	10.24	목	구리시 동구릉로 197 (동구릉 내 건원릉 정자각)
화령전	정조선황제 탄신제	267	10.28	월	수원시 팔달구 신풍로23번길 15(화령전:사적 115호)
제 릉	신의고황후 한씨 (태조고황제후)	628	10.29	화	구리시 동구릉로 197 (동구릉 내 건원릉 정자각)
익 릉	인경왕후 김씨 (숙종대왕비)	339	11.01	금	고양시 덕양구 서오릉로 334-32(서오릉:사적 198호)
종 묘 추향대제	열 성 조 (정전·영녕전·공신당)	/	11월 제1 토요일 (11.02)		서울시 종로구 종로 157 (종묘:사적 125호)
선은전	태조고황제 탄 신 제	684	음10.11 (11.07)	목	경남 남해시 상주면 보리암로 남해기단
대빈묘	옥산부대빈 장씨 (경종대왕 사친)	318	11.09	토	고양시 덕양구 서오릉로 334-32(서오릉 내)
순강원	인빈 수원김씨 (원종대왕 사친)	406	11월 제4 일요일 (11.24)		남양주시 진접읍 내각2로 84-31(순강원:사적 356호)
정 릉	중 종 대 왕	475	12.09	월	서울시 강남구 선릉로100길 1 (선·정릉:사적 199호)

12. 조선 국왕 · 왕비 계보 및 왕릉 일람표

왕대	왕 왕후(본관)	출생		즉위 / 입궐					승하			
		출생일 출생지	부모(왕·왕후) 부친(비-책봉시관직)	세자 책봉(왕) 세자빈 책봉(비)	즉위년(춘추) 왕비책봉	즉위장소	재위기간 대비(기간)	자손	승하년(춘추)	승하장소	장례일 (기간)	능호 (형태)
1	**태조고황제**	1335. 10. 11 회령부 사제	이자춘 (의혜왕후)	-	1392. 7. 17 (57세)	송경 수창궁	6년 2월 (상왕 10년)		태종 8년(74세) 1408. 5. 24	창덕궁 광연루 별전	1408. 9. 9 (3/15)	건원릉 (단릉)
	신의고황후 (안변 한씨)	1337.9	안천부원군 한경 (밀직사부사)	1351년(혼인)	1398. 11. 11 추존	-	-	6남 2녀	공양왕 3년(55세) 1391. 9. 23			제릉 (단릉)
	신덕고황후 (곡산 강씨)	1356.6.14	상산부원군 강윤성 (고려말 권력자)		1392. 8. 7 현비	-	-	2남 1녀	태조 5년(41세) 1396. 8. 13	이득분 집	1397. 1	정릉 (단릉)
2	**정종대왕**	1357. 7. 1 함흥부 귀주사제	태조 (신의고황후)	1398. 8. 26	1398. 9. 5 (42세)	경복궁 근정전	2년 2월 (상왕 19년)		세종 1년(63세) 1419. 9. 26	인덕궁 정침		후릉 (쌍릉)
	정안왕후 (경주 김씨)	1355. 1. 9	월성부원군 김천서 (고려 문하좌시중)	태조 7년 (1398)-덕빈	1398	-	순덕왕태비	0	태종 12년(58세) 1412. 6. 25			후릉 (쌍릉)
3	**태종대왕**	1367. 5. 16	태조 (신의고황후)	1400. 2. 4	1400. 11. 13 (34세)	송경 수창궁	17년 10월 (상왕 4년)		세종 4년(56세) 1422. 5. 10	연화방 신궁	1422. 9. 6 (3/26)	헌릉 (쌍릉)
	원경왕후 (여흥 민씨)	1365. 7. 11	여흥부원군 민제	1400. 3. 4	태종 즉위년 1400. 12. 19	-	후덕왕태비	4남 4녀	세종 2년(56세) 1420. 7. 10	수강궁 별전	1420. 9. 17 (2/7)	헌릉 (쌍릉)
4	**세종대왕**	1397. 4. 10 한양 준수방 잠저	태종 (원경왕후)	1418. 6.17	1418. 8. 10 (22세)	경복궁 근정전	31년 6월		세종 32년(54세) 1450. 2. 17	영응대군 동별궁	1450. 6. 12 (3/25)	영릉 (합장릉)
	소헌왕후 (청송 심씨)	1395. 9. 28	청천부원군 심온 (좌군 동지 총제)	1408. 2. 16-혼인 태종 18년 (1418)-경빈	1418. 11. 10	-	-	8남 2녀	세종 28년(52세) 1446. 3. 24	수양대군 제택	1446. 7. 19 (3/15)	영릉 (합장릉)
5	**문종대왕**	1414. 10. 3 한양 사저	세종 (소헌왕후)	1421. 10. 27	1450. 2. 22 (37세)	영응대군 집	2년 3월		문종 2년(39세) 1452. 5. 14	경복궁 천추전	1452. 9. 1 (3/17)	현릉 (동원이강릉)
	현덕왕후 (안동 권씨)	1418. 3. 12	화산부원군 권전 (호조참의-정3품)	1436. 12. 28	단종출산후 승하 문종 즉위년 (1450)-추숭	-	-	1남 1녀	세종 23년(24세) 1441. 7. 24	경복궁 자선당	1441.	현릉 (동원이강릉)
6	**단종대왕**	1441. 7. 23 경복궁 자선당	문종 (현덕왕후)	1450.7.20	1452. 5. 18 (12세)	경복궁 근정문	3년 2월 (상왕 2년)		세조 3년(17세) 1457. 10. 24	강원도 영월		장릉 (단릉)
	정순왕후 (여산 송씨)	1440. 1. 28	여량부원군 송현수	단종 1년 (1453)	단종 2년 (1454. 1. 22)	-	의덕왕대비	0	중종 16년(82세) 1521. 6. 5	숭인동 자줏골	1521.	사릉 (단릉)
7	**세조대왕**	1417. 9. 29 경복궁	세종 (소헌왕후)	-	1455. 윤6. 11 (39세)	경복궁 근정전	13년 3월		세조 14년(52세) 1468. 9. 8	수강궁 정침	1468. 11. 28 (2/20)	광릉 (동원이강릉)
	정희왕후 (파평 윤씨)	1418. 11. 11	파평부원군 윤번 (군기시판관-종5품)	세종10년 (1428. 혼인)	세조 즉위년 (1455. 7. 20)	-	자성왕대비 (18)	2 1녀	성종 14년(66세) 1483. 3. 30	온양행궁	1483. 6. 12 (2/12)	광릉 (동원이강릉)
추존	**덕종대왕**	1439. 9. 15	세조 (정희왕후)	의경세자 1455. 7. 26	성종 6년 1475. 10. 6	-	-		세조 3년(20세) 1457. 9. 2		1457. 11. 24	경릉 (동원이강릉)
	소혜왕후 (청주 한씨)	1437. 9. 8	서원부원군 한확 (이조판서-정2품)	1450.혼인 세조 원년(1455)		-	인수대비 (47)	2남 1녀	연산군10년(68세) 1504. 4. 27	창경궁 경춘전		경릉 (동원이강릉)

왕대	왕 왕후(본관)	출생		즉위 / 입궐					승하			
		출생일 출생지	부모(왕·왕후) 부친(비-책봉시관직)	세자 책봉(왕) 세자빈 책봉(비)	즉위년(춘추) 왕비책봉	즉위장소	재위기간 대비(기간)	자손	승하년(춘추)	승하장소	장례일 (기간)	능호 (형태)
8	**예종대왕**	1450. 1. 15 사저	세조 (정희왕후)	1468.	1468. 9. 7 (19세)	수강궁 중문	1년 2월		예종 1년(20세) 1469. 11. 28	경복궁 자미당	1470. 2. 5 (2/7)	창릉 (동원이강릉)
	장순왕후 (청주 한씨)	1445. 1. 16	상당부원군 한명회 (체찰사-정2품)	세조 6년 (1460. 4. 11)	1461년-흥서 성종 3년 (1472-추존)	-	-	1남	세조 7년(17세) 1461. 12. 5		1462. 2. 25 (2/20)	공릉 (단릉)
	안순왕후 (청주 한씨)	1447. 3. 12	청천부원군 한백륜 (사옹원별좌-종5품)		예종 즉위년 (1468)	-	인혜 왕대비(29)	1남 1녀	연산군 4년 1498.12.23	창경궁	1498. 12. 23	창릉 (동원이강릉)
9	**성종대왕**	1457. 7. 30 경복궁 세자궁	덕종 (소혜왕후)	-	1469. 11. 28 (13세)	경복궁 근정전	25년 1월		성종 25년(38세) 1494. 12. 24	창덕궁 대조전	1495. 4. 6 (3/12)	선릉 (동원이강릉)
	공혜왕후 (청주 한씨)	1456. 10. 11	상당부원군 한명회 (영의정-정1품)	세조 13년 (1467. 1. 12)-혼인	성종 즉위년 (1469. 11. 29)	-	-	0	성종 5년(19세) 1474. 4. 1 5	창덕궁 구현전	1474. 6. 7 (1/22)	순릉 (단릉)
	제헌왕후 (폐비 윤씨)	1455. 윤 6. 1	봉상시판사 윤기견	성종 4년 (1473)-숙의	성종 7년 (1475-책봉, 1479-폐출)	-	-		성종 13년(?) 1482. 8. 16	폐비		회묘
	정현왕후 (파평 윤씨)	1462. 6. 25	영원부원군 윤호 (공조참판-종2품)	성종 4년 (1473. 6-숙의)	성종 11년 (1480. 11. 8)	-	자순왕대비 (23)	1남 1녀	중종 25년(69세) 1530. 8. 22	경복궁 동궁	1530. 10. 29 (2/7)	선릉 (동원이강릉)
10	**연산군**	1476. 11. 7	성종 (숙의윤씨)	1483. 2. 6	1494. 12. 29 (19세)	경복궁 근정전	11년 9월 (유배 2월)		1506. 11. 6	폐주	1506. 11. 8	연산군묘 (쌍분묘)
	거창군부인 (거창 신씨)	1472. 11. 29	거창부원군 신승선 (빈객-정2품)	성종 18년 (1487. 3. 1)		-	-	2남	1537. 4. 8	폐비		연산군묘 (쌍분묘)
11	**중종대왕**	1488. 3. 5	성종 (정현왕후)	-	1506. 9. 2 (19세)	경복궁 근정전	38년 2월		중종 39년(39세) 1544. 11. 15	창경궁 환경전	1545. 2. 3 (2/18)	정릉 (단릉)
	단경왕후 (거창 신씨)	1487. 1. 14	익창부원군 신수근 (우찬성-종1품)	연산군 5년 (1499)-혼인	중종 즉위년 1506. 9. 2 7일만에 폐비	-	-	0	명종 12년(71세) 1557. 12. 7	사제		온릉 (단릉)
	장경왕후 (파평 윤씨)	1491. 7. 6	파원부원군 윤여필 (정국공신)	중종원년 (1506-숙의)	중종 2년 (1507)	-	-	1남 1녀	중종 10년(25세) 1515. 3. 2	경복궁	1515.윤4.4	희릉 (단릉)
	문정왕후 (파평 윤씨)	1501. 10. 22	파산부원군 윤지임 (장원서별제-종6품)	-	중종 12년 (1517. 7. 19)	-	왕대비 (21)	1남 4녀	명종 20년(65세) 1565. 4. 6	창덕궁 소덕당	1565. 7. 15 (2/8)	태릉 (단릉)
12	**인종대왕**	1515. 2. 25 경복궁	중종 (장경왕후)	중종 15년 1520. 4. 22	중종 39년 1544. 11. 20 (30세)	창경궁 명정전	9월		인종 1년(31세) 1545. 7. 1	경복궁 청연루 소침	1545. 10. 15 (3/16)	효릉 (쌍릉)
	인성왕후 (나주 박씨)	1514. 10. 1	금성부원군 박용 (은율현감-종6품)	중종 19년 (1524)	인종 즉위년 (1544. 11)	-	공의왕대비 (32)	0	선조 10년(64세) 1577. 11. 29	경복궁	1578. 2. 1 (2/2)	효릉 (쌍릉)
13	**명종대왕**	1534. 5. 22	중종 (문정왕후)	-	1545. 7. 6 (12세)	경복궁 근정전	21년 11월		명종 22년(34세) 1567. 6. 28	경복궁 양심당	1567. 9. 22 (2/24)	강릉 (쌍릉)
	인순왕후 (청송 심씨)	1532. 5. 25	청룡부원군 심강 (유학-무관직)	-	명종 즉위년 (1545)	-	의성왕대비 (8)	1남	선조 8년(44세) 1575. 1. 2	창경궁 통명전	1576. 4. 29 (3/26)	강릉 (쌍릉)
14	**선조대왕**	1552. 11. 11 한양 인달방 사제	덕흥대원군의 자 (하동부대부인 정씨)	-	1567. 7. 3 (16세)	경복궁 근정문	40년 7월		선조 40년(57세) 1608. 2. 1	경운궁 석어당		목릉 (동원이강릉)
	의인왕후 (나주 박씨)	1555. 4. 15	반성부원군 박응순 (용인현령-종6품)	-	선조 2년 (1569)	-	-	0	선조 33년(45세) 1600. 6. 27		1600. 12. 22 (5/25)	목릉 (동원이강릉)
	인목왕후 (연안 김씨)	1584. 11. 14	연흥부원군 김제남 (이조좌랑-정6품)	-	선조 35년 (1602)	-	소성왕대비 (24)	1남 1녀	인조 10년(49세) 1632. 6. 28	인경궁 흠명전	1632. 10. 6 (3/8)	목릉 (동원이강릉)

왕대	왕 왕후(본관)	출생		즉위 / 입궐					승하			
		출생일 출생지	부모(왕·왕후) 부친(비-책봉시관직)	세자 책봉(왕) 세자빈 책봉(비)	즉위년(춘추) 왕비책봉	즉위장소	재위기간 대비(기간)	자손	승하년(춘추)	승하장소	장례일 (기간)	능호 (형태)
15	**광해군**	1575. 4. 26	선조 (공빈김씨)	1592. 4. 29	1608. 2. 2 (34세)	경운궁 서청	15년 1월 (유배 18년)		(1641) 7. 10	폐주	1641.	광해군묘 (쌍분묘)
	문성군부인 (문화 유씨)	1576. 7. 21	지돈령부사 유자신 (장악원첨정-종4품)	1610. 4. 22	광해군 즉위 (1608)	-	-	3남	인조 원년 1623. 10. 8	폐비	1623. 10. 30 (0/22)	광해군묘 (쌍분묘)
추존	**원종대왕**	1580. 6. 22 경복궁 별전	선조 (인빈김씨)		1632. 5. 2 (추존)	-	-		광해군 11년(40세) 1619.12.29	호현방 만사	1620. 2.	장릉 (쌍릉)
	인헌왕후 (능성 구씨)	1578. 4. 17	능안부원군 구사맹	선조23 (1590)-혼인	1632. 5. 2 (추존)	-	-	3남	인조 4년(49세) 1626. 1. 14	경희궁 회상전	1626. 5. 18 (4/4)	장릉 (쌍릉)
16	**인조대왕**	1595. 11. 7 황해도 해주	원종 (인헌왕후)	-	1623. 3. 13 (29세)	경운궁 서청	26년 2월		인조 27년(55세) 1649. 5. 8	창덕궁 대조전	1649. 9. 20 (4/12)	장릉 (합장릉)
	인렬왕후 (청주 한씨)	1594. 7. 1	서평부원군 한준겸 (호조판서-정2품)	광해군 2년 (1610)-혼인	인조 즉위년 (1623. 3. 14)	-	-	4남	인조 13년(42세) 1635. 12. 9	창경궁 여휘당	1636.4.11 (4/2)	장릉 (합장릉)
	장렬왕후 (양주 조씨)	1624. 11. 7	한원부원군 조창원 (인천부사-?)	-	인조 16년 (1638. 12. 4)	-	자의왕대비 (39)	0	숙종 14년(65세) 1688. 8. 26	창경궁 내반원	1688. 12. 16 (3/20)	휘릉 (단릉)
17	**효종대왕**	1619. 5. 22 한양 경행방 향교동	인조 (인렬왕후)	1645. 9. 27	1649. 5. 13 (31세)	창덕궁 인정문	10년		효종 10년(41세) 1659. 5. 4	창덕궁 대조전	1659. 10. 29 (5/25)	녕릉 (동원상하릉)
	인선왕후 (덕수 장씨)	1618. 12. 25	신풍부원군 장유 (이조판서-정2품)	인조 23년 (1645. 9. 27)	효종 즉위년 (1649. 5. 13)	-	효숙왕대비 (15)	1남 6녀	현종 15년(57세) 1674. 2. 23	경희궁 회상전	1674. 6. 4 (3/10)	녕릉 (동원상하릉)
18	**현종대왕**	1641. 2. 4 청 심양 질관(해외)	효종 (인선왕후)	1645. 1. 22	1659. 5. 9 (19세)	창덕궁 인정전	15년 3월		현종 15년(34세) 1674. 8. 18	창덕궁 재려	1674. 12. 13 (3/25)	숭릉 (쌍릉)
	명성왕후 (청풍 김씨)	1642. 5. 17	청풍부원군 김우명 (강릉참봉-종9품)	효종 2년 (1651. 11.)	현종 즉위년 (1659)	-	현렬왕대비 (9)	1남 3녀	숙종 9년(42세) 1683. 12. 5	창덕궁 저승전	1684. 4. 5 (4/0)	숭릉 (쌍릉)
19	**숙종대왕**	1661. 8. 5 경덕궁 회상전	현종 (명성왕후)	1667. 1. 22	1674. 8. 23 (14세)	창덕궁 인정문	45년 10월		숙종 46년(60세) 1720. 6. 8	경덕궁 융복전	1720. 10. 21 (4/13)	명릉 (동원이강릉, 쌍릉)
	인경왕후 (광주 김씨)	1661. 9. 3	광성부원군 김만기 (승문원교리-종5품)	현종 12년 (1671)	숙종 즉위년 (1674)	-	-	2녀	숙종 6년(20세) 1681. 2. 22	경희궁 회상전	1681. 2. 22 (3/26)	익릉 (단릉)
	인현왕후 (여흥 민씨)	1667. 4. 23	여양부원군 민유중 (병조판서-정2품)	-	숙종 7년 (1681.5.14)	-	-	0	숙 27년(35세) 1701. 8. 14	창경궁 경춘전	1701. 12. 9 (3/25)	명릉 (동원이강릉, 쌍릉)
	인원왕후 (경주 김씨)	1687. 9. 29	경은부원군 김주신 (순안현령-종6품)	-	숙종 28년 (1702. 3. 3)	-	혜순왕대비 (37)	0	영조 33년(71세) 1757. 3. 26	창덕궁 영모당	1757. 3. 26 (3/16)	명릉 (동원이강릉, 단릉)
20	**경종대왕**	1688. 10. 28 창덕궁 취선당	숙종 (희빈장씨)	1690. 6. 16	1720. 6. 13 (33세)	경덕궁 숭정문	4년 2월		경종 4년(37세) 1724. 8. 25	창경궁 환취정	1724. 12. 16 (3/21)	의릉 (동원상하릉)
	단의왕후 (청송 심씨)	1686. 5. 21	청은부원군 심호 (유학-무관직)	숙종 22년 (1696. 4. 8)	경종 즉위년 (1720)-추봉	-	-	0	숙종 44년(33세) 1718. 2. 7	창덕궁 장춘헌	1718. 4. 19 (2/12)	혜릉 (단릉)
	선의왕후 (함종 어씨)	1705. 10. 29	함원부원군 어유구 (병조참지-정3품)	숙종 44년 (1718. 9. 13)	경종 즉위년 (1720. 6. 3)	-	경순왕대비 (5)	0	영조 6년(26세) 1730. 6. 29	경희궁 어조당	1730. 10. 19 (3/20)	의릉 (동원상하릉)
21	**영조대왕**	1694. 9. 13 창덕궁 보경당	숙종 (숙빈최씨)	1721. 9. 26 왕세제	1724. 8. 30 (31세)	창덕궁 인정문	51년 7월		영조 52년(83세) 1776. 3. 5	경희궁 집경당	1776. 7. 27 (4/22)	원릉 (쌍릉)
	정성왕후 (달성 서씨)	1692. 12. 7	달성부원군 서종제 (생원-무관직)	경종 원년 (1721)	영조 즉위년 (1724)	-	-	0	영조 33년(66세) 1757. 2. 15	창덕궁 관리각	1757. 6. 4 (3/19)	홍릉 (단릉)
	정순왕후 (경주 김씨)	1745. 11. 10	오흥부원군 김한구 (유학-무관직)	-	영조 35년 (1759)	-	예순왕대비 (29)	0	순조 5년(61세) 1805. 1. 12	창덕궁 경복전	1805. 6. 20 (5/8)	원릉 (쌍릉)

왕대	왕 왕후(본관)	출생		즉위 / 입궐					승하			
		출생일 출생지	부모(왕·왕후) 부친(비-책봉시관직)	세자 책봉(왕) 세자빈 책봉(비)	즉위년(춘추) 왕비책봉	즉위장소	재위기간 대비(기간)	자손	승하년(춘추)	승하장소	장례일 (기간)	능호 (형태)
추존	**진종소황제**	1719. 2. 15 순화방 창의궁	영조 (정빈이씨)	1725. 2. 25 (효장세자)	1776.3.19 (추존)	-	-		영조 4년(10세) 1728. 11. 16	창경궁 진수당	1729. 1. 26	영릉 (쌍릉)
	효순소황후 (풍양 조씨)	1715. 12. 14	풍릉부원군 조문명 (이조참의-정3품)	영조 3년 (1727. 9. 27) 영조 11년 (1735. 3 현빈)	정조 즉위년 (1766. 3. 19)- 추존	-	23 ?	0	영조 27년(37세) 1751. 11. 14	창덕궁 건극당	1752. 1. 22 (2/8)	영릉 (쌍릉)
추존	**장조의황제**	1735. 1. 21 창경궁 집복헌	영조 (영빈이씨)	1736. 3. 15 (사도세자)	(추존)	-	-		영조 6년(28세) 1762. 윤 5. 21	창경궁 문정전 앞뜰	1762. 7. 23	융릉 (합장릉)
	헌경의황후 (풍산 홍씨)	1735. 6. 18	영풍부원군 홍봉한 (의릉참봉-종9품)	영조 20년 (1744. 1. 11)	광무 3년 (1899)-추존	-	-	2남 2녀	순조 15년(81세) 1815. 12. 15	창경궁 경춘전	1816. 3. 3 (2/28)	융릉 (합장릉)
22	**정조선황제**	1752. 9. 22 창경궁 경춘전	장조 (혜경궁홍씨)	왕세손 1759. 윤6. 22	1776. 3. 10 (25세)	경희궁 숭정문	24년 3월		정조 24년(49세) 1800. 6. 28	창경궁 영춘헌	1800. 11. 6 (4/8)	건릉 (합장릉)
	효의선황후 (청풍 김씨)	1753. 12. 13	청원부원군 김시묵 (경기도관찰사-종2품)	영조 38년 (1762. 1. 8)	정조 즉위년 (1776. 3. 10)	-	왕대비 (21)	0	순조 21년(69세) 1821. 3. 9	창경궁 자경전	1821. 9. 13 (6/4)	건릉 (합장릉)
23	**순조숙황제**	1790. 6. 18 창경궁 집복헌	정조 (수빈 박씨)	1800. 2. 2	1780. 7. 4 (11세)	창덕궁 인정문	34년 4월		순조 34년(45세) 1834. 11. 13	경희궁 회상전	1835. 4. 19 (5/6)	인릉 (합장릉)
	순원숙황후 (안동 김씨)	1789. 5. 15	영안부원군 김조순 (대제학-정2품)	-	순조 2년 (1802. 10. 13)	-	명경왕대비 (23)	2남 3녀	철종 8년(69세) 1857. 8. 4	창덕궁 양심각	1857. 12. 17 (4/13)?	인릉 (합장릉)
추존	**문조익황제**	1809. 8. 9 창덕궁 대조전	순조 (순원숙황후)	1812. 7. 16 (효명세자)	1835. 5. 19 추존	-	-		순조 30년(22세) 1830. 5. 6	창덕궁 희정당	1830. 8. 4 (2/28)	수릉 (합장릉)
	신정익황후 (풍양 조씨)	1808. 12. 6	풍은부원군 조만영 (부사직-정5품)	순조 19년 (1819. 8. 11)	-	-	효유왕대비 (60)	1남	고종 27년(83세) 1890. 4. 17	경복궁 흥복전	1890. 8. 30 (4/13)?	수릉 (합장릉)
24	**헌종성황제**	1827. 7. 18 창경궁 경춘전	문조 (신정익황후)	왕세손 1830. 9. 15	1834. 11. 13 (7세)	경희궁 숭정문	14년 7월		헌종 15년(22세) 1849. 6. 6	창덕궁 희정당	1849. 10. 28 (4/22)	경릉 (삼연릉)
	효현성황후 (안동 김씨)	1828. 3. 14	영흥부원군 김조근 (승지-정3품)	-	헌종 3년 (1837. 7. 8)	-	-	0	헌종 9년(16세) 1843. 8. 25	창덕궁 대조전	1843. 12. 2 (3/7)	경릉 (삼연릉)
	효정성황후 (남양 홍씨)	1831. 1. 22	익풍부원군 홍재룡 (금위대장-종2품)	-	헌종 10년 (1844. 10. 18)	-	명헌왕대비 (54)	1남	광무 7년(73세) 1903. 11. 15	경운궁 수인당	1904. 1. 29 (2/14)	경릉 (삼연릉)
25	**철종장황제**	1831. 6. 17 한양 경행방	전계대원군 3자	-	1849. 6. 9 (19세)	창덕궁 인정문	14년 6월		철종 14년(33세) 1863. 12. 8	창덕궁 대조전	1864. 4. 7 (3/29)	예릉 (쌍릉)
	철인장황후 (안동 김씨)	1837. 3. 23	영은부원군 김문근 (현감-종6품)	-	철종 2년 (1851)	-	15	1남	고종 15년(42세) 1878. 5. 12	창경궁	1878. 9.	예릉 (쌍릉)
26	**고종태황제**	1852. 7. 25 한양 정선방	흥선대원군 (민씨)	익성군 1863. 7. 8	1863. 12. 13 (12세)	창덕궁 인정문	43년 7월 (상왕 3년)		1918. 12. 20 (67세)	덕수궁 함녕전	1919. 2. 3 (1/13)	홍릉 (합장릉)
	명성태황후 (여흥 민씨)	1851.9.25	여성부원군 민치록 (영주군수-종4품)	-	고종 3년 (1866. 3. 6)	-	-	4남 1녀	고종 32년(45세) 1895. 8. 20	경복궁 곤녕합	1897. 10. 12 (15/22)	홍릉 (합장릉)
27	**순종효황제**	1874. 2. 28 창덕궁 관물헌	고종 (명성황후)	1875. 2. 18	1907. 7. 19 (33세)	덕수궁 돈덕전	3년 1월		1926. 3. 14 (53세)	창덕궁 대조전	1926. 6. 11 (1/16)	유릉 (합장릉)
	순명효황후 (여흥 민씨)	1872. 10. 20	여은부원군 민태호	고종 19년 (1882. 2. 19)	광무 1년 (1897. 10. 14) 황태자비	-	-	0	광무 8년(33세) 1904. 9. 28	경운궁 강태실	1905. 1. 4 (1/29)	유릉 (합장릉)
	순정효황후 (해평 윤씨)	1894. 8. 20	해풍부원군 윤택영	1906-동궁계비 1907-황태자비	1907. 8. 27-황후	-	-	0	1966. 1. 13 (72세)	창덕궁 낙선재	1966. 2. 15 (1/2)	유릉 (합장릉)

〈자손의 수는 다소 차이가 있을 수 있음.〉

참고문헌

1. 사전류 및 족보

- 국사편찬위원회, 조선왕조실록, 승정원 일기.
- 국조보감, 국립고궁박물관, 2000.
- 국조문과방목, 태학사, 1988.
- 선원강요, 전주이씨대동종약원, 2008
- 선원계보기략, 전주이씨대동종약원,
- 선원속보, 왕비세보, 경국대전, 서울대학교 규장각.
- 임자선원가현록, 국립중앙도서관, 1999.
- 장서각도서 한국판 총목록, 장서각, 1972.
- 전주이씨과거급제자총람, 전주이씨대동종약원, 2005
- 전주이씨대관, 전주이씨대동종약원, 2002.
- 전주이씨대동종약원 50년사, 전주이씨대동종약원, 2006.
- 조선시대잡과총람. 족보7,300여 종, 장서각
- 한국민족문화대백과사전, 한국정신문화연구원. 1995.
- 한국인의 명문종가, 서울대학교 출판부, 2004.
- 2003년 국역 조선왕조실록(효령대군), 청권사.
- 2015 인구주택 총 보고서, 통계청.

2. 단행본

- 도현신(2011), 왕가의 전인적 공부법, 미다스북스.
- 민예사 편집부(1989), 자랑스런 나의 족보: 전주이씨, 민예사.
- 박영규(2003), 조선의 왕실과 외척, 김영사.
- 박영규(2004), 조선의 왕조실록(개정판), 웅진하우스.
- 신명호(1998), 조선의 왕과 왕실문화, 가람기획.
- 신채호(2006), 조선상고사, 비봉출판사.
- 이영춘(2003), 조선의 청백리, 가람기획.
- 이전경(2018), 조선조 왕과 왕릉 이야기, 전주이씨대동종약원.
- 장재천(2000), 조선조 성균관 교육과 유생문화, 아세아문화사.
- 지두환(1999), 태조대왕과 친인척, 도서출판 역사문화.
- 최진욱(1998), 조선시대 생원진사 연구, 집문당.
- 창조사 편집부(1978), 한국성씨대관, 창조사.
- 한국성보편찬위원회 편, 한갑수 옮김(1996), 한국인의 성보, 삼안문화사.
- 홍현국(2014), 한권에 담은 성씨 족 보양반, 국학자료원.
- 연려신기술. 상.중.하.별집독집, 경문사.
- 근화 편집부(1992), 현대인의 가승보, 근화.
- 회상사 편집부(2000), 족보의 필요한 상식, 회상사.

3. 웹사이트

- http://blog.daum.net/starlive33
- http://cafe.daum.net/adhs17

일 러 두 기

- 조선왕조실록을 근거로 하여 번역간 오·탈자는 수정하였으며 실록문헌상 종친들의 자세한 계보는 인터넷에서 찾을 수 있지만, 효령대군의 후손은 청권사 홈페이지상「효령대군 이하계도」를 참조하며 그 외의 종친은 전주이씨 대동종약원에서 발간한「선원강요」나「전주이씨 대관」을 구매하여 보면 이해가 용이합니다. (서울 전화 02-765-2125)

- 청권사는 효령대군 할아버님의 묘전, 재실, 기념관, 사무국과 여섯 아드님 종회와 탄신일, 묘제, 장학회, 능 제사 봉향 등의 제반업무를 봉행하고 있으며, 홈페이지 참여를 적극 권장하고 있습니다.
  - 소재지는 서울시 서초구 효령로 135(방배동)이며
    서울 전화 02-584-3121~4이고, 서울 지하철 2호선 방배역 4번 출구이며
  - 묘제일은 매년 음력 10월 5일입니다.

- 보성군 할아버님 묘전과 재실(묵수재)은
  - 서울 지하철 4호선 당고개행 → 당고개역 → 버스 10-5번 환승하여 아랫메아리 하차
  - 서울 지하철 2호선 강변역 → 버스 1-1번 환승하여 아랫메아리 하차
  - 소재지는 경기도 남양주시 별내면 송산로 619-234번지이며
  - 묘제일은 매년 음력 10월 6일입니다.

- 물거군 할아버님 묘전과 재실(덕후재)은 경기도 양주시 은현면 용암리 865-1이며, 묘제일은 매년 음력 10월 7일이며, 2003년부터 19위 일심으로 합사제 봉행하고 있습니다.

  고안군 ┌ 맹호 - 무후
  　　　 ├ 중호 - 경승, 의승
  　　　 └ 계호 - 귀승, 윤승

  양록정 - 인홍 ┌ 소(논산)
  　　　　　　 ├ 영(양주)
  　　　　　　 ├ 방(상주)
  　　　　　　 ├ 호(무후)
  　　　　　　 ├ 운(용인)
  　　　　　　 ├ 흠(금산)
  　　　　　　 └ 장(무후)

덕후재 오시는 길

자가차량 : 소재지 주소 → 세마학교, 3번국도 → 56번지방도 → 양주시청 → 덕정사거리 → 좌회전, 덕정병원 → 용암리 → 세마학교

지 하 철 : 지하철 1호선 동두천행 소요산행 → 덕정역 → 건너편에서 80번, 25-1번 → 서정대학교 전 용암리 하차 → 세마학교

기 타 : 덕정역에서 택시 승차시 기본료에 약간 요금 추가

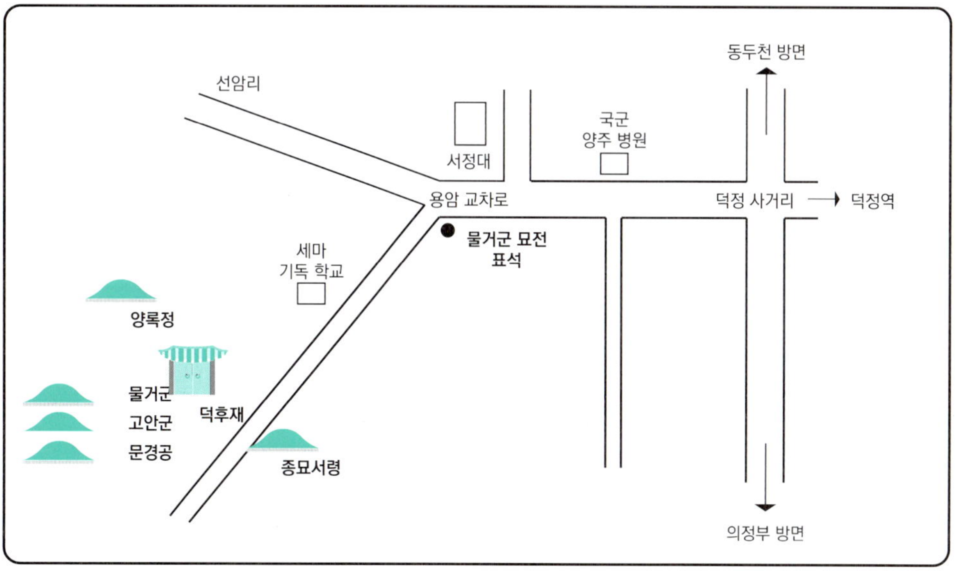

편집 후기

새벽이 어둠을 걷어내기도 전에 먹이를 잡기 위해 여명의 공중에는 새들의 날개짓이 매우 바쁘다. 일찍 일어난 만큼 행보의 폭이 바쁘다. 누구라 할 것 없이 새벽의 힘찬 도약은 아름답기 때문에 꼭 필요한 것이다.

누군가의 조력이 필요함을 느끼라! 조선국 종실 효령대군께서는 일곱 아들과 서른 셋의 손자를 두시니 한 가옥, 한 집안 일가(一家), 한 집안의 큰 경사요 한 가족이 한 집안에서 식솔들이 무릎을 모아 둘러 앉아 화목하게 지냄은 "일가단락"이라 하고, 한 집안의 부귀를 누리면 천작(天爵)이 이를 시비하고 미워하는 것 즉 "일가부귀천가원(一家富貴千家怨)"이라 선현의 선훈이다. 사람은 힘차게 자라는 나무와 같다. 거대한 교목(喬木)을 천지옥엽(天枝玉葉)이라 과칭(誇稱)하지요. 대군 손자 물거군종회는 본연의 업무에 심혈을 경주하여 적극 참여하고 2003년 3월 조선왕조실록 48집을 정독(精讀)한 바, 집취(集聚)하고 아홉 분의 임금(태조고황제, 정조, 태종, 세종, 문종, 단종, 세조, 예종, 성종대왕)을 섬긴 조선왕조 실록 효령대군편 646목(目)(원문, 국역) 사적을 취득(영인본)하고 우선 물거군 사적을 2015년 12월에 발간하여 향숙(鄉塾)에 배송한 사실이 있습니다.

금차 2019년 기해 새해를 맞아 동성상응(同聲相應)이라 여러 자손 교계(教誡)를 도와주고자 부록을 첩록(疊錄)하였으며, 우리 모두는 아홉 임금님을 모신 대군 할아버지의 혈통으로 태어났으니 필유사이(必有似以)라 반드시 닮음이 있다 하시니 전주이씨 500만 자손의 종훈(宗訓)인 숭조돈종(崇祖惇宗)과 50만 대군파손 교양지인 이화보(李花報), 청권사보(淸權祠報)는 유일무이한 교학상장(教學相長)이라 할 것이니 즐겨 읽기를 기원하는 바, 2009년 세보 물거군 소종 자손 17,867명 중 아들은 8,344명이요, 종현 여러분 제현과 더불어 상부상조하고 상문상용하여 시종 일사분란한 종회 발전에 기여함과 사적 편찬에 사관들의 오역이 속출하고 특히 인터넷상에 있는 내용들은 각기 해석이 달라 정확도를 기하는 데 많은 어려움을 겪었으며, 앞으로 내실 있는 사적을 발굴하여 조선왕조의 역사를 일부나마 사실을 밝히고저 진력할 것을 다짐하면서 후기 말씀으로 가름합니다.

기해년 삼월

대동종약원 대전시지원 전례이사

청권사 전 전례이사, 전례연구위원

물거군 16세손 **이 기 월** 삼가 가려 씀

효령대군 삼세손 물거군 (孝寧大君 三世孫 勿巨君)
휘 철 사적(諱 徹 史蹟)

감　　수: 이기월(李起月)
현 전주이씨 대동종약원 대전시지원 전례이사
전 사단법인 청권사 전례이사, 전례연구위원
편집위원: 이강주(李康注), 이강덕(李康德), 이헌재(李憲宰), 이은경(李恩京)

발 행 일: 2019. 3. 30
발 행 처: 도서출판 조명문화사(朝明文化社)
발 행 인: 이재영(李栽榮; 康俊)

등록번호: 제2-846호
등록일자: 1989. 7. 13

서울특별시 성동구 뚝섬로4길 28(성수동1가)
전화: 02-498-3015　팩스: 02-498-3018
홈페이지: http//www.cmpress.co.kr

ISBN 978-89-7257-498-9 03990
값 25,000 원